短线炒股宝典

T+0
交易实战技法

刘益杰◎编著

中国铁道出版社有限公司
CHINA RAILWAY PUBLISHING HOUSE CO., LTD.

内容简介

本书是一本专门介绍T+0交易实战绝招的工具书，全书共9章，具体内容包括：选择T+0交易的优势，T+0交易的实现与操作手法，T+0交易一定要有的纪律，T+0仓位控制技巧，热点题材驱动T+0交易，分时图中的短线买入信号，分时图中的短线卖出信号，K线形态上的T+0机会以及技术指标在T+0交易中的应用。

本书内容全面，案例丰富，讲解深入，非常适合准备入市的投资者以及涉足股市不久的短线投资者进行T+0入门学习；对于有一定基础的短线投资者学习利用T+0操作来突破T+1规则，并实现短线收益有很大的指导作用。此外，对于长期使用T+0操作进行短线操作的投资者提升操作技术也有一定的帮助。

图书在版编目（CIP）数据

短线炒股宝典.T+0交易实战技法/刘益杰编著.—北京：中国铁道出版社有限公司，2021.4（2021.11重印）
ISBN 978-7-113-27355-2

Ⅰ.①短… Ⅱ.①刘… Ⅲ.①股票投资-基本知识
Ⅳ.①F830.91

中国版本图书馆CIP数据核字（2020）第202272号

书　　名：**短线炒股宝典：T+0交易实战技法**
DUANXIAN CHAOGU BAODIAN : T+0 JIAOYI SHIZHAN JIFA
作　　者：刘益杰

责任编辑：张亚慧　　　编辑部电话：(010)51873035　　　邮箱：lampard@vip.163.com
编辑助理：张秀文
封面设计：宿　萌
责任校对：焦桂荣
责任印制：赵星辰

出版发行：中国铁道出版社有限公司（100054，北京市西城区右安门西街8号）
印　　刷：三河市兴达印务有限公司
版　　次：2021年4月第1版　2021年11月第2次印刷
开　　本：700 mm×1 000 mm　1/16　印张：15.5　字数：252千
书　　号：ISBN 978-7-113-27355-2
定　　价：59.00元

前言

通俗地说，T+0 交易就是当天买入的股票在当天就能卖出。T+0 交易曾在我国实行过，但因为它的投机性太强，所以自 1995 年 1 月 1 日起，为了保证股票市场的稳定，防止股民过度投机，股市改为实行"T+1"交易制度，即当日买入的股票，要到下一个交易日才能卖出。同时，对资金仍然实行"T+0"模式，即当日回笼的资金马上就可以使用。

虽然股市每日动荡起伏，但是每日都有价格的高点或低点，如果投资者能够抓住高低价差，不放过每日价格波动产生的收益，让每一个交易日都能成为小牛市，那么持股过夜的风险就会大大降低。因此，投资者也是非常渴望实行以前的 T+0 交易制度。

但事实上，要想让 T+1 交易模式变为 T+0 交易模式，投资者只要在买卖方式上稍做调整就可以实现。那么：

T+1 交易模式下进行 T+0 操作的前提是什么？

T+0 操作有哪些交易模式？

T+0 交易的介入时机和选股原则是什么？

如何分析 T+0 的买卖点？

……

为了帮助广大投资者全面认识 T+1 交易制度下的 T+0 交易模式，并掌握 T+0 的操作策略，通过 T+0 实战获利，我们特意编写了本书。

本书共 9 章内容，主要从基础必备和实战分析这两个方面全方位地对 T+0 交易进行详细讲解，具体内容安排如下。

◎ 第一部分：第 1 ～ 4 章

该部分为"基础必备"，主要是对 T+0 交易的优势、模式、原则以及仓位控制进行详细讲解。

◎ 第二部分：第 5 ～ 9 章

该部分为"实战分析"，它主要通过实战案例对 T+0 交易策略和方法进行分析讲解，具体的分析面和分析技术包括热点题材、分时图、K 线形态以及技术指标。

本书结构合理，系统全面地将 T+0 实战的优势、模式、交易策略和分析方法进行分类与归纳，方便读者学习总结。并且在讲解过程中，大量列举了真实的案例并进行实战讲解，让读者结合实际来学习技术，从而达到学以致用的目的。

本书适合准备入市的投资者以及涉足股市不久的短线投资者进行 T+0 入门学习；对于有一定基础的短线投资者学习利用 T+0 操作来突破 T+1 规则，并实现短线收益有很强的指导作用。此外，对于长期使用 T+0 操作进行短线操作的投资者提升操作技术也有一定的帮助。

由于经验有限，加之时间仓促，书中难免存在疏漏和不足之处，恳请专家和读者不吝赐教。

编 者

2020 年 12 月

目录

第1章 选择 T+0 交易的优势

第2章　T+0 交易的实现与操作手法

第 3 章　T+0 交易一定要有的纪律

第 4 章　T+0 仓位控制技巧

第 5 章　热点题材驱动 T+0 交易

第6章　分时图中的短线买入信号

第7章　分时图中的短线卖出信号

第8章 K线形态上的T+0机会

第 9 章　技术指标在 T+0 交易中的应用

第 **1** 章

选择T+0交易的优势

在股票投资中，T+0交易模式是一个特殊的存在，不少投资者习惯将其与短线投资混为一谈。其实不然，即使是超短线投资，时间也会跨越一个交易日。无论是短线投资者还是长线投资者，T+0都是必须掌握的一种交易模式。

1.1　在波动中盈利

在股票市场中，最常见的就是股价的波动，即使是以股价稳定著称的银行股，其股价也会有明显的波动。那么，在波动中，投资者应该如何获利？如何将盈利最大化？ T+0 就能够帮助你。

1.1.1　价格上涨可止盈

股价如果在运行中向上波动，投资者无法把握股价向上的空间，在持仓中已经出现盈利的情况下，不知道怎么办？此时可以借助 T+0 交易模式，完成止盈操作，锁定大部分利润，如图 1-1 所示。

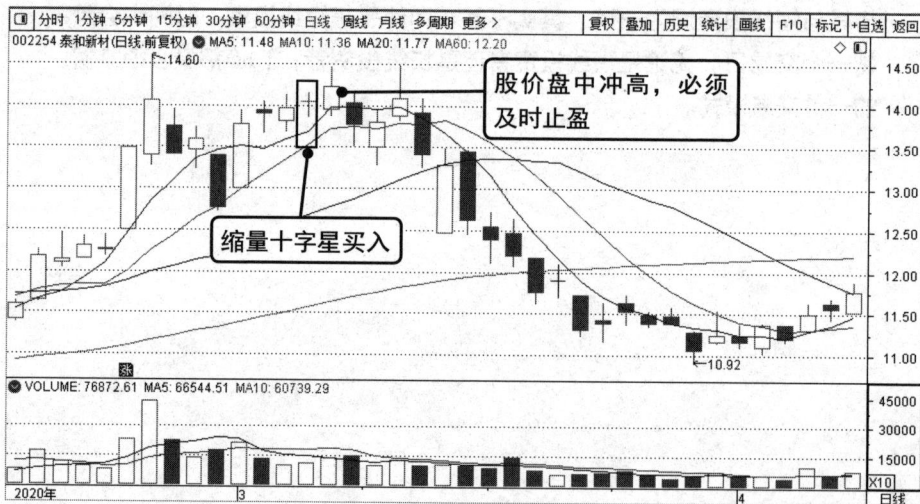

图 1-1　T+0 上涨止盈

止盈是指设立具体的盈利目标价位，一旦达到盈利目标价位时，就要坚决止盈，这是克服贪心的重要手段。许多投资者总是担心，如果卖出后可能会失去后市行情中更高的卖出价格。这种情况是客观存在的，在实际操作中，很多时候会出现卖出后还有更高卖出价的情况。但是，投资者如果贪心地试图赚取每一分利润，这是不切实际的，而且风险也很大。

止盈分为静态止盈和动态止盈，上面说到的设立具体的盈利目标价位，就是静态止盈。而动态止盈又分为价格回落止盈、均线破位止盈和技术形态止盈。

- ◆ **价格回落止盈**：股价与最高价相比，减少 5% ~10% 时止盈卖出。这只是一种参考数据，如果投资者发现股价确已见顶，即使没有跌到 5% 的标准，也要坚决卖出。

- ◆ **均线破位止盈**：在上升行情中，均线是跟随股价上升的，一旦股价掉头击穿均线，将意味着趋势转弱，投资者要立即止盈，保住胜利果实。

- ◆ **技术形态止盈**：当股价上升到一定阶段，出现滞涨，并且构筑各种头部形态时，要坚决止盈。

实例分析

同德化工（002360）价格回落止盈

图 1-2 所示为同德化工 2018 年 10 月至 2019 年 5 月的 K 线图。

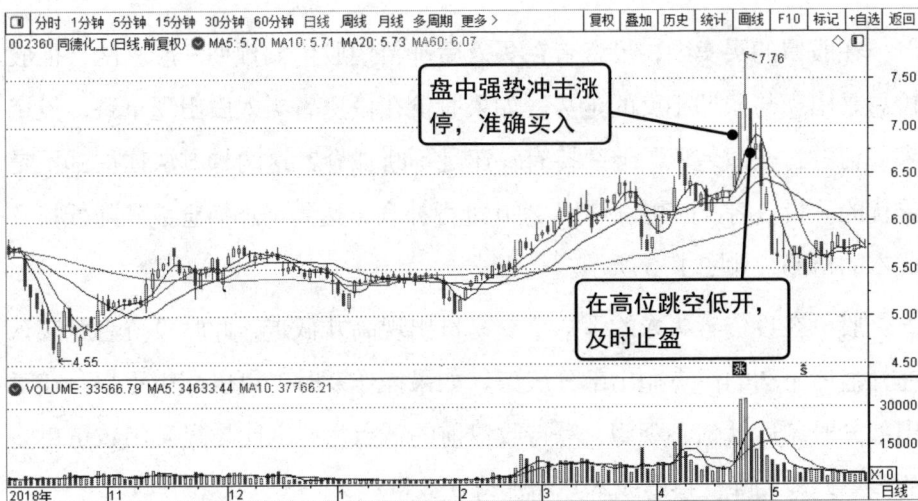

图 1-2 同德化工 2018 年 10 月至 2019 年 5 月的 K 线图

从图中可以看出，同德化工在 2018 年 10 月中旬开启了一轮快速震荡上升行情，股价从 4.55 元左右上涨至 2019 年 4 月 8 日的 6.86 元创出新高，但随后迎来持续整理。

在经历一个多星期的整理后，同德化工在 4 月 23 日当天盘中非常强势，大有冲击涨停之势，投资者需谨慎参与，在收盘前，稳妥收获涨停。4 月 24 日，股价跳空开盘当日收出实体较大且带长上影线的十字星，投资者可以在盘中冲高时卖出部分，获利了结。在盘中回调的低点时再买回来，完成 T+0 的止盈。

在接下来的交易日里，股价跳空低开后一路下跌，由于在 4 月 24 日做过一次 T+0 操作，所以投资者的成本有所降低，在 4 月 25 日止盈时，也有不错的利润可以完成出局。

如果投资者在 4 月 24 日，没有进行 T+0 的操作，在 4 月 25 日进行止盈时，可能就没有太多的利润，甚至在低点止盈时有可能会出现亏损。经过 T+0 操作，投资者在 4 月 24 日就落袋部分收益，在 25 日再次保证收益。

1.1.2　价格下跌可补仓

在股票的买卖中，投资者在买入后都希望股价如预期一般上涨，但股价总是出现与预期相反的走势。如果股价在投资者买入后出现下跌，投资者如何办？是"装死"继续持有？还是不断加仓？这两种方法往往都不是最优的。投资者此时可以利用 T+0 进行补仓，达到增加持仓数和降低持仓成本的目的，如图 1-3 所示。

股价在投资者买入的下一个交易日出现高开低走，此时投资者就应该在开盘后不久的高点抛出部分股票。如果操作及时，可以减少亏损。在卖出部分股票后就耐心观望，等待收盘前的低点，买入比早盘卖出数量更多的股票，成功降低持仓成本并增加持仓数量。

如果下一个交易日股价继续下跌，投资者继续进行 T+0 补仓的操作即可。由于股价不可能一直下跌，总会迎来反弹，持续这样的操作，可以让投资者的持仓成本变得很低。

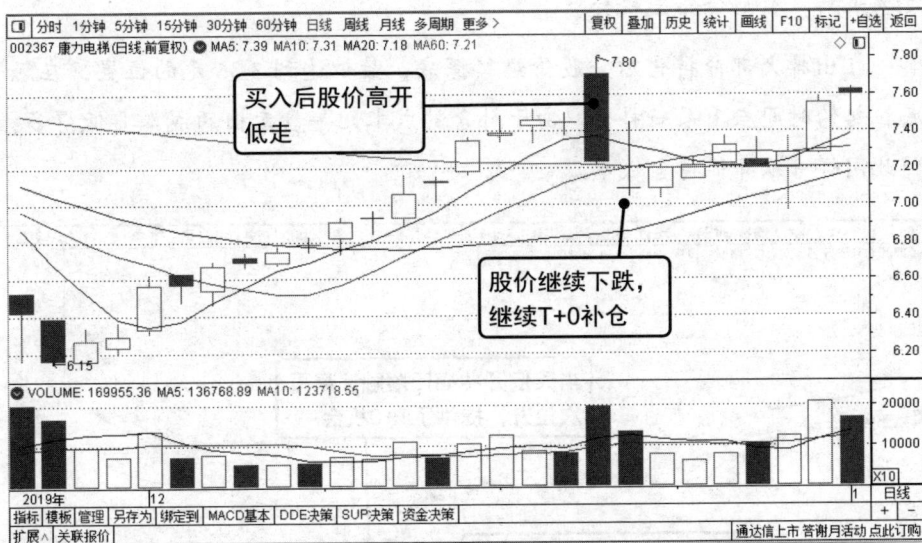

图 1-3　价格下跌继续补仓

由此可以看出，T+0 补仓的操作，比投资者被动持有和不断加仓的操作更好。

实例分析

信邦制药（002390）利用 T+0 进行补仓

图 1-4 所示为信邦制药 2018 年 12 月至 2019 年 3 月的 K 线图。

从图中可以看出，经过连续的大幅下跌后，其股价在 2019 年 1 月下旬跌破 4 元。从整体估值来看，行情接近了底部，在连续出现的阴线拉低股价触及 3.5 元价位线，股价偏离了 5 日均线，出现了买入机会，因此投资者在 1 月 30 日收盘前在 3.58 元附近进行了少量的买入。

1 月 31 日，股价并未迎来强势反弹，而是跳空低开后震荡走高，但是在早盘 10:00 左右上涨到 3.58 元下方时快速拐头向下急速下跌，此时投资者可以在下跌过程中出掉大部分持仓。虽然会出现一定的亏损，但操作一定要果断，否则会错失机会。

在出掉大部分持仓后，股价继续探底，最低达到 3.36 元的位置，在触底拉起的时间点上果断补仓。由于补仓的成本比早盘卖出的成本要低得多，因此同样可以降低持仓成本。

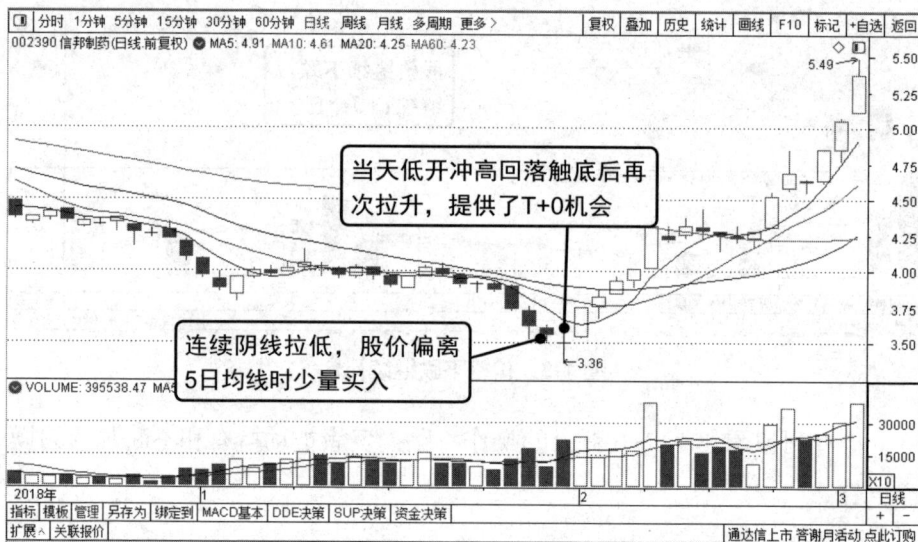

图 1-4　信邦制药 2018 年 12 月至 2019 年 3 月的 K 线图

投资者可能会问，如果信邦制药的股价当天在下跌后没有被拉起，该怎么办？答案其实很明显，没有拉起就继续观望，早盘的一点损失只能暂时认了。

投资者又会问，如果股价在 1 月 31 日探底回升后，在下一个交易日继续下跌，该怎么办？答案是继续进行 T+0 补仓的操作。因为最开始在下跌低价位区上买入时，一定是轻仓的，有资金就有操作空间。

1.1.3　价格震荡依旧能赚钱

许多投资者认为最难赚钱的行情就是震荡行情,在震荡行情中,股价没有趋势可言。没有明显的趋势,投资者就会束手无策,盲目地追涨杀跌往往会做出相反的操作,造成大多投资者在震荡行情中一无所获。如图 1-5 所示,在 2019 年 7 月至 9 月这段时间内,★ST 飞乐(600651)的股价走势没有明显的涨跌趋势,在这种走势中投资者很容易出现图中标注所示的错误。

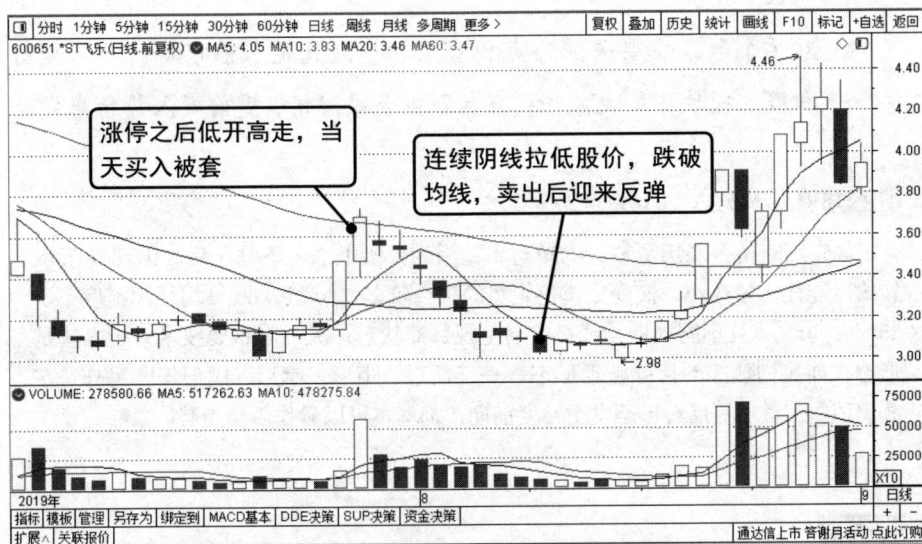

图 1-5　震荡市中容易出现的错误操作

震荡市的形成,在市场情绪上来看,表现为多空双方均有向自己有利的方向拓展交易空间的想法,但是对于后市又没有特别大的把握,不敢贸然拉升或者打压,抱着逢低吸纳和逢高抛售的想法建立较为有利的持仓成本,等待机会酝酿突破。

此时,市场上一般表现为基本面消息匮乏,多发生在一段单边市走完以后(例如 2015 年 6 月至 2016 年初,三轮股灾加熔断后的震荡走势),基本面(包括宏观经济、政策层面)在上涨或下跌中已经改变,没有新的利好或利空继续支持价格突破或延续趋势。

在震荡市场中，该如何利用 T+0 交易模式去赚钱呢？主要有以下 3 点。

◆ 坚决执行高抛低吸，大涨减仓，大跌加仓，但是在跌停家数超过 10 家时不宜低吸，跌停超过 30 家时坚决清仓观望，跌停数量视大盘情况而定。

◆ 做好风险控制，主要通过仓位控制来实现，在震荡行情中，仓位的安排上要更谨慎，表现为初次建仓的仓位更低，获利后减仓的仓位更重。

◆ 对于个股，主要关注热点和盲点。热点就是当前市场的热门题材和概念板块中的龙头股；盲点则主要做潜伏，提前买入等待爆发。

拓展知识 *判断当前市场是否为震荡市*

首先判断是否经历了较大的单边市，因为大幅上涨（下跌）后，出现 V 形反转的可能性一般极小，演变成震荡走势的机会较多，30 日、60 日均线倾斜度小于 25° ~ 30°，且不同周期均线极容易呈现黏滞状态；另一个重要技术分析方法是形态，如我们熟知的持续整理形态——三角形、矩形、旗形、楔形等。另外，在头肩顶、三重顶等反转形态发生转变前期，都基本可以看作震荡走势。

实例分析

大亚圣象（000910）T+0 在震荡市中的应用

图 1-6 所示为大亚圣象 2019 年 6 月至 9 月的 K 线图。

从图中大亚圣象的股价走势来看，在 2019 年 7 月下旬之后，股价没有明显的涨跌趋势，不同周期的均线黏滞，证明此时已经进入了震荡市。

在震荡市中，但凡出现大幅下跌，就是不错的买入机会。在 8 月 19 日创出阶段性的高位后股价连续收出 4 根阴线拉低股价，在 8 月 26 日更是跳空低开收跌 3.85%。对于这类在震荡市中突然下跌的个股，大幅下跌就是买入机会，买入后很容易收获短期反弹。投资者应在下一个交易日紧密关注其走势，如果在分时图中，该股股价出现强势反弹，就应该抓住反弹中的回调积极买入做 T。

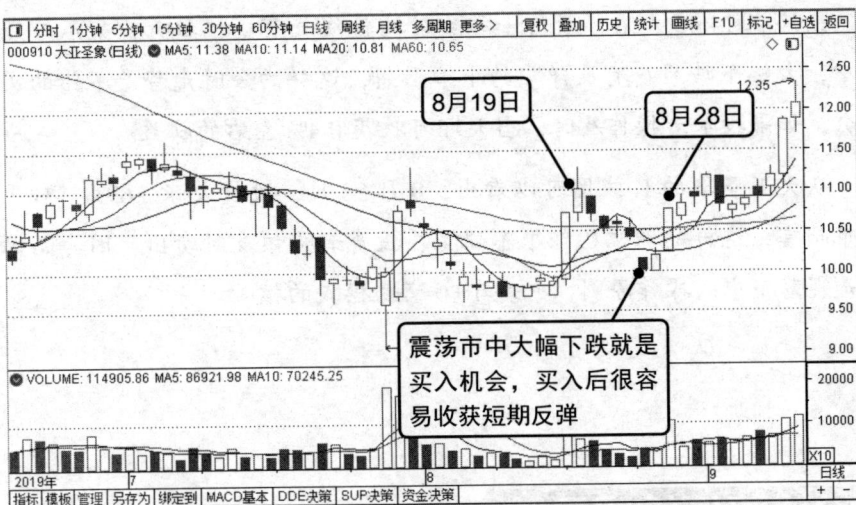

图 1-6　大亚圣象 2019 年 6 月至 9 月的 K 线图

图 1-7 所示为大亚圣象 2019 年 8 月 27 日的分时图。

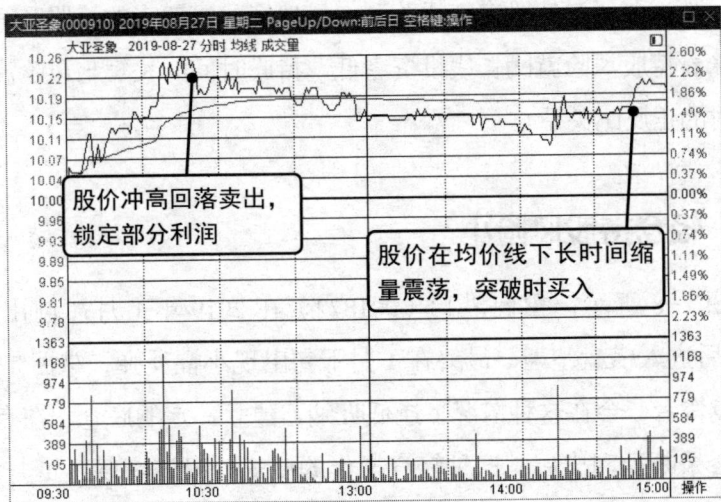

图 1-7　大亚圣象 2019 年 8 月 27 日的分时图

从图中可以看到，该股早盘开盘后一路冲高回落，此时投资者可以卖出一部分持股，锁定利润。随后该股连续回落至均价线下方后缓慢回升至均价线附近，但迟迟无法突破。

最终在 14:45 左右，股价一举突破均价线并有小幅拉升，秉承"震荡市中，大幅下跌后应有反弹"的中心思想，这样的分时走势是不错的买入机会，如果投资者操作及时，当天即可收获 0.4% 左右的收益。

从大亚圣象的 K 线图可以看出，8 月 28 日，股价大涨 5.69%。对于震荡市而言，这样的涨幅已经很不错了，投资者应该及时卖出。因为高抛低吸是震荡市中的操作原则，也是 T+0 交易模式的核心。

1.2 降低持股风险

持股是所有投资者都会经历的投资过程，无论是短线投资者还是长线投资者，都需要通过持股来完成获利。虽然短线投资者的持股时间短，但并不意味着持股风险就比长线投资者低，持股时间的长短与风险高低并不存在绝对的正反比关系。

1.2.1 轻仓持股风险小

如图 1-8 所示，招商港口（001872）在 2019 年 1 月初创出最低的 13.50 元后进入横盘整理，最终在 1 月下旬出现小幅反弹，掌握 T+0 交易模式的投资者，会在这种情况下逢低吸纳，建立一定的底仓，在有高抛的机会时会果断盈利出局，这种轻仓操作的模式让投资者躲过 1 月 30 日与 1 月 31 日的大跌。

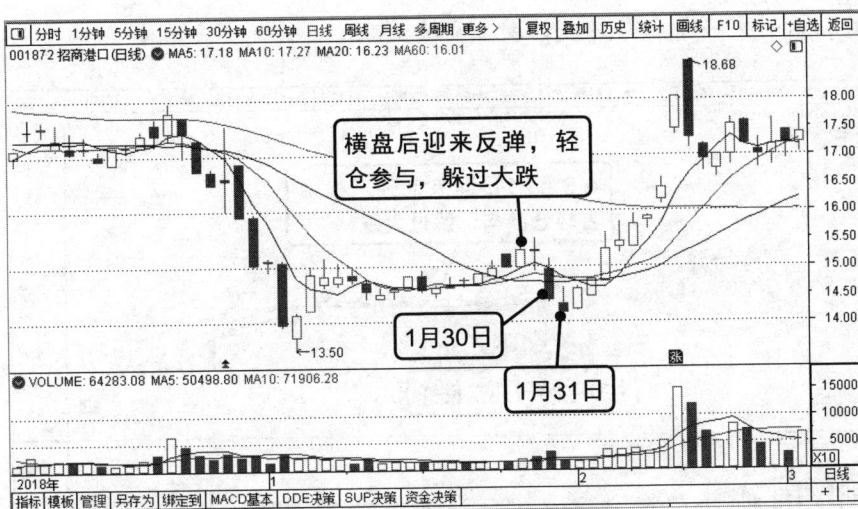

图 1-8　轻仓持股风险小

在 T+0 的交易模式中，第一次建仓的仓位通常都很低，甚至在之后多次加仓后，仓位通常也在 8 成仓以下，因为 T+0 需要投资者手里永远有一定的现金流，以应付随时可能出现的风险。投资者无法通过改变持股时间的长短来规避持股风险，只能通过持股数量来控制。因此，在初期买入时，投资者最好保持轻仓，才能最大程度地降低风险。

实例分析

东旭蓝天（000040）轻仓持股风险小

图 1-9 所示为东旭蓝天 2019 年 4 月至 8 月的 K 线图。

从图中可以看到，东旭蓝天在 2019 年 5 月中旬后处于一个相对低位的横盘状态中。对于这类相对低位缩量横盘的走势，其后市主要有两种判断：一是放量突破向上，二是破位下跌。

6 月 20 日当天，东旭蓝天小幅放量收涨 2.73%，似乎有酝酿向上突破的趋势，尤其在次日继续跳空高开拉高股价，行情更有向上变化的趋势。对于 T+0 的投资者而言，在尾盘大势已定的情况下，往往会考虑轻仓参与进去，看好下一个交易日继续向上突破上涨。

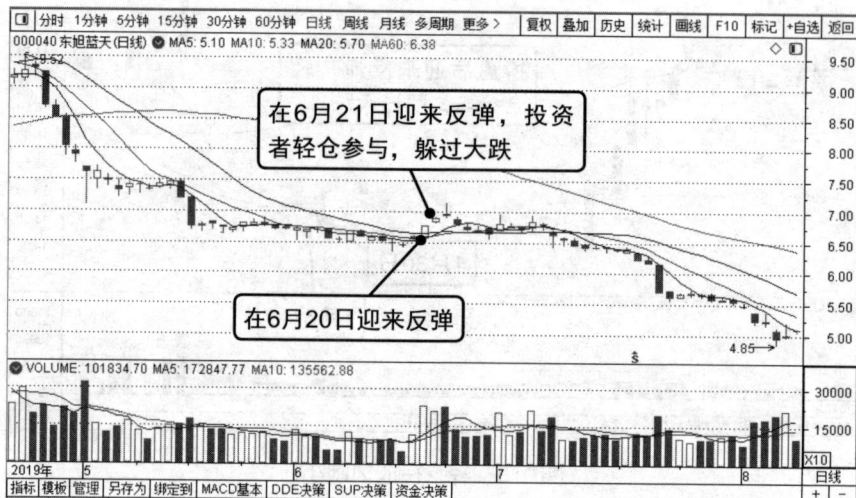

图 1-9　东旭蓝天 2019 年 4 月至 8 月的 K 线图

对于这类情况把握不是很大，为什么说把握不是很大？因为当天的成交量不够大，说明市场向上攻的意愿并不是那么强烈，只适合 2~3 成仓参与。下面具体来看一下下一个交易日的分时走势图，如图 1-10 所示。

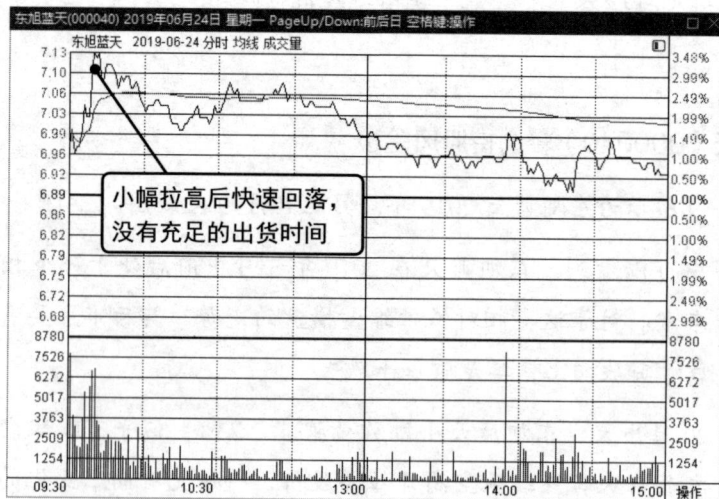

图 1-10　东旭蓝天 2019 年 6 月 24 日的分时图

从图中可以看到，东旭蓝天当天跳空高开后股价快速被拉高创出当日最高价后便快速回落，盘中并没有给上一个交易日买入的投资者太多获利出局的机会。此时高抛不够果断的投资者会失去唯一获利出局的机会。

从后市的 K 线走势来看，只有果断高抛的 T+0 投资者能勉强盈利出局；高抛不够果断的 T+0 投资者会轻仓长期被套；而一开始就重仓买入，也不懂高抛的投资者，将会重仓长期被套。

在实战中，很多投资者在进行股票投资的操作时，往往都是第一次购买就有 5 成仓及以上甚至全仓，一旦股票走势不好，就会陷入被动之中，没有给自己留下丝毫的操作余地，而 T+0 交易模式可以很好地解决这个问题。

在 T+0 的交易模式中，投资者第一次轻仓买入，在后期走势不如预期的情况下，可以选择止损出局，也可以选择逢低加仓，如果走势与预期相符，则可以安全获利了结，使自己立于不败之地。

拓展知识 *保留一定现金的重要性*

巴菲特曾表示，现金是氧气，99% 的时间你不会注意到它，但一旦没有后果会很严重。因此，伯克希尔公司将永远保留手头 200 亿美元现金的流动性，从不指望银行或其他任何人。偌大的公司如此，每一个资金有限的投资者更要如此。因此，从不建议投资者满仓操作，永远给自己留 1~2 成的资金，用于应对随时可能遇到的风险。

1.2.2 与追涨杀跌说再见

从最广义的角度来看，股票交易的实质就是追涨杀跌，但是与多数投资者正在进行的追涨杀跌不同。股市好的时候，大家愿意投钱到股市里，这就是追涨；股市不好的时候，大家把钱退出来，这就是杀跌。

　　普通投资者的追涨杀跌，是在大盘涨了很多以后继续盲目乐观；是在热点非常疯狂的时候继续一味看好；是在股价加速上升的时候为了赚得明天的"一截上影线"而奋力买进。跌的时候也是这样，大盘跌很多了，股价已经惨不忍睹了，为了今晚睡个安稳觉，不计成果，逃了再说，如图1-11所示。

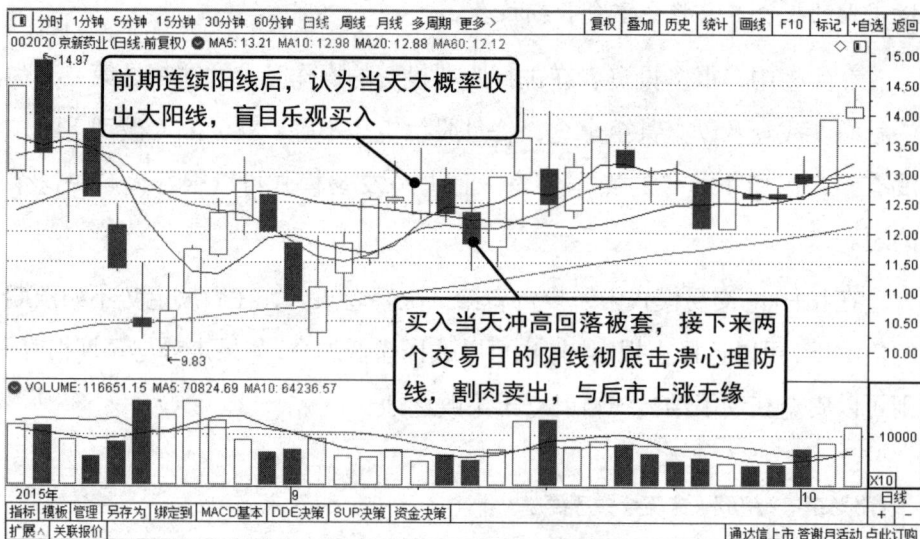

图 1-11　盲目追涨杀跌

　　一年250个左右的交易日，真正大涨、大跌的日子屈指可数。从概率上讲，适合追涨杀跌操作的日子不会超过1/10，因此不能作为主流的操作策略，这也是为什么市场中有90%以上的投资者都在亏损的原因。

　　那么，投资者在股市中应该如何避免追涨杀跌呢？除了学会掌握T+0的交易模式外，还需要记住以下几句话。

◆　**股市之险，险在涨幅已大**：对于涨幅很大的股票，继续追上去做短线，无异于刀头舔血。

◆　**股市之痛，莫过于抛在地板价上**：抛掉股票后，股价不跌了，甚至大涨，这是任何人都难以承受的痛苦。

◆ **凡事都要讲究分寸**：上涨或者下跌斜率对股价有很强大的控制力，
过分偏离正常的斜率，一定会得到校正。

◆ **市场有效突破的概率只有50%**：向上突破就买进，或者向下突破
就卖出，胜算最多不超过5成。

实例分析

雄韬股份（002733）与追涨杀跌说再见

图1-12所示为雄韬股份2018年12月至2019年3月的K线图。

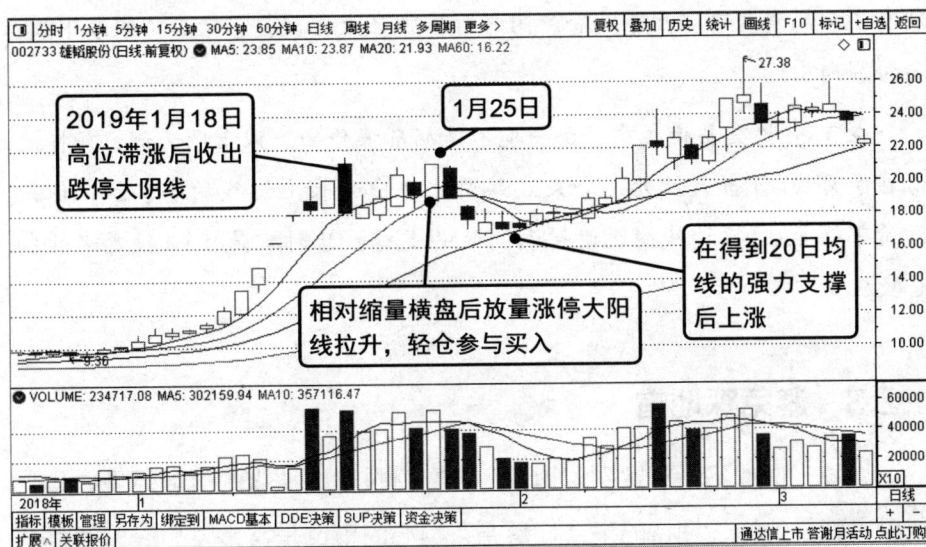

图1-12　雄韬股份2018年12月至2019年3月的K线图

从图中可以看到，2019年1月18日，雄韬股份高位滞涨后突然在当
天收出跌停大阴线，随后该股继续在这个位置附近保持了几个交易日的相
对缩量横盘。

1月25日，该股突然迎来放量上攻收出涨停大阳线，突破近期横盘整
理的高点，这对于T+0投资者而言也是不错的机会。因为这类放量突破平
台的走势，通常而言，下一个交易日都有惯性上冲，方便高抛低吸。

然而，次日股价低开后快速将股价打到跌停板，表现为极度弱势开局，投资者对当天的预期收益要看低一些。从当天收出的 K 线图来看，当天在早盘和午盘开始后有过打开跌停板的情况，在 13:30 后该股封住跌停板收出跌停大阴线，当天做 T 是没有收益的。但是，对于轻仓参与的 T+0 投资者而言，当短期收益不满意，此时又对该股充满信心时，就会选择继续持有。

在 T+0 投资者继续持有的过程中，遇到了 1 月 29 日的大跌，但此时投资者的仓位较轻，手里还有大量的现金，可以用于加仓。而其他的投资者，没有多余的资金可以用于加仓，同时对持股产生怀疑，害怕后市继续下跌，匆匆割肉出逃。

在 T+0 的交易模式中，加仓也不是胡乱操作的。以上图为例，雄韬股份在 1 月 30 日当天低开，全天震荡变化收出带长上影线的小阳线，但是股价下探至 20 日均线附近时得到明显的支撑，此时就是 T+0 投资者的加仓良机。

1.2.3 避免踩地雷

炒股，谁都不希望踩到"地雷"，在财报集中披露的今天更是如此。但股市就是这样，期待的事往往落空，担心的事倒是常常发生。每年都有不少上市公司净利润出现负增长或亏损，持有这些公司股票的投资者，尽管非常不愿意，但最终还是成为不幸的"踩雷者"。

除了"年报地雷"外，还有"季报地雷""问题股地雷"以及"高位地雷"，T+0 凭借其第一次轻仓买入，有高抛机会即获利了结，有低吸机会再买入的优势，能很好地帮助投资者避免踩地雷，图 1-13 所示为问题股地雷。

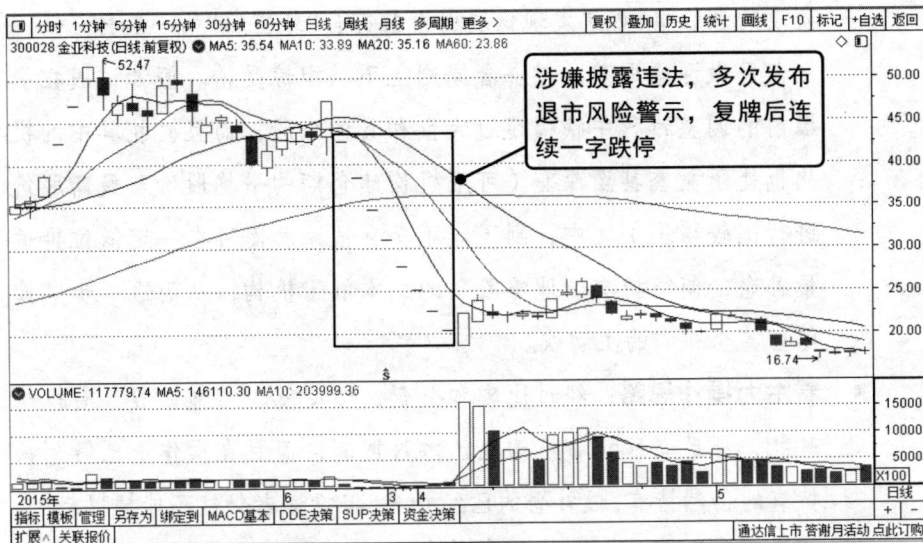

涉嫌披露违法，多次发布退市风险警示，复牌后连续一字跌停

图 1-13　金亚科技复牌后连续一字跌停

通过对"地雷股"预亏公告发布前后走势的分析可以看出，多数"地雷股"下跌最迅猛的时期往往是在引爆之前和引爆之后的一段时间。"地雷"引爆之后，虽然仍有可能继续下跌，但此时离阶段性底部已经不远，为捡拾廉价筹码的投资者提供了难得的低吸机会。

即使 T+0 投资者不小心踩到了"地雷"，当"地雷"爆发时，此时已经是"利空兑现"，离阶段底部不远，会逐步出现加仓机会，因此也可以将"地雷"很好地化解，甚至能够在"地雷股"的故事炒作中获利。

除了 T+0 以外，投资者还可以通过以下 3 点来避免"踩雷"。

◆ **看有无机构驻扎**：踩到"地雷股"的投资者最担心的事莫过于该股主力已出逃、日后恐无人"照管"。事实上，有无机构驻扎对"地雷股"日后走势的确有较大影响。投资者如果发现相关"地雷股"有机构驻扎，一般情况下无须过于担忧。

◆ **看阶段涨跌幅度**：通过查看"地雷股"K 线图，计算出该股某一阶段的涨跌幅，如果发现该股引爆前符合"地雷股"的一般特征——之前已做深幅调整，投资者原则上不必担惊受怕。假如该股在引爆前的调整过程中跌幅超过大盘和其他个股，而且驻扎其中的机构也处于被套甚至深套（可用机构建仓期的平均股价与最新股价进行比较得出）之中，则不仅不必害怕，反而可在一定低位再适量补仓，使得持有"地雷股"的成本低于机构，从而进一步掌握解套甚至获利的主动权。

◆ **看主力操作思路**：经过比较和分析，即使发现"地雷股"有机构驻扎，从最新股价看机构也已悉数被套，而且在操作上已做到该持有的仍然持有，该补仓的已经补仓，但投资者仍然不能掉以轻心，而是要密切关注机构交易的一举一动，研判出主力的操作思路。

拓展知识 *投资者"踩雷"后怎么办*

重仓操作的普通投资者，在"踩雷"后重在"保命"——卖出股票，保存资金。一方面，在相关公告出来的第一时间不论股价高低先卖出部分筹码，控制好仓位；另一方面，在已部分减仓的同时，可逢"地雷股"反弹冲高中进行二次卖出。

对于仓位较轻的 T+0 投资者来说，操作起来就主动得多，既可适时高抛，也可持股不动。

但无论是高抛还是持股，都需要在"地雷股"跌至相对低位时及时逢低补仓。

实例分析

京粮控股（000505）避免"踩地雷"

图 1-14 所示为京粮控股 2016 年 3 月至 4 月的 K 线图。

从图中可以看到，4 月 21 日，京粮控股（当时还是珠江控股）当天股价低开高走，在 14:00 左右强势涨停，不少投资者跟风买入，即使是 T+0 投资者也无法忍受这种诱惑，轻仓买入。

4 月 22 日，股价在早盘冲高后迅速回落，全天再难创出新高，T+0 投资者见势不对，有的及时高抛，但又在低位买了回来，始终保持轻仓持有。而一般投资者会怎么操作呢？

基于前一个交易日的涨停，今天应该有不错的惯性上攻才对，认为当天的频繁震荡是主力刻意洗盘，坚定持有，憧憬着更大的涨幅。

4 月 25 日，珠江控股停牌一天，公告宣布被实施退市风险警示，更名为 *ST 珠江。4 月 26 日，股票复牌，形成倒 T 形的跌停 K 线。那些在 4 月 21 日追涨停板买入并一直重仓持有的投资者损失惨重，并且无法出逃。

而 T+0 投资者，一部分在 4 月 22 日就及时抛出，了结部分获利。即使有的投资者在低位又买回来了，但其仓位也较轻，加上高抛的利润，最终的损失也不会很大。

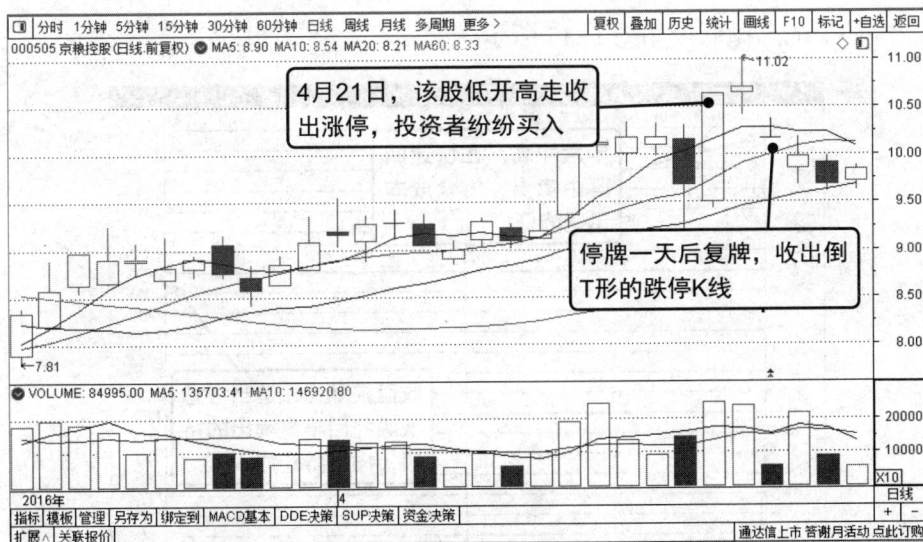

图 1-14　京粮控股 2016 年 3 月至 4 月的 K 线图

1.3 持股成本低

为什么说 T+0 交易模式可以让投资者的持股成本更低呢？首先，T+0 投资者会选择在回调的相对低点买入，在下一个交易日如果有不错的高抛机会，此时抛出大部分持股，剩下的仓位成本就会变得很低。其次，在高抛后等待股价回调的低吸机会，这样可以达到仓位不变而成本变低的效果，使得投资者的持股成本更低。

1.3.1 轻仓持有成本低

T+0 交易模式给投资者带来最直观的感受就是，通过在每个交易日内的高抛低吸，投资者的持仓成本会越来越低。

简单的高抛低吸如图 1-15 所示。

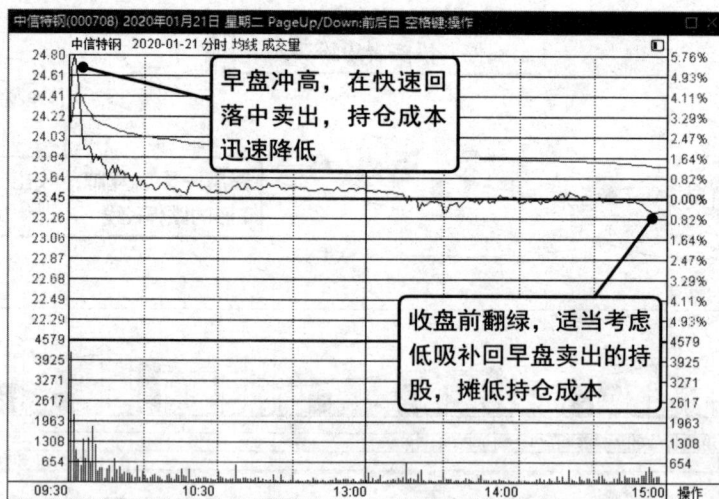

图 1-15 高抛低吸做 T

在高抛低吸的过程中，也会有成功率的问题存在。即使是 T+0 的高手投资者，也无法保证自己每笔交易都卖在最高点，买在最低点。投资者只需要与自己的预期收益相比，达到预期收益目标即可。

T+0 降低成本有 3 种较为突出的模式，具体如下：

◆ 一是短线日内交易的高抛低吸，如上图所示，这样可以最大程度
获取短线收益。

◆ 二是中线满仓 T+0，每天抓住盘中的波动做 T+0 的思路，投资者
有时间盯盘就做 T+0，没时间就满仓持有不动。

◆ 三是被套的情况下，原有股票是套牢的，可以通过 T+0 操作，吃
到盘中的差价，逐渐降低成本并早日解套，甚至反败为胜。

实例分析

万年青（000789）降低持股成本

图 1-16 所示为万年青 2020 年 4 月 9 日的分时图。

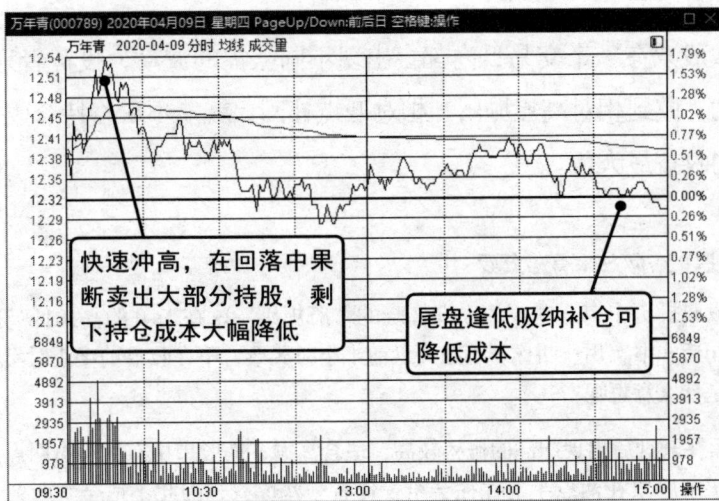

图 1-16　万年青 2020 年 4 月 9 日的分时图

熟练使用 T+0 的投资者 A，在 4 月 8 日以 12.30 元的价格买入 1 000
股万年青，4 月 7 日，万年青高开高走，且在开盘后不到半个小时就冲高
到 12.54 元，最大涨幅高达 1.79%。

万年青在 4 月 7 日未能继续冲高的情况下快速回落，投资者 A 在 12.51 元挂单卖出 800 股，了结获利 168 元，余下的 200 股的持仓成本变为 11.46 元。相关计算如下：

（12.51×800+12.30×200）−12.30×1 000=168（元）

（12.30×1 000−12.51×800）/200=11.46（元）

在投资者 A 减仓后，万年青继续回落，全天大部分时间保持着横盘震荡，期间最低滑落到 12.29 元后有过一小波回升，但是最终在均价线下方上涨受阻继续回落，在收盘前挂单 12.30 元，再次买入 800 股，此时的成本变为 12.13 元，通过当天的高抛低吸，在持仓 1000 股不变的情况下，成功地将成本降低了 0.17 元（12.30−12.13），相关计算如下：

（200×11.46+800×12.30）/1 000=12.132 ≈ 12.13（元）

12.30−12.13=0.17（元）

多数股票在一个交易日内都会出现不同振幅的波动，投资者只要抓住这些波动，做到相对高点抛出，相对低点补回，就能不断将持仓成本拉低，将最终的收益最大化。

拓展知识 *如何把握高抛低吸*

在股票投资中有一些不为大众知晓的"潜规则"，在 T+0 的高抛低吸操作中就有一句话非常实用，叫作"不在开盘前半小时买票，不在收盘前半小时卖票"，这句话是什么意思呢？

股票在开盘后出现冲高的概率较高，适合高抛；而股市中有"神奇两点半"的说法，很多股票在两点半时往往会给投资者一些惊喜，因此不适合卖股票。反而在收盘前，大局已定的情况下，适合买入。

1.3.2　T+0 可以让你避免踏空

通过上面的学习，投资者知道 T+0 交易模式可以让持仓成本变得更低，在高抛低吸的过程中，投资者可以理解高抛是为了锁定利润，那么为什么还要在收盘前低吸回来呢？

这就是为了避免踏空，虽然股票在当天有明显的回调，给投资者低吸机会，但投资者认为当天的震荡是主力刻意洗盘为之，下一个交易日仍可能继续上涨，为了避免踏空下一个交易日的上涨，所以需要在当天伺机低吸，如图 1-17 所示。

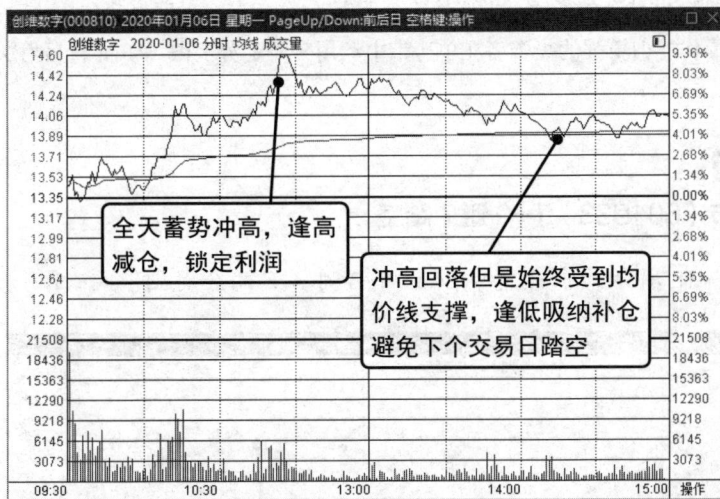

图 1-17　高抛锁定利润，低吸补仓避免次日踏空

T+0 操作必须克服心理障碍，像 2015 年 6 月至 7 月股灾中的大跌，有的投资者在早上时还在观望，到了中午还抱有侥幸心理，到了 14:30 开始恐慌，最后不计成本在跌停板上挂单，这就是心理障碍。

当下一个交易日出现超跌反弹，又有多少人开始追高，如果投资者心理稳定，稳坐钓鱼台，就不会有那种杀跌买高的憾事。做 T+0 操作要做到心里大致有数，在个股跌到一定价位敢于买入，不怕套；在个股涨到一定高位同样要敢于卖出，不怕踏空。

即使是经验丰富的 T+0 投资者，也会出现高抛之后，股价再创新高，变相踏空的情况。

其实，投资者只需要给自己设立一个心理预期收益，当股价达到预期价位就卖出，即使股价在后市继续上涨，也不能算作踏空。

拓展知识 *T+0 操作的时间*

做 T+0 操作在一天的 4 小时之内一般只适宜做一次，而且在单边势中最好不做。因为在单边上扬市中一旦做 T+0 操作会有踏空的可能，在单边下跌势中做 T+0 操作会有被套再被套的危险，并且资金一旦被全数套牢，后期将会失去主动权。当然对于操作能力更强的投资者在单边市中利用分时走势上做 T+0 那就另当别论。

实例分析

永辉超市（601933）T+0 避免踏空

图 1-18 所示为永辉超市 2020 年 3 月 4 日的分时图。

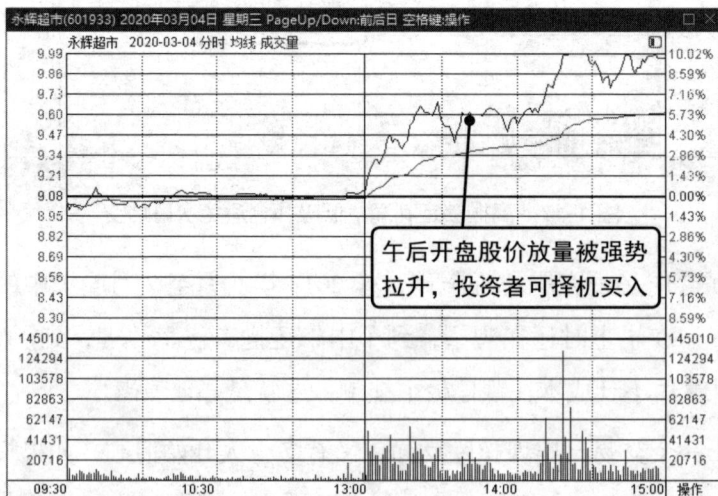

图 1-18　永辉超市 2020 年 3 月 4 日的分时图

从图中可以看到，该股早盘几乎在上个交易日的收盘价附近窄幅波动变化，成交也清淡。

下午开盘后，股价一路被强势拉高，当日收出涨停大阳线，投资者 B 看好该股，也在当日股价拉升的过程中以 9.6 元的价格买入 2 000 股。

图 1-19 所示为永辉超市 2020 年 3 月 5 日的分时图。

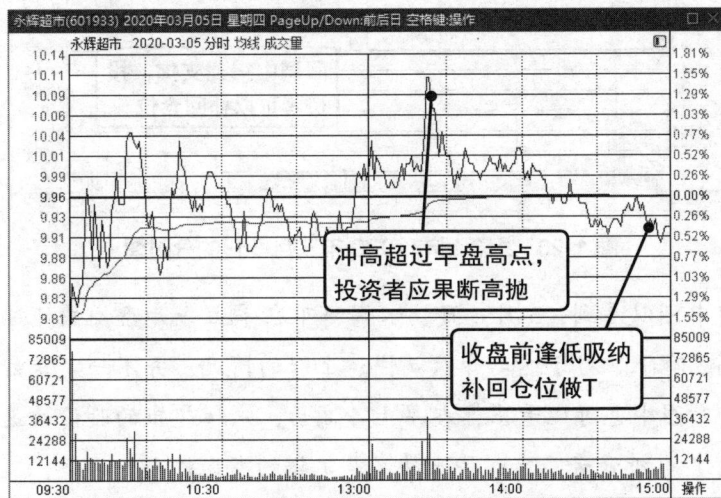

图 1-19　永辉超市 2020 年 3 月 5 日的分时图

从图中可以看到，该股当日虽然低开，但是出现震荡拉高的走势，在将股价快速拉升至 10.04 元附近后便出现回落，随后股价宽幅震荡变化。

午后开盘股价再次震荡拉高创出当日的最高价，此时投资者 B 在冲高超过早盘的最高价时卖出 1 500 股，并在临近收盘前将高抛的仓位补回，因为投资者 B 认为该股的上涨行情具备一定的持续性。

下面继续来看后市的走势。

图 1-20 所示为永辉超市 2020 年 3 月 6 日的分时图。

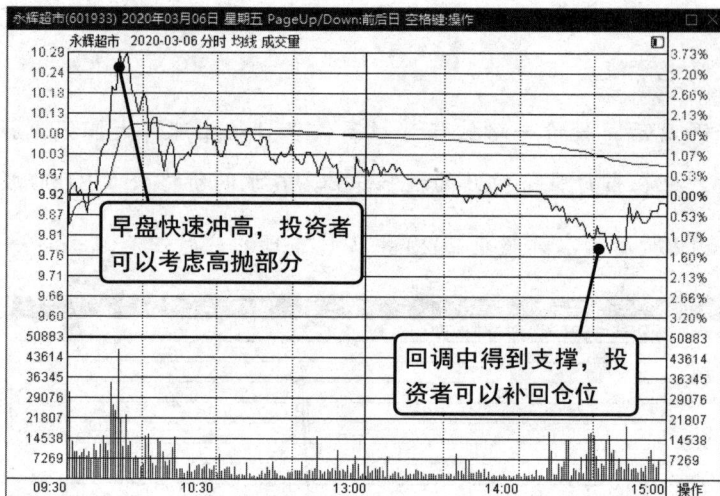

图 1-20 永辉超市 2020 年 3 月 6 日的分时图

从图中可以看到，3 月 6 日，永辉超市在早上一开盘便快速冲高，且冲高的幅度有限。对于这类开盘就快速上涨的情况，并不一定是好事。从当天的分时图中也可以看出，在早上冲高后，永辉超市的股价快速回落，幸好对于 T+0 投资者而言，早盘冲高是不错的高抛机会。

在股价的快速回落的过程中，得到了 5 日均线的支撑，此时是补回早上高抛仓位的机会。

通过每个交易日内高抛低吸的 T+0 操作，投资者的仓位一直保持着比较稳定的状态，能够很好地避免股票突然停牌或其他事项造成的踏空。

拓展知识 *T+0 操作的注意事项*

　　T+0 操作的个股必须是投资者熟悉的个股，要能看出或分析出股票近期的走势，是盘整期还是单边市，只有盘整期才比较适用 T+0。同时，T+0 操作的个股要和大盘结合起来，在趋势上要相对吻合，同热点相吻合。当然最主要的是对个股的短期走势要有研究，把握住股价走势的节奏。

第 2 章

T+0交易的实现与操作手法

由于证券市场的复杂性，我国证券市场中目前还没有T+0交易制度。但投资者可以通过合理分配资金以及采取不同的操作手段来间接实现T+0交易，在短线交易中快速获利，这里就为投资者介绍T+0的实现手法。

2.1 先买再卖

先买再卖是在股市行情不弱，且没有明显下跌的情况下，当天股价出现回落时买入股票，在股价上涨到一定高度时，以比当天买入价格更高的价格卖出之前的股票，从而实现 T+0 的获利方式。这种方式在股价的分时走势图中会呈现出探底回升的走势，具体有可能出现如下几种情况。

2.1.1 低开后的回升

股价低开的情况是很常见的，在整体行情不是很弱的情况下，低开后通常都会有一定的回升。如果短期行情波动不大，低开就是一个很好的买入时机，当价格回升到一定高度时，再卖出之前的股票，实现一个 T+0 的小幅获利过程，如图 2-1 所示。

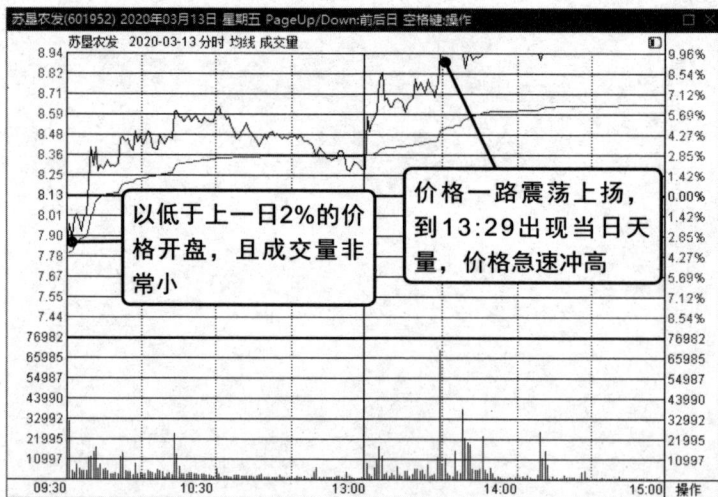

图 2-1　低开后回升

低开后的回升在分时图中是经常见到的，大多数时候，开盘的价格都会是当日的最低价，或者在最低价位附近。开盘成交量通常不会太大；开盘下跌的幅度也不能太大，如果以跌停或接近跌停的价格开盘，那么该股当日基本没有可操作的空间。

大多数时候，低开在开盘后不久就会出现回升趋势，投资者可通过观察量能的变化来决定是否买入。一般情况下，如果成交量和价格成正比向上攀升，就会出现最佳的买入时机。

对于当日的卖出时机也要很好地把握才能将利益最大化，通常股价回升到高点的时候，都会伴随着量能的突然放大。如果在上涨到一定高度后突然出现成交量放大，投资者就可以及时卖出，以锁定已有利益。

实例分析

晶方科技（603005）股价低开后回升

图 2-2 所示为晶方科技 2020 年 1 月 13 日的分时图。

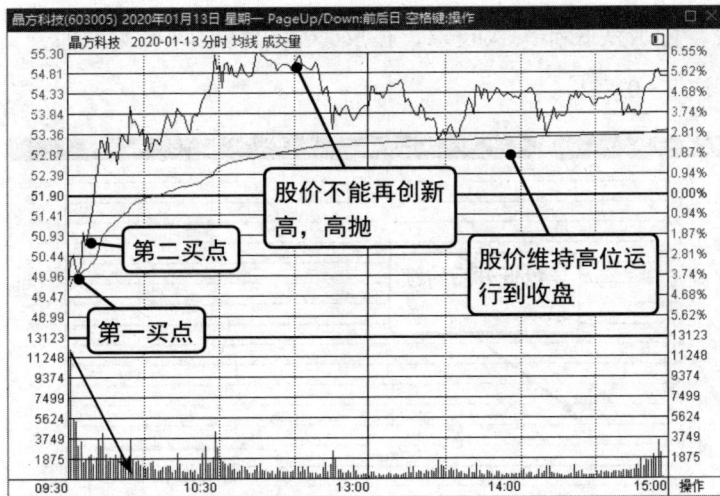

图 2-2　晶方科技 2020 年 1 月 13 日的分时图

从图中可以看出，晶方科技在开盘时成交量出现天量，对应的股价为跳空低开，且该价格是当日的最低价。随后该股缩量拉升，在冲高到 50.44元时回落受到均价线的支撑，此时出现第一个买点。随后股价继续冲高，在冲高到 50.93 元时再次回落，此时为第二个短线买入机会。之后伴随成交量的活跃，该股一路拉升出现强势上涨，并在达到 55.30 元的最高价后出现滞涨。虽然随后股价出现了回落，但是整体价格维持在均价线上方。

如果投资者能够把握低位的两次买入机会果断入手，即使没买到最低位，而是在 51.90 元下方，也不求卖到最高价，只要在 55.30 元价格见顶后的回落任何阶段卖出，都可以获得不错的收益。从图中可以看出，当天股价突破上个交易日的收盘价后，股价就一直处于回升阶段，且价格始终都是高于上个交易日的收盘价。

2.1.2 低开杀跌后的反弹

低开杀跌也是很常见的一种分时走势，股价在低开后会持续一段时间的下跌走势，盘中再反弹回升，如图 2-3 所示。此时投资者可以把握好反弹的机会，在杀跌底部买入股票，在反弹到较高位时再卖出前一日的股票来实现一次 T+0 交易。

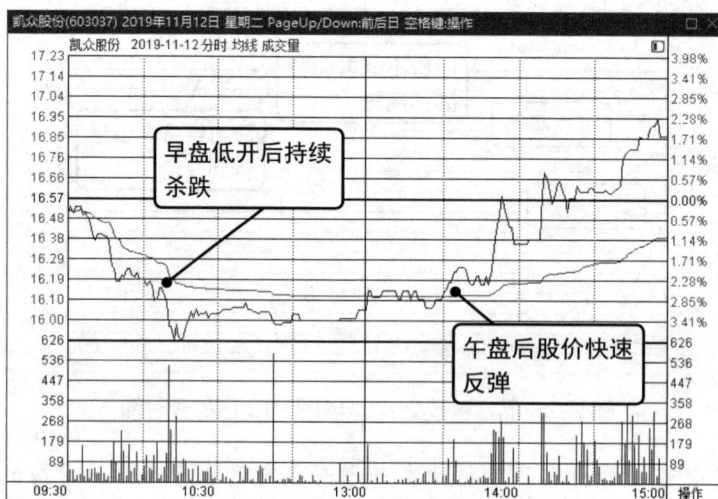

图 2-3　低开杀跌后的反弹

低开杀跌在很多人眼中都是一种股价弱势的表现，但有杀跌就一定有反弹，只要投资者把握得好，也可以通过先买后卖的方式，变相通过 T+0 交易来获取短线的一些收益。

低开杀跌后的反弹投资者需要关注以下两个方面，以免盲目进入而导致套牢或者把握不住杀跌的低点。

◆ **低开的幅度**：一般情况下，低开的幅度不应该大于上一个交易日收盘价的 5%，过大的低开幅度，可能导致恐慌性的抛盘，让杀跌一发不可收拾，过早进入可能导致短期套牢。

◆ **杀跌的量能**：低开后的杀跌一开始通常都伴随有较大的成交量，但成交量应该随着股价的下跌而越来越小，如果成交量一直居高不下，杀跌过程可能就会持续。

当股价杀跌后，保持在一个相对稳定的价位运行，意味着杀跌过程可能结束，投资者可以适当买入股票。

杀跌后的反弹高位受整个市场行情和当前股票的各种因素影响，不是很容易判断。在整体行情不弱的情况下，反弹的区间通常都能补回杀跌的区间，达到比低开更高的价位。一般超过买入价位 2% 以上就可以止盈，以完成一次 T+0 交易。

实例分析

大丰实业（603081）低开杀跌后的强势反弹

图 2-4 所示为大丰实业 2019 年 10 月 24 日的分时图。

从图中可以看出，大丰实业在开盘后就出现快速杀跌的走势，虽然在 9:50 左右止跌后出现一轮小幅反弹，在股价触及 15.77 元后继续杀跌，最低达到 15.32 元附近，随后股价始终在 15.31 元至 15.50 元之间波动变化，而这一期间的成交量始终没有太大的变化，可以认为股价在一个低位区间不断积蓄量能，为后市的突破打下了坚实的基础。

午后开盘，股价出现小幅放量快速拉升股价突破均价线，随后股价缓慢拉升，成交量也是非常小。在 14:00 后，股价开始强势反弹，成交量明显增加，股价也在短时间内反弹到 16.60 元附近，并始终保持在 16.13 元价格线以上运行，直到收盘。

如果投资者能把握好这一机会，在股价杀跌后的 15.31 元至 15.50 元区间买入，并在冲高后的 16.13 元以上的价格卖出之前的持股，那么就可以利用变相的 T+0 交易方式，获取 4% 以上的收益。

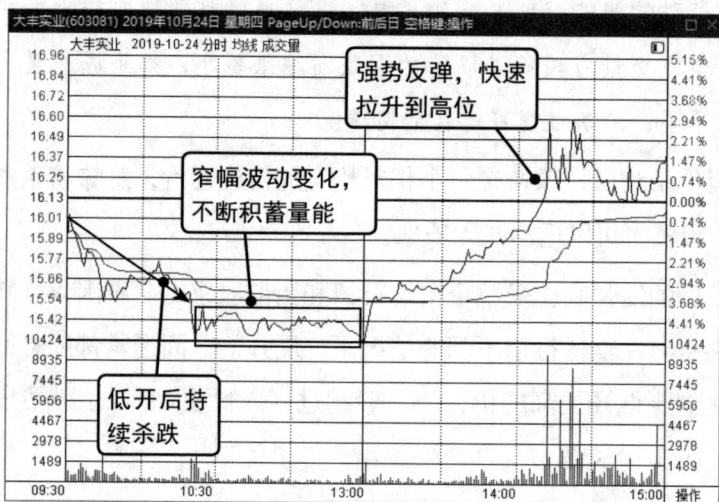

图 2-4　大丰实业 2019 年 10 月 24 日的分时图

2.1.3　平开下挫尾盘拉升

当日股价在上一交易日附近开盘，大部分时间缓慢下挫且没有突变的成交量，到尾盘时突然拉升。如果投资者能在股价下挫到相对低点时买入股票，在拉升到较高位置时卖出之前的股票也可以实现一次 T+0 的获利，如图 2-5 所示。

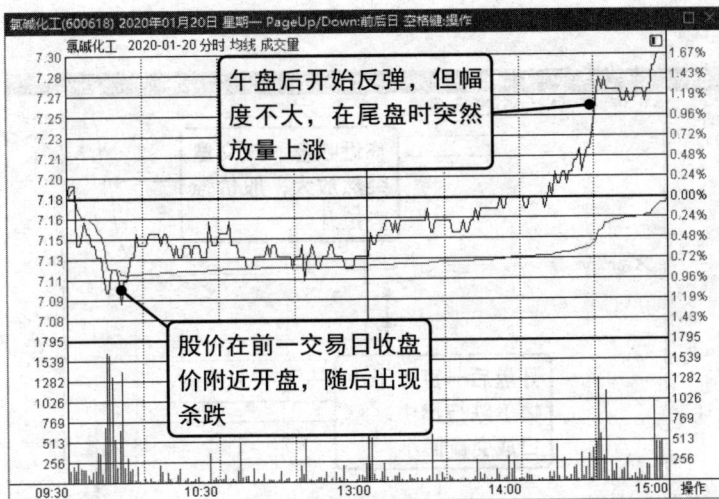

氯碱化工(600618) 2020年01月20日 星期一 PageUp/Down:前后日 空格键:操作

氯碱化工 2020-01-20 分时 均线 成交量

午盘后开始反弹,但幅度不大,在尾盘时突然放量上涨

股价在前一交易日收盘价附近开盘,随后出现杀跌

图 2-5 平开下挫尾盘拉升

平开下挫尾盘拉升的形态并不算很多,但在某些操作性很强的个股中还是会经常出现,这种情况的出现通常预示着后市行情可能反转,但如果投资者把握得较好,也可以通过 T+0 交易来获利。

在这种行情下,个股开盘的成交量不会很大,而且在整个下跌过程中成交量也不会有太明显的变化,看起来全天都是不温不火的样子。但到了尾盘,大多数人认为已经没有操作空间时,价格会突然出现放量拉升。

投资者需要随时关注成交量的突变情况,当成交量突然放大,且与股价呈现出背离形态时,说明下跌即将完成,可以在此时买入股票。

临近尾盘时要快速拉升,必然也会伴随着成交量的显著放大,只要投资者能把握好拉升后的空间,在量能跟不上股价上涨节奏时果断卖出之前持有的股票,实现 T+0 交易,也是可以快速获利的。

实例分析
金杯汽车(600609)平开下挫尾盘强势拉升

图 2-6 所示为金杯汽车 2016 年 4 月 28 日的分时图。

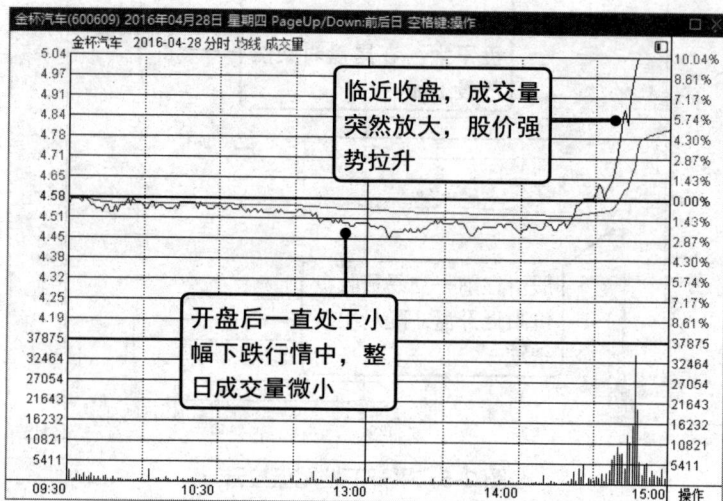

图 2-6　金杯汽车 2016 年 4 月 28 日的分时图

从图中可以看出，金杯汽车在当日以与前一交易日几乎相同的价格开盘，开盘时成交量就非常小，之后几乎整日行情都处于不温不火的小幅下跌状态，成交量也一直没有明显的变化。

股价从开盘一直到 14:20 左右，都处在开盘的 4.58 元和最低的 4.42 元之间波动。总体而言，股价还是处于一个不断下挫的走势中。在这种整日成交量与股价都处于稳定运行的状态下，尾盘一定会有所变动，需要结合该股近期的走势来选择操作。

其实，该股在 4 月 20 日刚经历了一次大跌，现在股价处在止跌回升的阶段，因此可以在下挫中把握时机买入。当成交量开始放大，且股价开始上升时就是最后的买入时机。

此后股价开始放量上涨，从 14:20 开始，在短短 20 分钟时间内就冲上涨停板，并一直封死涨停板直到收盘。如果投资者能把握此机会，在涨停之时卖出之前的股票，那么这短短 20 分钟就可以带来近 11.5% 的相对收益。

2.1.4　盘中探底回升

盘中探底回升也是一种较为常见的分时走势，投资者可以在股价探底的时候适时买入，在回升到较高位置时卖出之前的持股，从而实现一次T+0 交易，如图 2-7 所示。

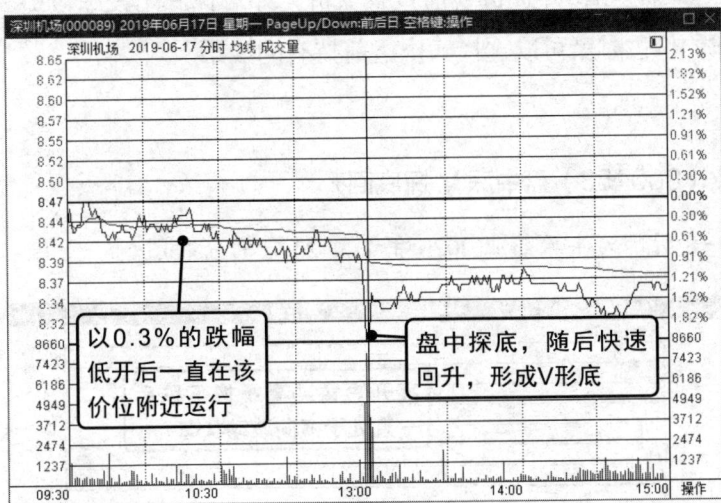

图 2-7　盘中探底回升

盘中探底回升的走势在股价开盘后运行方向并不明确，但在临近午盘或午盘开盘后股价探底，随后快速回升并超过开盘价和前日收盘价。利用这种走势获利需要注意以下几点。

- ◆ **低开幅度不能过大**：以平开或高开最好，即使低开，低开的幅度也不能低于 5%，否则反弹力度可能有限，操作的机会不多。

- ◆ **探底时间要在盘中**：如果开盘就探底，会让很多投资恐慌，失去对该股的信心，使得反弹时没有接招而导致反弹力度不够。而如果在尾盘才探底，很多人反应不过来，没有足够的操作时间。

- ◆ **反弹时需成交量支持**：股价在盘中探底时和反弹时应该形成当天的成交密集区，成交量应该有明显的放大，甚至出现当天的最高成交量。

◆ **底部把握要准时**：盘中探试回升的走势经常来得很快，特别是底部的出现往往只有几分钟的时间，通常当成交量开始缩量而价格开始上涨时，就是最后的买入时机。

当然，入手后怎么出手也是比较关键的，通常在盘中探底回升后，价格一般都会高过当日开盘价或前日收盘价，如果探底比较深，那么在达到探底之前的价位时就可以选择卖出之前持有的股票。

实例分析

丰原药业（000153）盘中深 V 探底回升

图 2-8 所示为丰原药业 2020 年 1 月 23 日的分时图。

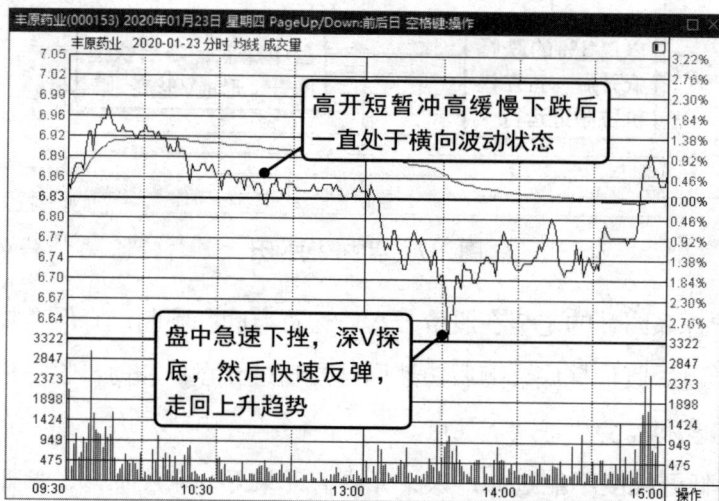

图 2-8　丰原药业 2020 年 1 月 23 日的分时图

从图中可以看出，丰原药业以略高于上一交易日的价格开盘后有小幅冲高，但涨到 6.97 元附近时就开始下跌，随后一直保持着缓慢下跌的趋势，在触及上个交易日的收盘价后开始横向窄幅波动，直到早盘结束，期间成交量都没有太大的变化。

上午的走势还算稳定，但下午一开盘，股价就出现跳水式的急跌，从6.83 元下跌到 6.61 元，下跌幅度接近 3%，与此同时，成交量也出现了明显的放量。

在下跌到 6.61 元以后，股价有了止跌反弹的迹象，此时成交量与股价也出现了背离走势，预示着反弹正式开始，投资者可以在此及时跟进，因为下跌的速度来得过快，因此反弹的速度也可能会很快。

股价反弹后一直高涨，临近收盘，成交量明显增大，且股价出现回落走势，投资者应该及时卖出之前的持股，以锁定今天的既得收益。

2.2 先卖再买

先卖再买适用于分时图中股价开盘后冲高回落的走势，这需要投资者先持有一部分股票，在开盘后价格冲高到理想高度时卖出持股，然后在价格回落到一个较低位置时抄底买入，从而有效降低持股成本。

从资金利用比例来看，卖出的股票数量与买入的股票数量应该相同，如卖出 5 000 股，之后买入 5 000 股，达到操作之后持股相同，使成本有效降低，即实现了 T+0 操作的目的。

2.2.1 高开缩量回落

高开缩量回落走势是较为常见一种分时图走势，个股以高于上一交易日收盘价的价格开盘，但开盘后遭到卖方的大笔抛售而逐步下跌。投资者可在开盘后把握时机卖出现在持有的，在股价回落到较低位时重新买入，从而实现一次 T+0 操作来降低持仓成本，如图 2-9 所示。

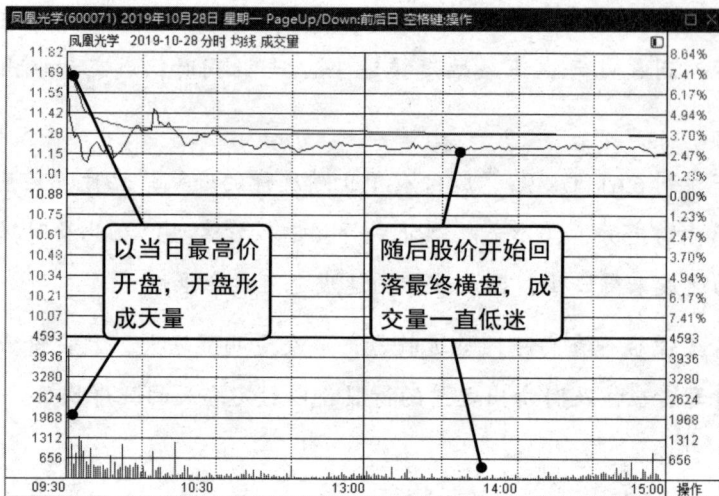

凤凰光学(600071) 2019年10月28日 星期一 PageUp/Down:前后日 空格键:操作

凤凰光学 2019-10-28 分时 均线 成交量

以当日最高价开盘，开盘形成天量

随后股价开始回落最终横盘，成交量一直低迷

图 2-9　高开缩量回落

要在高开缩量回落的走势中采用先卖后买的方式实现 T+0 操作，首先必须要保证该股整体处在一个不弱的趋势中，处于上升趋势是最好的。如果是在下跌趋势中操作，那么即使投资者买入的价格很低，很大程度上降低了持仓成本，也还是有短期被套的可能。除此之外，还需要注意以下几点。

◆ **高开幅度尽量大**：在高开回落中的先卖后买操作，卖出通常都在开盘后的一个较短时间内，因此高开的幅度越大，带来的利益就越大。

◆ **开盘需要有大成交量**：价格的高开会让前期的很多持股者获利了结，成交量越大，越容易造成恐慌，股价回落的空间越大。

◆ **回落过程中需要缩量**：股价在回落过程中成交量应该不断缩小，如果一直保持较大的成交量，则当日可能该股短期见顶，后市下跌的可能性非常大，因此，不再建议买入。

实例分析

澄星股份（600078）高开缩量下跌的操作机会

图 2-10 所示为澄星股份 2019 年 6 月 25 日的分时图。

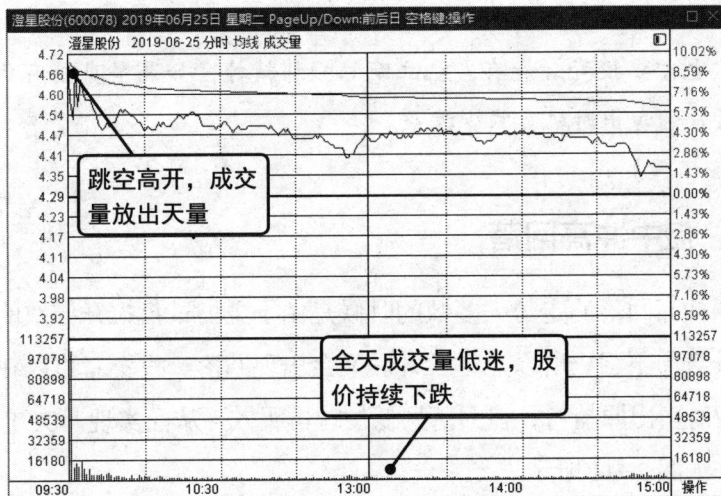

图 2-10　澄星股份 2019 年 6 月 25 日的分时图

从图中可以看出，澄星股份当日以 4.72 元的最高价开盘，开盘后瞬间被打到 4.54 元附近后冲高，但是冲高到 4.66 元左右再次回落，随后开始下跌，成交量急速萎缩，整个交易日内没有再放量反弹或急速下跌的行情，走势较为温和。

对于想要进行 T+0 操作的投资者而言，在股价开盘放量冲高的时候，就是最佳的卖出时机。开盘后第一分钟为 4.58 元，成交量达到 102 961。第三分钟，股价上冲到 4.67 元，成交量却只有 13 536，且该价格受到均价线的压制，短期顶部出现。此时相对于上一交易日的股价已经上涨了 8% 以上，完全可以出手。

之后成交量不断萎缩，股价也逐步走低，全天再没有出现有力的反弹，直到 14:50 以后，股价基本稳定在 4.37 元附近，成交量也有了少许增长，此时就是投资者补仓的最佳时机。

不求卖在最高，也不求买在最低，如果投资者能在早盘开盘时及时卖出，在收盘前抄底买入，也能获得 5% 以上的收益，对于短线投资来说也是相当可观了。

但这也需要投资者能有当机立断的操作精神，如果早盘稍有犹豫，就会错过最佳的卖出时机，减少收益。

2.2.2　盘中冲高回落

盘中冲高回落的走势大多数的时候是由于主力试盘拉升导致的，由于主力拉升意愿不强，所以短暂拉升后又会出现回落。投资者可以在拉升到相对高位时卖出原持有，在回落到低位时再买入，从而实现一次 T+0 的交易过程，如图 2-11 所示。

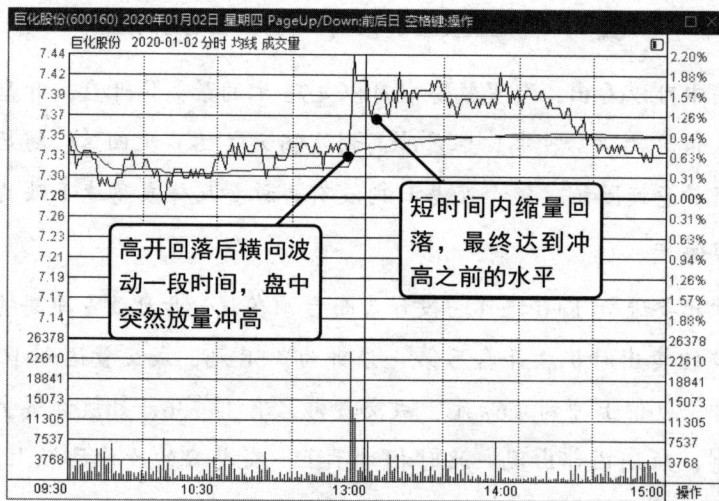

图 2-11　盘中冲高回落

盘中冲高回落的走势在股市中很常见，只要把握得好，利用 T+0 操作还是可以在很大程度上降低持股成本，甚至快速获得较高收益的，但必须确认该股的整体行情并不是在很弱的情况下进行。除了这一大前提之外，还需要注意以下几点。

◆ **尽量以高开为好**：当日股价尽量以高开为好，这样即使盘中拉升的幅度不大，也能获得相对较高的上涨幅度。如果低开，则冲高需要的能量更多，容易导致冲高失败。

◆ **量价应该成正比**：主力在盘中拉升时，在股价上涨的同时应该有量能放大的配合，否则拉升无力。在股价回落时，成交量也应该相对回落，否则可能继续冲高，失去补仓的机会。

◆ **卖出时机要准确把握**：在大多数情况下，盘中冲高回落的时间都比较短暂，特别是股价维持在高位的时间非常短，投资者一定要把握好相对高点。通常情况下，当股价冲高到一定程度，成交量开始萎缩时，就要及时卖出，过多的犹豫可能失去抢占高位的时机。

实例分析

黄河旋风（600172）盘中冲高后波动回落

图 2-12 所示为黄河旋风 2019 年 12 月 18 日的分时图。

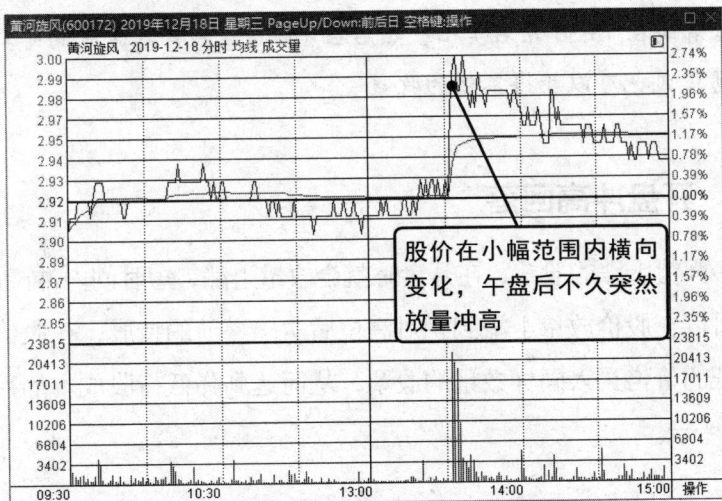

图 2-12 黄河旋风 2019 年 12 月 18 日的分时图

从图中可以看出，黄河旋风以略低于上一个交易日的价格开盘，开盘后股价基本能稳定在 2.90 ~ 2.94 元的范围内运行，成交量稀少，表明该股控盘度高。

午后开盘，股价更是在 2.91~2.92 元的价格范围内窄幅波动，在 13:30，股价放量拉升股价突破昨日收盘价，股价在 2.92~2.93 元的价格范围内继续窄幅波动，可能有主力正在试盘拉升，想要做 T+0 交易卖出的投资者此时需要密切关注盘中变化。

13:30 左右，该股突然放量快速拉升股价，股价快速冲高到 3 元附近，成交量开始有点缩量，表示主力试盘意图不明显，股价可能回落，此时是最佳的卖出时机。

随后股价开始回落，到 14:40 左右回落到均价线下方收到均价线的压制，但是股价没有继续回落，而是在少量成交量的支撑下继续横向波动，形成一个补仓的机会。

从全天的走势来看，虽然 14:40 以后的价格不是当日的最低价，但是如果投资者能在 13:30 左右卖出，然后在 14:40 左右补入等量的筹码，利用 T+0 交易模式也可以获得不错的收益。

2.2.3　开盘冲高回落

很多强势上涨的股票，在开盘时就会放量上涨，短时间内冲高后回落。投资者可以在股价放量上涨到相对高位后卖出之前的持股，在股价回落后再以更低的价格买入同样数量的股票，从而达到降低持股成本的目的，如图 2-13 所示。

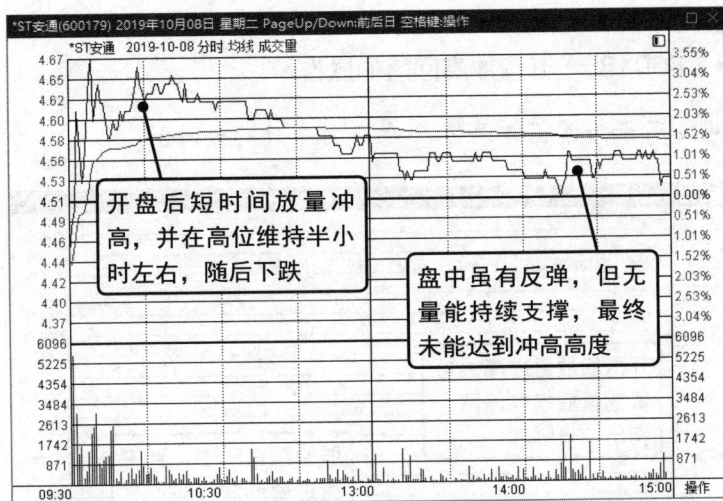

图 2-13　开盘冲高回落

开盘即冲高的个股，通常都是最近一段时间比较强势的，从一开盘就表现出强势上涨的冲劲，投资者只要把握好卖出的时机，在股价冲高后卖出，并在股价回落后再次等量买入。在开盘冲高回落的走势中，完成 T+0 交易需要注意以下 3 个方面。

◆ **操作时间不会太长**：强势冲高的个股，通常在开盘后一个小时内完成冲高并开始回落，冲高的速度一般都比较快，冲高后能持续的时间受整个市场行情和该股前期走势的影响，一般不会持续太久，通常半个小时内就会回落。

◆ **冲高和回落时的量能配合**：开盘冲高必须要有成交量放大的配合，否则冲高能量不足。同样，回落的时候需要成交量配合缩小，否则支撑太强回落不彻底，失去补仓机会。

◆ **卖出时机把握要准确**：开盘冲高后，通常不会持续很长时间，当冲高到一定高度后，成交量明显开始缩量，就应该把握时机卖出，而补仓的时机最好选在午盘之后，股价回落到冲高之前的价位以下时。

实例分析

莲花健康（600186）开盘冲高回落的操作

图 2-14 所示为莲花健康 2020 年 2 月 7 日的分时图。

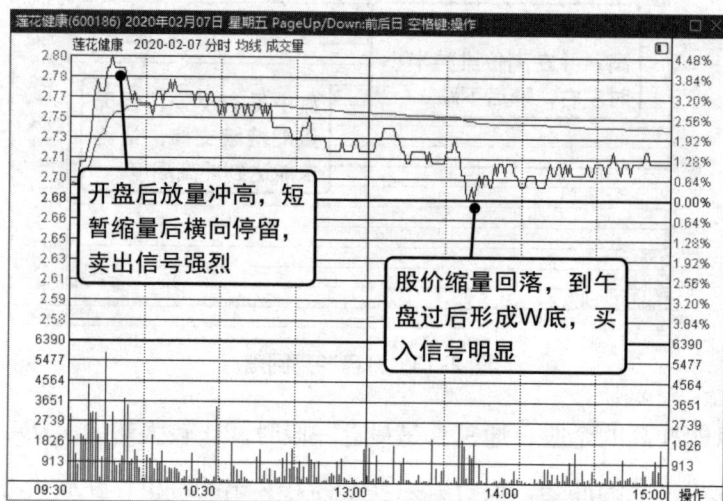

图 2-14　莲花健康 2020 年 2 月 7 日的分时图

从图中可以看出，莲花健康当日整个行情属于高开高走。在开盘后该股就放量上冲，经过近 15 分钟的冲高，从 2.69 元附近上涨到 2.8 元。随后该股在冲高回落过程中仅仅停留了一两分钟便开始大幅缩量回落。

当冲高回落短暂横盘停留，成交量开始萎缩时，投资者就应该及时卖出持股。随后股价开始向下大幅回落，到 13:38 左右，股价回落到上一个交易日的水平，并在这里形成支撑。

随后股价经过两次的短暂小幅反弹，在此位置形成 W 底，此时就是投资者最佳的补仓机会。

如果投资者能够把握机会，在此位置以原量买入该股，则可以在当天以 T+0 的方式将持股成本降至 3% 以下。

2.2.4　多次冲高回落

相对于开盘冲高回落的情况而言，行情看涨的个股多次冲高回落的情况更为常见，投资者把握多次高点卖出，并在回落的低点买入是最理想的降低持股成本的方法，如图 2-15 所示。

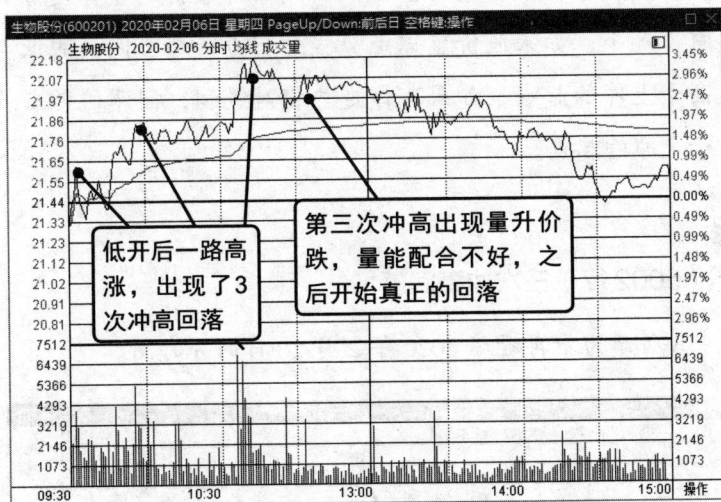

图 2-15　多次冲高回落

多次冲高也称为脉冲冲高，即股价上涨到一定高度后有小幅回落，然后再次向上冲高，如此反复几次，最终达到一个相对较高的高度后，开始真正的回落。

面对这种走势，投资者需要把握何时才是真正的高点，不能因为过早卖出而失去后面的更高利益，也不能在已经回调到低位时才卖出，失去再次补仓的机会。总的来说，把握以下 3 点，操作的成功性会大一些。

◆ **首次冲高**：首次冲高的时候，成交量会与股价很好的配合，价涨量升，并且在冲高回落的时候，成交量也不会萎缩得太明显，显示出下跌的支持性较强。

◆ **二次冲高**：二次冲高的时候，也应该有量能的配合，至少股价在上冲过程中，成交量应该明显放大。此时应关注回调时的成交量变化，如果量能萎缩过快，又或者出现价跌量涨的情况，那么就可能没有第三次冲高的出现，此时就应该卖出股票。

◆ **抄底时间：**股价在多次冲高回落后，需要在回落的低点补仓，才算是完成一次 T+0 交易。低点的判断与股价的整体走势有关，通常情况下，如果股价整体走势强劲有力，那么回调的低点可能会高于上冲的起点，如果整体走势相对缓和，回调的低点就可能低于上冲的起点。

实例分析

中再资环（600217）三次冲高回落

图 2-16 所示为中再资环 2020 年 2 月 26 日的分时图。

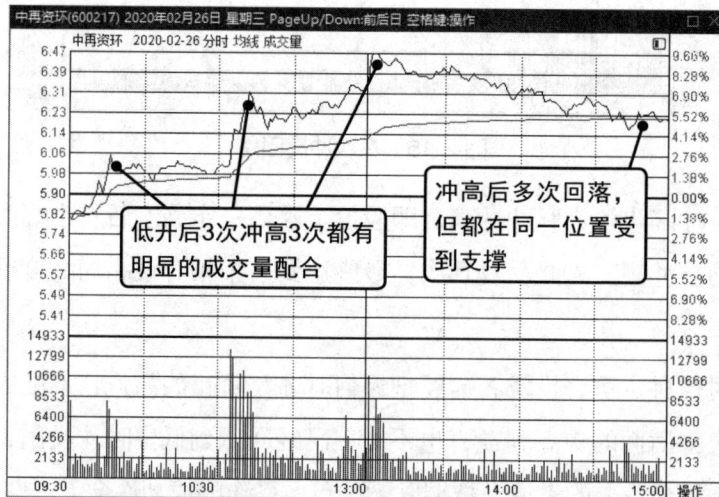

图 2-16　中再资环 2020 年 2 月 26 日的分时图

从图中可以看出，中再资环当天以略低于上一交易日的价格开盘，开盘后股价缓慢上升，到 9:45 左右，股价开始放量拉升，但拉升幅度很小。在 10:35 左右，股价再次放量拉升，这次拉升的幅度和成交量的增长幅度明显大于第一次拉升。

第二次的拉升在一小段回调后再次迎来第三次的拉升，直接将股价拉升到接近涨停板的价格。但从成交量的增长上来看，显明没有第二次拉升时成交量增长得多，可以判断这已经是最后一次的拉升了，出售时机来临。

在本次拉升后股价迎来了回调行情，但由于个股处在一个较强的走势中，回调的幅度并不是很多。在 14:19 左右，股价达到 6.25 元时受到均价线的支撑，开始反弹，但成交量并没有太大的起伏，在一般情况下，此时都不会出手买入。随后股价小幅反弹后见顶继续回落，之后股价始终受到均价线的支撑，可见均价线是一个明显的支撑线，投资者可以在收盘前股价再次接近均价线时买入等量的股票。

如果投资者能在 6.4 元附近卖出之前的持股，并在 6.15 元附近再次入手，那么在这轮的 T+0 交易中，投资者可以将持股成本降低 4% 左右。

2.3 轻仓 T+0

轻仓 T+0 是指在采用 T+0 的操作手法时，不能把所有资金一次性全部转化为筹码，而是用部分资金购入筹码，留下一部分资金作为应急之用。而大多数投资者所采用的都是半仓 T+0，即无论是买入或卖出股票，都只动用总投资金额的一半来进行操作，这样可以有效规避风险。

2.3.1 一天之内完成买卖

轻仓 T+0 虽然只动用一部分资金进行买卖操作，但要求无论采用哪种方式实现 T+0，一天之内都需要完成一次筹码相当的买入和卖出操作，即

可以采用先买后卖的方式，也可以采用先卖后买的方式，图 2-17 所示的
分时走势图即可采用先卖后买的方式实现 T+0 操作。

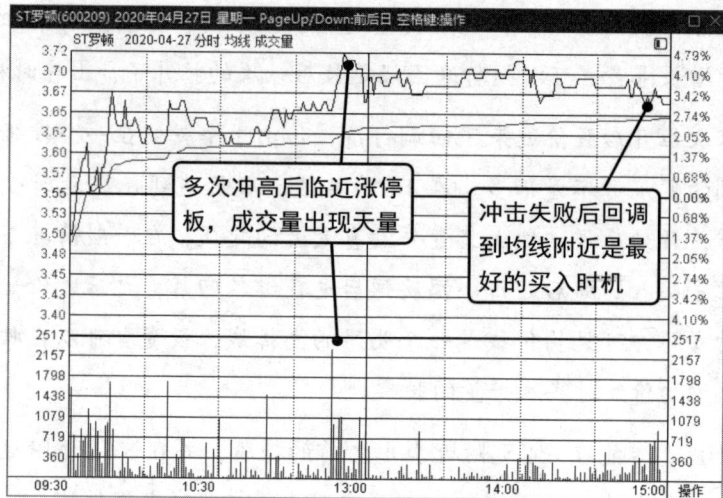

图 2-17 一天之内完成买卖

在很多时候，股价的后市发展方式并不明确，如果投资者不能很好地
预判后期走势，又想让资金快速流动，降低投资风险，那么采用轻仓 T+0
的方式是最为合适的。

在同一个交易日内，利用一部分资金，通过高抛低吸完成一次先买后
卖或先卖后买的操作后，完成一次 T+0 交易。在操作过程可以采用本章前
面两节讲到的几种操作方法，只要灵活应用，看准当前分时图适用于哪种
操作方式即可下手。

由于只动用一部分资金，操作起来相对较为灵活，即使未能买在最低
点，也只有一部分资金可能遭受损失，可以利用另一部分资金在价格创下
新低时抄底，从而减少部分损失。

实例分析
中再资环（600217）冲击涨停失败的轻仓操作

图 2-18 所示为中再资环 2019 年 6 月 21 日的分时图。

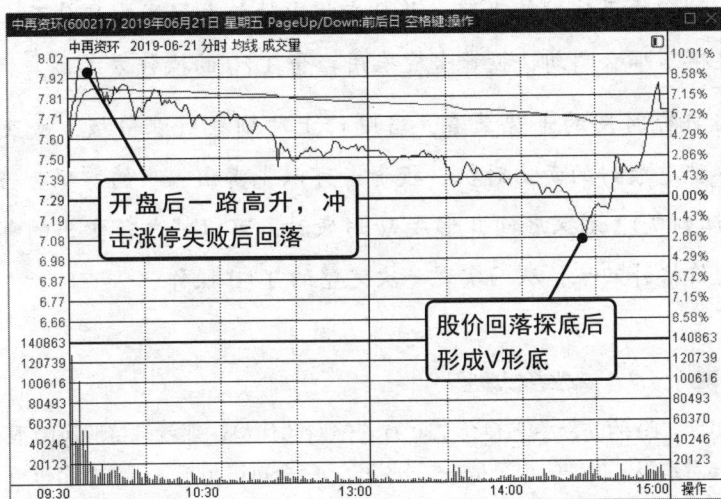

图 2-18　中再资环 2019 年 6 月 21 日的分时图

从图中可以看出，该股当日高开高走，在开盘后 5 分钟左右直线冲高，直逼涨停板，最高上涨到 8.02 元。但由于上涨过程中量能不断缩小，最终导致冲击涨停失败而回落。

图 2-19 所示为中再资环 2019 年 3 月至 6 月的 K 线图。

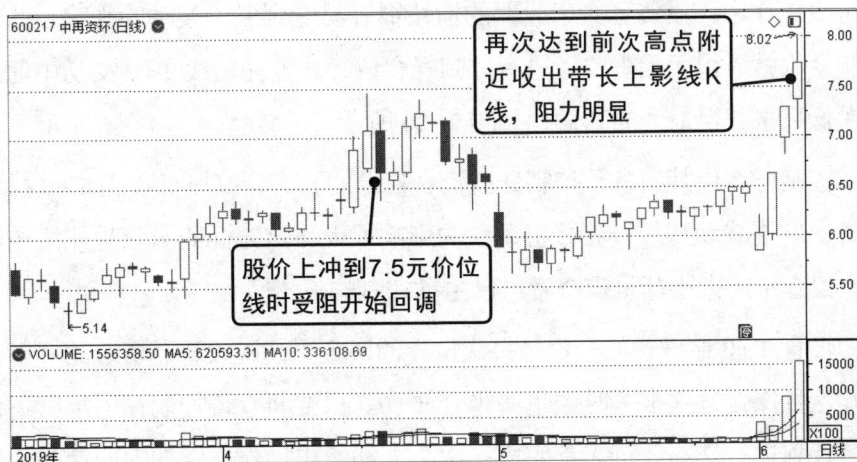

图 2-19　中再资环 2019 年 3 月至 6 月的 K 线图

从该股当时的整体行情来看，此时股价正处于前期上涨的顶点位置，很容易受到阻力无法继续上涨，并且在收出带长上影线的 K 线后，后市行情走势显得不那么明朗，投资者宜采用轻仓 T+0 的操作方式。

从当日分时图的走势来看，当股价上冲到接近涨停板，成交量开始缩量时，就是最好的卖出时机，投资者可以先卖出一半的筹码。当股价在 14:26 回调到 7.13 元探底回升形成 V 形底时，可以将之前卖出的部分筹码以更低的价格补回来，从而实现一次完整的 T+0 操作。

> **拓展知识** *轻仓 T+0 的绝对优势*
>
> 在实现 T+0 的交易中，轻仓 T+0 有着绝对的优势，那就是持股风险很小。即使有时候看走眼，损失的也只是一部分资金，完全可以用另一部分资金进行弥补。此外，轻仓 T+0 低位抄底和高位止盈都在同一个交易日内完成，可以很好地锁定价格双向波动带来的利润。

2.3.2　仓位控制很重要

轻仓 T+0 的核心是"轻仓"，即只动用一部分资金来买卖。而在 T+0 的短线操作中，投资者买卖股票的情绪很容易受到股价波动的影响，此时控制仓位就显得尤为重要。只有控制好仓位，才能在短线 T+0 交易中通过高抛低吸来获得最大的利益，如图 2-20 所示。

控制好仓位其实就是控制好投资者自己的心态，高抛低吸的 T+0 操作本身受价格波动和投资者分析手法的影响很大，这方面的风险是无法控制的，但仓位的大小却是投资者可以主动控制的。

轻仓 T+0 最理想的仓位是每次操作的资金不超过投资总资金的一半，因此这种操作方式很多时候也叫半仓 T+0。只要将仓位控制在一半以下，按照计划进行交易，每天都完成一次买入和卖出操作，短期内即使股价处在下跌过程中，也可以很好地避免损失，甚至获得盈利。

总的来说，只有控制好了自己的心态，不因为盈利而盲目地追加资金，或者看到股价上涨而追涨，将所有资金全部变为筹码，就可以很好地控制风险。

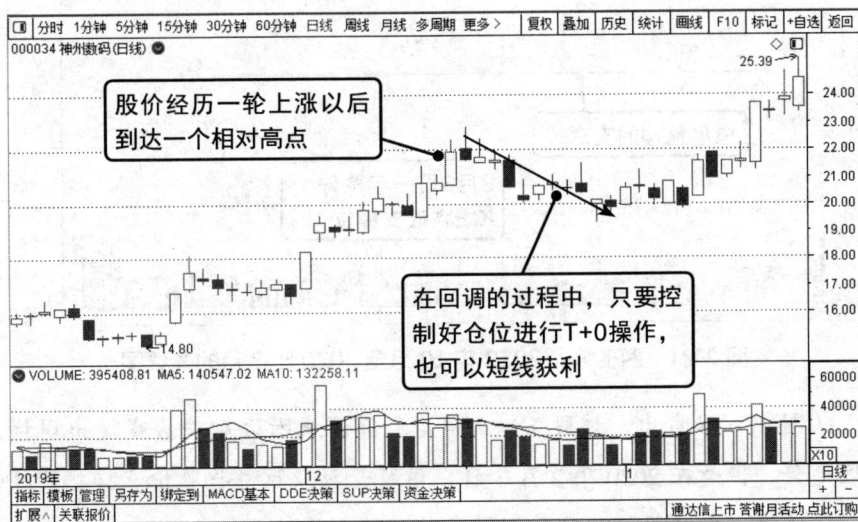

图 2-20　回调过程中控制仓位高抛低吸

拓展知识 *轻仓 T+0 可操作的 K 线形态*

T+0 操作需要在同一个交易日内完成先买后卖或先卖后买的操作过程，根据这一特点，我们可以知道采用轻仓 T+0 交易时，当天的股价波动幅度需要比较大，才有更多的操作空间。

如果某天股价波动幅度很大，在 K 线图上表现出来就是当天的 K 线形态的最高价和最低价相差很大，即 K 线图呈现出很长的实体，或者具有较长的上影线或下影线。

实例分析

西王食品（000639）T+0 操作在上涨初期中的仓位控制

图 2-21 所示为西王食品 2019 年 10 月至 2020 年 3 月的 K 线图。

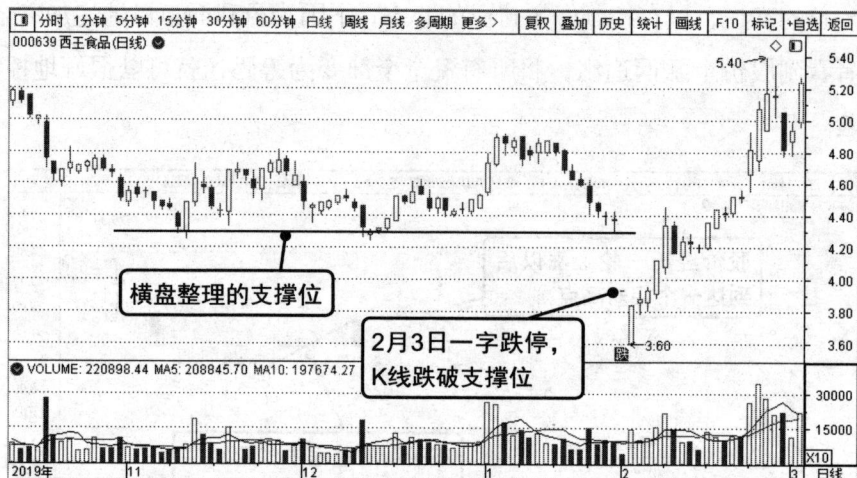

图 2-21　西王食品 2019 年 10 月至 2020 年 3 月的 K 线图

从图中可以看出，该股下跌到 4.4 元价位线附近后跌势减缓出现横向整理走势，但是在 2020 年 2 月 3 日，该股开盘放巨量将股价直接打到跌停后封住跌停，当日股价跌破前期横盘整理的支撑位。

2 月 4 日，股价开盘时继续放量，并以 5.85% 的跌幅跳空低开，但是随后却出现缩量直线拉升股价的走势，拉升 10 分钟左右后股价回落进入横向整理走势，股价始终受到均价线的支撑，成交量也极为稀少，说明主力积极护盘，后市看涨。

2 月 3 日的一字跌停破位下跌和 2 月 4 日的放量跳空开盘可能是股价次轮下跌行情的最后一跌。虽然预判股价可能见底回升，但是由于是初期，不确定因素还是有很多，不能百分之百确定股价一定迎来上涨，此时我们可以采用轻仓 T+0 的操作手法进行短线操作。

图 2-22 所示为西王食品 2020 年 2 月 5 日的分时图。

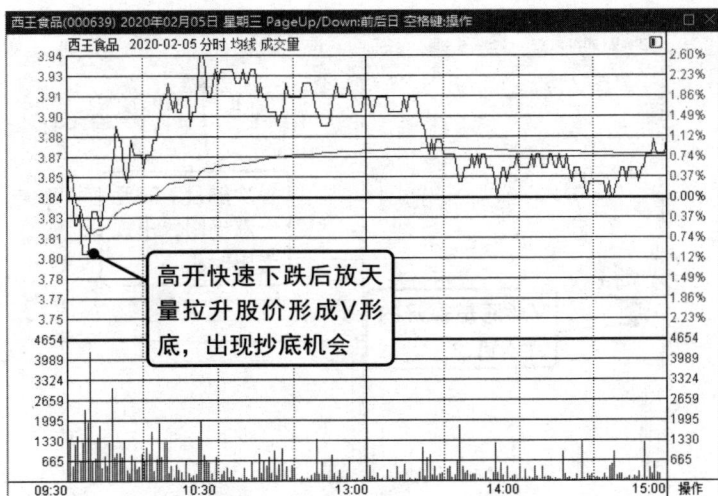

图 2-22　西王食品 2020 年 2 月 5 日的分时图

　　假设我们有 5 万元的投资资金，之前错过了 2 月 4 日的底部低价，而在这天才发现机会，当股价放天量快速拉升股价形成 V 形底后，出现买入机会，此时在 3.82 元挂单购入该股票 4 000 股，花费 15 280 元。

　　由于证券市场体制限制，当天无法卖出股票，此时我们的持股成本约为 3.84 元。

拓展知识　*持股成本的计算*

　　在买卖股票的过程中，需要支付一些手续费，主要包括佣金、过户费和印花税等。根据自己所开户的证券服务商不同而有所不同，但单买或单卖的总金额一般都不会超过交易金额的 0.5%（交易金额非常小的除外）。

　　例如，本例中首日的持股成本为（3.82×4 000×1.005）/4 000 ≈ 3.84 元。只有在高于持股成本的价格时卖出，本次操作才不会出现亏损。

　　图 2-23 所示为西王食品 2020 年 2 月 6 日的分时图。

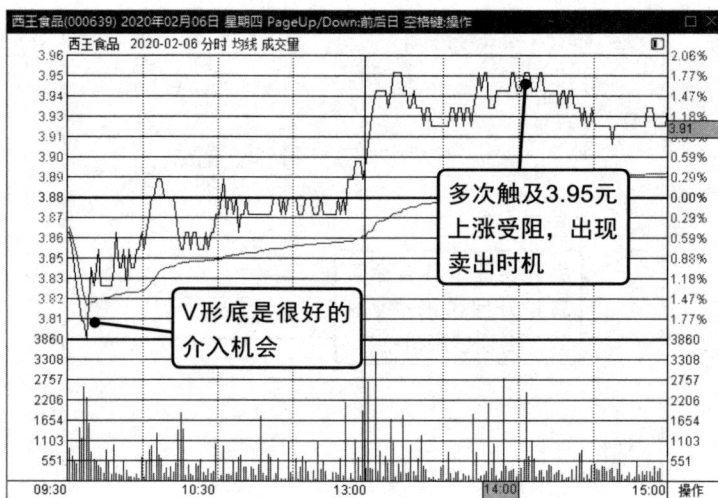

图 2-23 西王食品 2020 年 2 月 6 日的分时图

从图中可以看出，该股当日低开后放量急速下跌，但是很快股价被快速拉起形成 V 形底，说明股价的下跌空间非常有限，该股的后市发展并不会很差。此时，我们可以采用轻仓 T+0 的方式，在 V 形底形成的时候，再次以 3.82 元的价格买入 4 000 股。

根据后市的走势可以看到，股价在 10:30 后横向发展了一段时间，在午盘开盘时，成交开始变得活跃，股价开始冲高，是典型的盘中冲高模式。在 13:10 左右，股价上冲到 3.95 元后短暂停留了几分钟后开始快速掉头向下，但是很快股价被再次拉高多次并触及 3.95 元，说明该价位是一个有效的压力位，此时投资者应把握时机，将上一交易日买入的 4 000 股做空。

假设我们能顺利地在 3.94 元附近卖出之前的 4 000 股，那么可以获利约 480 元，而我们手中仍然还持有 4 000 股的股票，且买入价格依然为 3.82 元。

图 2-24 所示为西王食品 2020 年 2 月 7 日的分时图。

从图中可以看出，该股当日还是以低开开盘，并在开盘后快速下跌到当日的最低价，随后快速冲高，由于下跌的时间比较短，仅有一分钟，且下跌幅度不大，所以这个位置很少有人能把握住抄底机会。

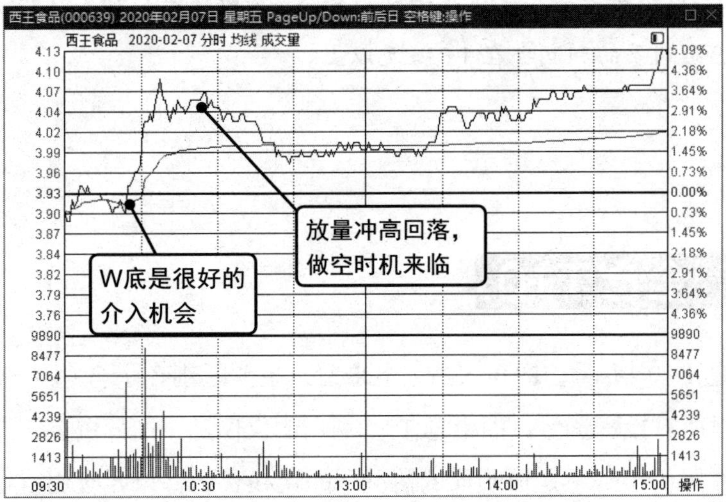

图 2-24　西王食品 2020 年 2 月 7 日的分时图

在 9:35 左右，股价冲高突破上个交易日的收盘价后快速回落形成 W 底，且 W 底的第二个底是在放量拉升的情况下形成的，因此出现很好的买入机会，此时投资者可以在 3.90 元的位置再次买入 4 000 股，花费 15 600 元。

随后股价快速上扬，且成交量也出现明显放大，并在 10:07 达到 4.09 元的高价，随后出现回落走势，成交量也出现萎缩，此时即为高抛的一个时机。

如果投资者能在冲高回落时以 4.07 元左右的价格卖出 2 月 6 日补入的 4 000 股，可以获利约 1 040 元。在当天交易结束后，手中仍然持有 4 000 股，持股成本约为 3.92 元 / 股。

之后该股继续上涨两个交易日后进入一个短暂的横向整理，之后的再次上涨确认了上涨行情的开启。投资者在这一期间都可以按照相似的手法进行高抛低吸操作，但必须要在当天交易结束时，保持手中持股总量不变，这样无论后市的发展如何，风险都不会很大，这就是控制仓位的重要性。

例如，在上面这个示例中，经过两天的轻仓 T+0 操作，投资者手中始终持有 4 000 股股票和一半以上的可用资金，可以随时应对各种突发状况。同时，已经到手的利润也在 1 520 元以上。

2.4 全仓 T+0

全仓 T+0 与半仓 T+0 从名字上来看，主要区别在于全仓 T+0 操作时利用的是所有投资资金，而半仓 T+0 利用的仅仅是一部分资金，两者都可以实现在股价走势不是很明显的情况下的短线获利，只要应用得当，甚至在下跌走势中也可以游刃有余。

2.4.1 先有底仓才能有 T+0

全仓 T+0 与轻仓 T+0 有一个重要的区别就是，全仓 T+0 必须要先有一个底仓，才能实现 T+0。也就是说，必须要在采用 T+0 操作之前的某个交易日买入股票，然后选择在某一天进行先卖后买的 T+0 操作手法，如图 2-25 所示。

相对而言，全仓 T+0 的操作风险要明显大于轻仓 T+0，并且它必须要先在某个时间点建仓，使自己手中已持有筹码，才能在后面的交易中进行全仓 T+0 操作。

由于已经将全部资金转化为筹码，在完成 T+0 操作的当天，只能采用先卖后买的手法，利用卖出后回收的资金重新建仓。

全仓 T+0 的底仓选择最为重要，如果底仓选择不当，比如选择到一个价格上涨的近顶位置，那么后期的操作将变得非常困难。而如果选择一个上涨过程中的较低位置，那么第二天就可以利用高抛低吸手法，非常简单地完成 T+0 操作。

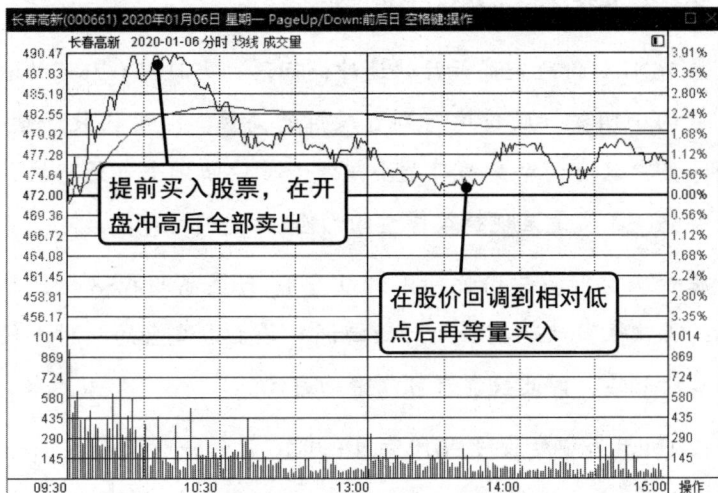

图 2-25　先有底仓才能有 T+0

实例分析

智度股份（000676）全仓 T+0 的开仓操作

图 2-26 所示为智度股份 2019 年 8 月至 10 月的 K 线图。

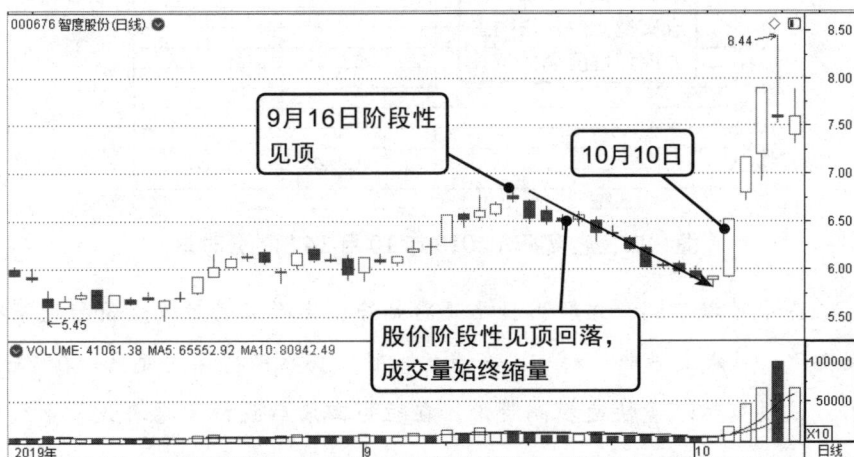

图 2-26　智度股份 2019 年 8 月至 10 月的 K 线图

从图中可以看出，该股在 2019 年 8 月初创出 5.45 元的最低价后企稳回升步入上涨，整个上涨行情涨势温和，多以小阳线和小阴线的 K 线形态出现，而且整个上涨过程中的成交量变化也不大。

在 9 月 16 日股价跳空高开后快速冲高回落，当日以 0.75% 的涨幅收出带长上影线的小阴星，股价运行到阶段性的高位。随后该股连续 12 个交易日回调，其中只有两个交易日是小阳线，其他回调全部是阴线，并且整个回调阶段中，成交量呈现持续缩量的形态。

由于股价从前期的 5.45 元上涨到 9 月 16 日最高的 6.88 元，整个涨幅只有 26%，所以很显然地判断此时的回调只是主力洗盘的一种手段，并不是下跌行情的来临，因此投资者可以密切关注。

图 2-27 所示为智度股份 2019 年 10 月 10 日的分时图。

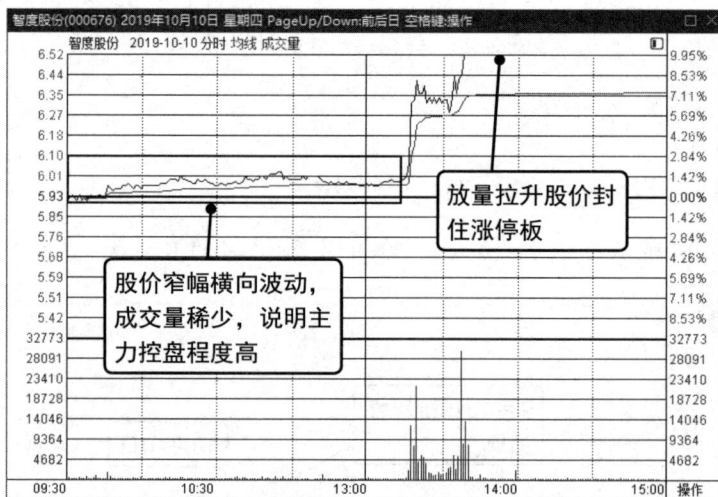

图 2-27　智度股份 2019 年 10 月 14 日的分时图

从图中可以看到，该股当日平开后始终在上个交易日收盘价附近窄幅波动变化，且成交量非常稀少。午盘后，股价仍然保持横向变化。在 13:16 左右，该股突然放量快速拉高股价，在短暂回落后股价又再次放量直线拉升到涨停板且封住涨停，说明回调行情结束，上升行情来临，后市出现建仓机会。

但是次日股价跳空高开，仅仅用了 1 分钟的时间就将股价打到涨停板，且被封至涨停板上，因此投资者很难买到股票，但是通过当天的涨势可以明确，新的一轮上涨行情已经来临，而且此轮上涨行情的前景非常可观。

图 2-28 所示为智度股份 2019 年 10 月 14 日的分时图。

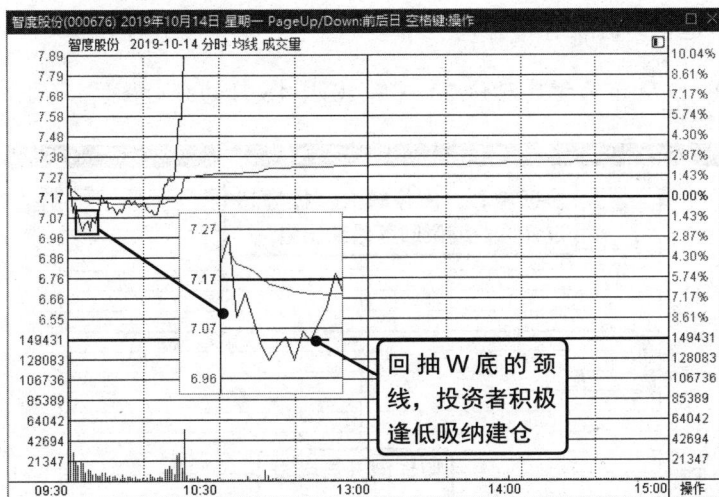

图 2-28　智度股份 2019 年 10 月 14 日的分时图

从图中可以看出，该股开盘后第 1 分钟放量冲高后快速回落，但是在回落过程中成交量快速缩量，说明这是主力洗盘的一种手段，在形成 W 底后出现回抽颈线的形态，此时为较好的买入建仓机会，基本能买在 7.08 元附近。

假设我们有 1 万元投资资金，那么全仓投入可买约 1 400 股。此时，我们的持股成本约为 7.12 元 / 股。

拓展知识 *根据资金计算可买股票的数量*

由于股票买入的单位是手，每手为 100 股。在资金固定的情况下，一次可买入的股票数量计算公式为"资金 / 成交价 ×（1+ 费率）"，计算结果保留百位。

如本例中可买入的股票数量 =10 000/7.08×1.005 = 1 419（股），去尾取整后保留到百位为 1 400，即最多可购买 14 手（19 股不足 1 手，不能挂单买入）。

完成建仓后，需要密切关注后期的分时图，选择高点做空，然后在同一天选择适当的时机补回筹码。

图 2–29 所示为智度股份 2019 年 10 月 15 日的分时图。

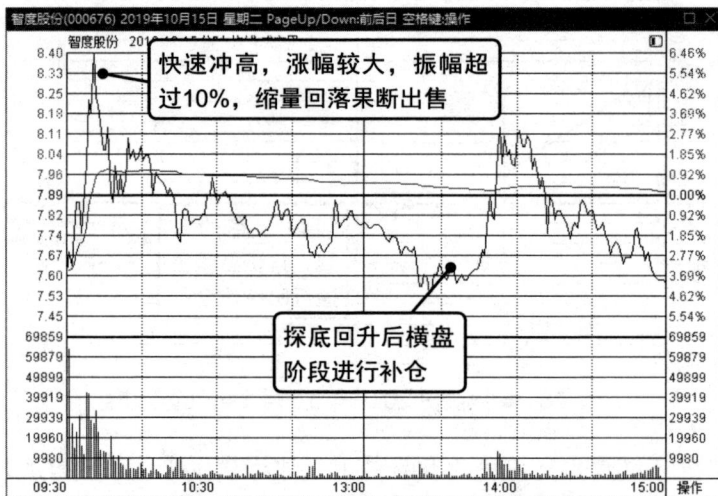

图 2-29　智度股份 2019 年 10 月 15 日的分时图

从图中可以看出，该股当日大幅震荡，非常适合当日买入当日卖出。早上放量低开后快速冲高，到达 8.4 元的高价，当日振幅达到 10% 以上，此时的股价也达到 6.46% 的涨幅，在冲高回落，成交量缩小时，投资者就可以快速卖出昨日持股，卖出价格在 8.24 元左右。

之后股价一路下跌到 7.53 元时止跌，随后股价反弹回升，但是反弹没有量能支撑，所以横向波动了一段时间，且期间成交量变化也不大，出现这种情况只有在主力高度控盘的情况下才会出现大幅下跌和横向整理都无量的情况，此时投资者可以积极逢低吸纳补仓，在7.6元附近重新买入，持股成本为7.64元左右。

通过一个交易日的全仓T+0操作，虽然将股价的成本从7.12元上升到7.64元，但却收获了1 638元左右的收益。

2.4.2　尾盘买入更安全

股价临近收盘，不仅可以总结当日的走势情况，还可以预判下一交易日的股价走势，而此时买入建仓无疑比盘中建仓来得更可靠，如图2-30所示。

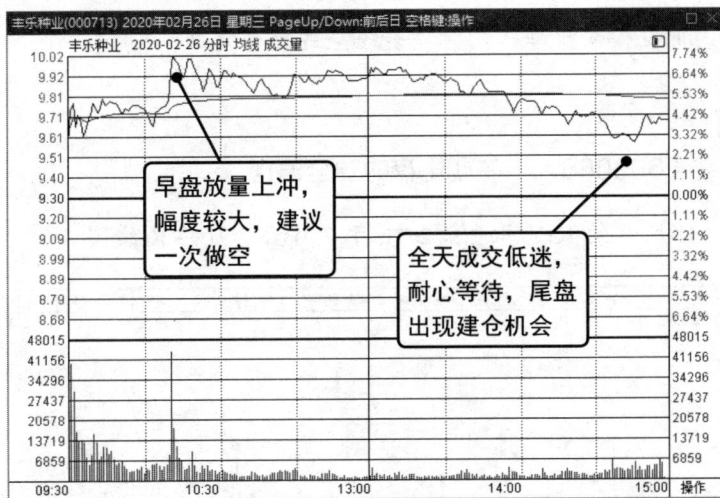

图2-30　尾盘买入更安全

尾盘是一天交易即将结束的时刻，这时候可以明显地看出全天的股价发展情况和成交量的变化，通过这些数据可以预判第二天的股价大概发展情况，因此在此处出现的买入信号是最为可靠的。

在全仓T+0交易中，只能先卖后买，因为买入操作的资金来源于当日卖出筹码获得的资金。因此，开仓买入的时间一般都在午盘过后，而这个时候是否能把握好建仓时机，成功完成 T+0 操作，就需要特别注意以下 3 点内容。

◆ 如果个股处于强势的上涨行情中，盘中冲高回落后密切关注成交量变化，当出现股价下跌而成交密集时就应及时出手，不用等待尾盘，因为强势上涨的个股可能尾盘会有强势的拉升，会错过最佳的建仓机会。

◆ 如果个股处在横向整理期间，则可以耐心等待，只要成交量不发生较大变化，就可以等到临近收盘前几分钟入手。

◆ 如果个股处在上涨后的调整阶段，则无须过多关注成交量的变化，只要出手后密切关注股价，收盘前一段时间通常都会出现一小段的低位横向整理，此时便是安全的开仓时间。

实例分析

XD 宇通客（600066）下午或尾盘的安全建仓

图 2-31 所示为 XD 宇通客 2016 年 2 月至 7 月的 K 线图。

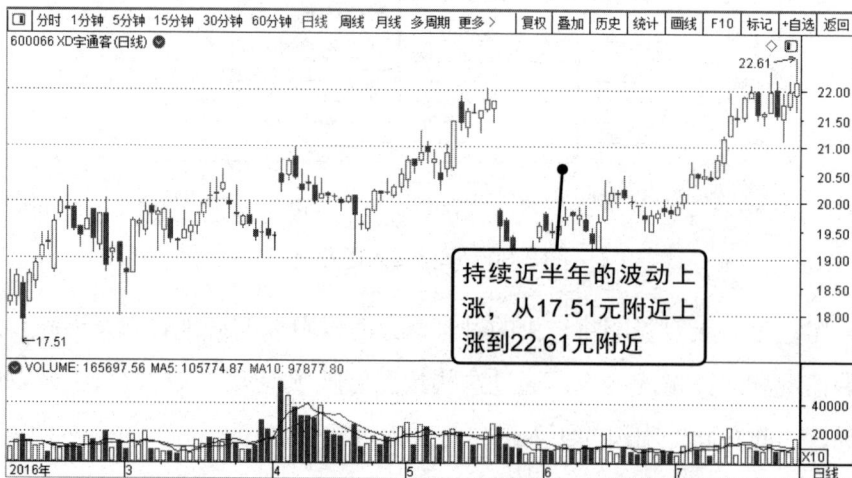

图 2-31　XD 宇通客 2016 年 2 月至 7 月的 K 线图

从图中可以看出，该股创出 17.51 元的最低价后见底回升步入上涨行情，随后该股经历了长达近半年的波动上涨行情，属于强势上涨的个股。对于这种强势上涨的个股，尾盘的表现大多数时间都会预判第二日股价的走势，但尾盘通常都不会是最低价。

图 2-32 所示为 XD 宇通客 2016 年 7 月 27 日的分时图。

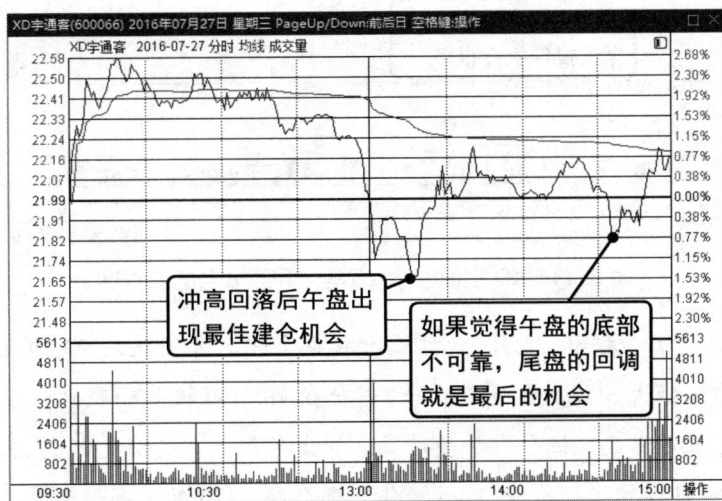

图 2-32　XD 宇通客 2016 年 7 月 27 日的分时图

从图中可以看出，该股当日开盘后快速冲高，在上涨到 22.58 元后出现冲高回落的走势，前期回落还相对温和，在临近早盘结束时，股价出现跳水式的下跌，在 13:16 左右，股价运行到当天的最低价，此时是建仓的最好时机。

如果要求稳，也可以等到 14:30 以后，此时股价有一轮回调，并且已临近尾盘，当股价回落到 21.84 元附近时，是最安全的建仓时机。

并且当日在收盘前，股价还有一波放量冲高，这可以说是强势上涨股票的标志性收盘，预示着后市还有继续上涨的空间。

图 2-33 所示为 XD 宇通客 2016 年 7 月至 9 月的 K 线图。

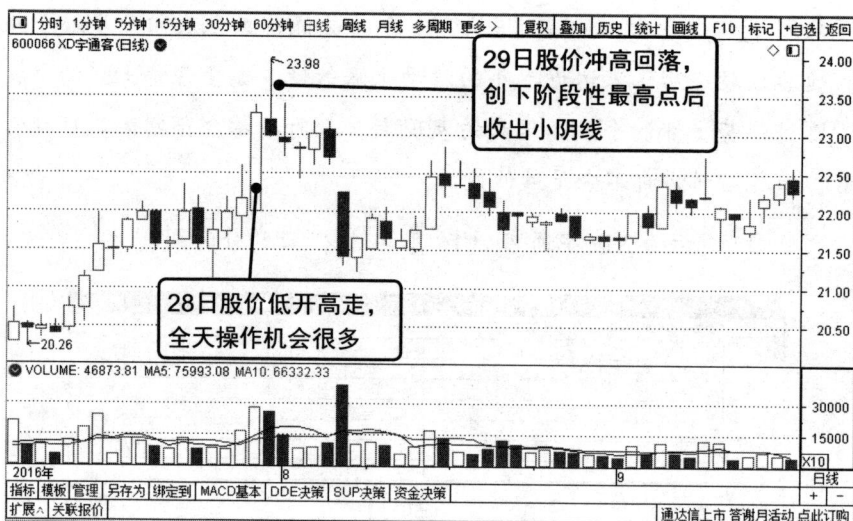

图 2-33　XD 宇通客 2016 年 7 月至 8 月的 K 线图

从图中可以看出，7 月 28 日股价放量上冲，最高达到 23.39 元附近，并且收出一根大阳线，说明 27 日的建仓在 28 日有较多的获利机会。29 日出现低开低走形态，但早盘放量冲高，创出半年以来的历史新高 23.98 元，如果在 28 日继续进行全仓 T+0 操作，那么在 29 日的冲高过程中也还有机会获利。

第 **3** 章

T+0交易一定要有的纪律

看了T+0交易的优点以及它的使用方式和手法，你是否会认为T+0
交易是一种风险小、操作方便、获利快的操作方式呢？其实这样说也可
以，但要看你是否遵守T+0交易的"纪律"，只有你遵守了它的"纪
律"，它才可以给你带来更多的回报。

3.1 T+0 交易介入时机和选股原则

T+0 交易虽然可以在很大程度上在短期内提高收益和规避一些风险，但这并不意味着你什么时候操作，都可以实现盈利的目的，它同样需要把握介入的时机并坚持一些选择的原则。

3.1.1 避开熊市，在牛市初期介入

熊市是任何投资者都不愿意见到的，虽然利用 T+0 交易在熊市中也有获利的可能，但操作起来风险很大。因此，应尽量选择在牛市初期介入，尽量避开熊市，如图 3-1 所示。

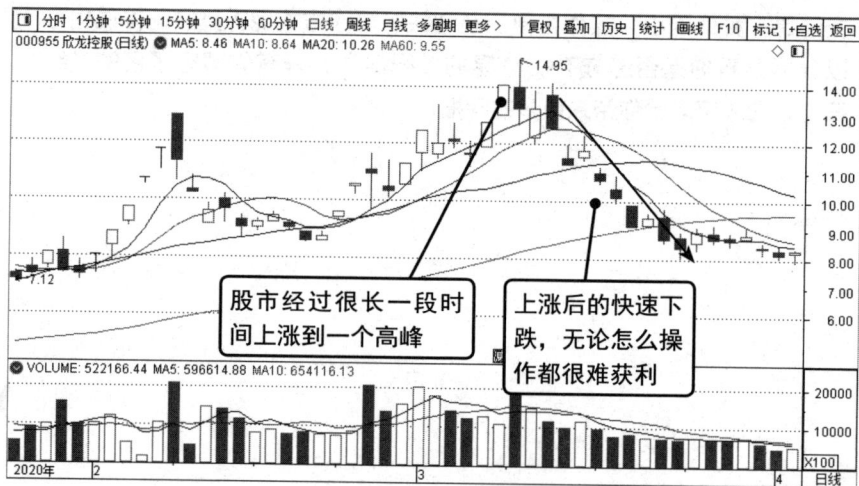

图 3-1　熊市操作风险大

炒股的人最头疼的就是大熊市行情，在这种行情下，股价一天比一天低，不忍心割肉止损的投资者只能眼巴巴看着自己被套，即使你的 T+0 技巧应用得再好，也很难从大熊市中获利。因此，我们想要进行 T+0 操作，底仓建立时应该尽量避开熊市，在牛市初期建仓。

那么，要如何判断是否是牛市初期呢？这个问题就仁者见仁，智者见智了。在一般的炒股软件中，也提供了不少指标，这里简单介绍其中比较常用的几种。

◆ **移动平均线（MA）**：移动平均线指标是最常用的一种主图技术指标。当不同周期的移动平均线指标按周期从长到短进行从上到下排列时，我们就说这种现象为移动平均线的空头排列，这是市场极度虚弱的表现，也是熊市的最大特征。当短期移动平均线开始向上突破中长期移动平均线时，就是熊市结束、牛市即将来临的信号，也是选择建立底仓的时机。

◆ **相对强势指标（RSI）**：RSI 通过比较一段时间内的平均收盘价涨数和跌数来分析市场买卖盘的意向和实力，进而推测未来股价的走势。RSI 指标判断牛市到来有 4 种方法：① RSI6 小于 20；② RSI6 在低位上穿 RSI12 形成金叉；③当 RSI 曲线在低位（50 以下）形成 V 底、W 底、三重底或头肩底等低位反转形态时；④ RSI 与股价形成顶背离行情。当出现以上 4 种情况任意一种都可视为买入信号，如果多种信号同时出现，则买入信号更加准确。

◆ **平滑异同移动平均线（MACD）**：MACD 指标由两根曲线和柱形图构成，通过收盘价的快变及慢变的移动平均值计算出来。当 MACD 柱线位于 0 轴下方时，股价处于熊市行情中；当 MACD 柱线位于 0 轴上方时，股价处于牛市行情中。柱线在从 0 轴下方转到上方，就是熊市转向牛市，这个转向过程中就是我们选择建立底仓的时机。

实例分析

中船科技（600072）选择牛市初期建仓

图 3-2 所示为中船科技 2018 年 10 月至 2019 年 2 月的 K 线图。

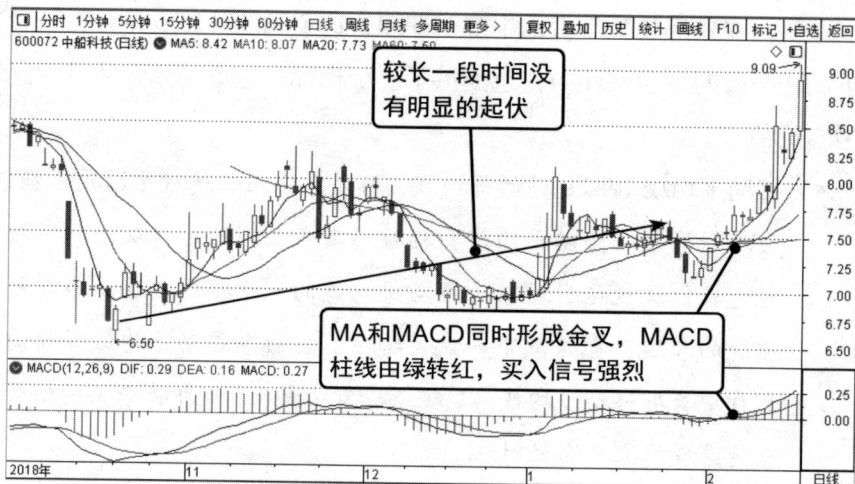

图 3-2　中船科技 2018 年 10 月至 2019 年 2 月的 K 线图

从图中可以看出，股价在经历了 2018 年 10 月下旬的一波快速深幅下跌后，有反弹上涨的趋势，但历经 3 个多月的时间，反弹效果不明显，股价一直在 6.50 元到 8.00 元之间波动。

从 2019 年 1 月 31 日开始，该股连续出现 9 个交易日的阳线拉高股价触及 8 元价位线。从均线系统来看，此时 5 日均线已经明显上穿 10 日均线、20 日均线和 60 日均线形成金叉，10 日均线也已经上穿 20 日均线和 60 日均线，且 60 日均线已经明显止跌走平，说明上涨行情即将来临。

从 MACD 指标来看，从 2019 年 1 月 31 日的第一根阳线开始，MACD 柱状线就开始在 0 轴下方收缩，股价有止跌回暖迹象，随后经过短短两三个交易日，MACD 柱状线就快速翻转到 0 轴上方变为红色，且 DIF 线快速上穿 DEA 线形成金叉，发出买入信号。

这时已经通过两大常用技术指标确定股价熊市已经结束，牛市即将来临，底仓建立的时机已经到来。

对于谨慎型投资者来说，可能还需要进一步确认，那再来看同一时间的 RSI 指标。

图 3-3 所示为中船科技 2018 年 10 月至 2019 年 2 月的 K 线图。

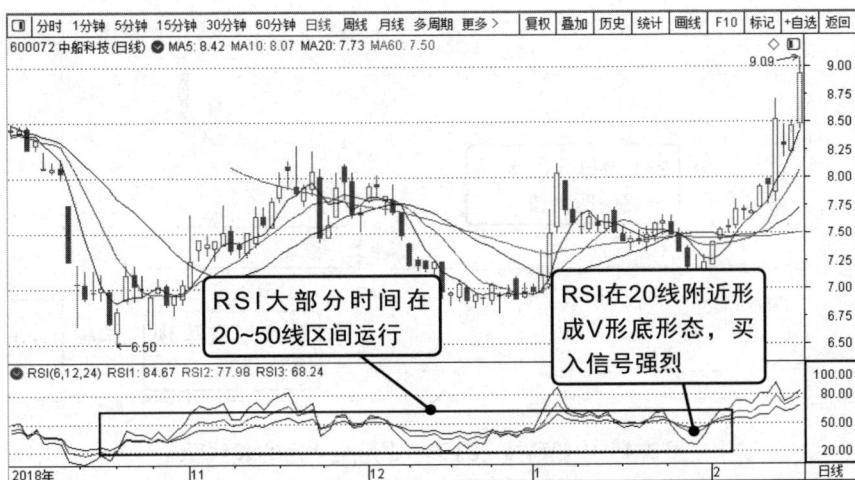

图 3-3　中船科技 2018 年 10 月至 2019 年 2 月的 K 线图

从图中可以看出，从 2018 年 10 月下旬开始，RSI 指标大部分时间都在 20~50 这个低位区间运行。但在 2019 年 1 月底，RSI 1 快速下跌触及 20 线，随后立即反弹拉升形成 V 形底，先于均线系统和平滑异同移动平均线指标而发出买入信号。

经过三方确认，我们有理由相信，即使在 2 月 20 日的大阳线出现的 8 元压力位的价格买入建仓，后市也会有很多获利机会，这是前轮熊市的尾声，后一轮的牛市行情即将开始，其后期走势如图 3-4 所示。

从图中可以看出，2019 年 2 月 20 日股价以 7.58% 的涨幅收出大阳线突破前期压力位后，均线系统呈现多头排列的走势，随后股价在短短两个月左右的时间从 8 元附近快速上涨到 19.69 元的最高价，短期上涨幅度超过 146%。

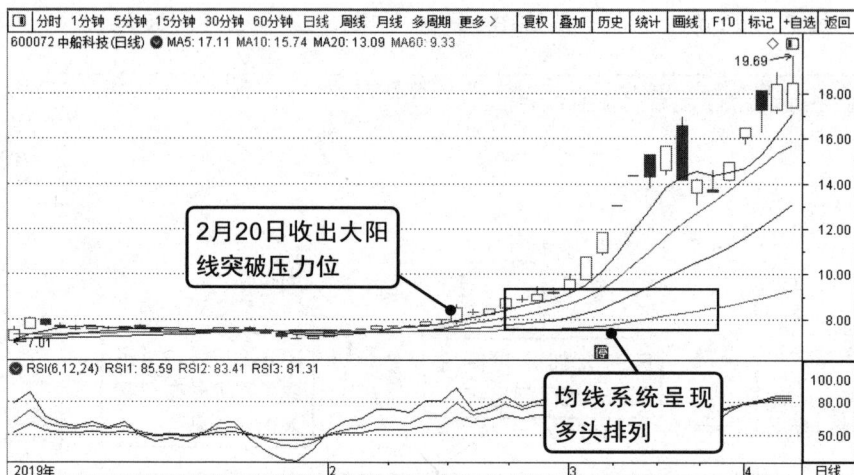

图 3-4　中船科技 2019 年 1 月至 4 月的 K 线图

拓展知识　*均线的金叉与死叉*

在本例中多次提到移动平均线的金叉，那么到底什么是金叉呢？

在指标系统中，很多指标是由多条曲线构成的，当短期均线从下向上穿过长期均线形成的交叉点，就称为黄金交叉（简称"金叉"），而当长期均线从上向下穿过短期均线形成的交叉，就称为死亡交叉（简称"死叉"）。

大多数指标系统中，黄金交叉都是看涨买入信号，而死亡交叉都是看跌做空信号（"黄金"与"死亡"的名字应该也是来源于此）。例如，5 日均线向上穿过 10 日形成的金叉，是短线看涨买入信号；MACD 指标中的 DIF 线向下穿过 DEA 线形成的死叉，是短线看跌卖出信号。

3.1.2　选择周线刚从底部启动的个股

K 线图也是有周期的，一般情况下，我们分析 K 线图的周期都是日 K 线图，这也是炒股软件默认的 K 线图周期。如果要进行中长线投资，或者想要操作风险更小，那么选择周 K 线刚从底部启动时的个股并成功介入是最好的，如图 3-5 所示。

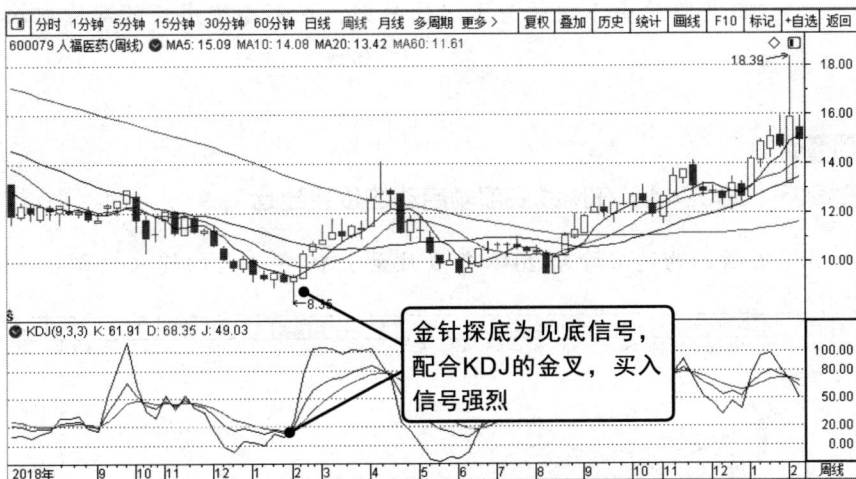

图 3-5　根据 K 线形态和 KDJ 指标判断周线底部

单纯的日 K 线分析具有一定的局限性，为了让分析更加准确，可以利用不同周期的 K 线走势来验证我们的判断，从而决定是否需要买入，而周 K 线从底部启动的时候，就是一个中线建仓机会。

周 K 线从底部启动的时机，同样可以借助判断牛市来临的指标来判断。除此之外，我们还可以通过一些技术图形来判断，如下所示。

◆ **金针探底**：股价在经历一段时间的下跌后，某周收出一根带长下影线的 K 线，下影线长度要求等于或长于实体部分，并且越长越好，这往往是主力吸筹的表现，也是建仓买入的很好时机。

◆ **V 形底**：V 形底在前面的章节中也多次出现，它是判断股价见底回升中的一个重要图形，V 形底形成时股价下落越快，回升的也就越快。

◆ **希望之星**：希望之星是经典的股价见底形态之一，它由至少 3 根 K 线组成，第一根为大阴线，第二根为跳空下跌的小阴星或小阳星，如果为十字星就更好（称为早晨十字星），第三根为大阳线，必须达到或超过第一根大阴线的最高价。当这种形态形成以后，通常都是股价由下跌转为上涨的时刻，在形态形成后的两周内入手最佳。

实例分析

迪安诊断（300244）在周线底部刚启动的位置建仓

图 3-6 所示为迪安诊断 2018 年 3 月至 2019 年 3 月的周 K 线图。

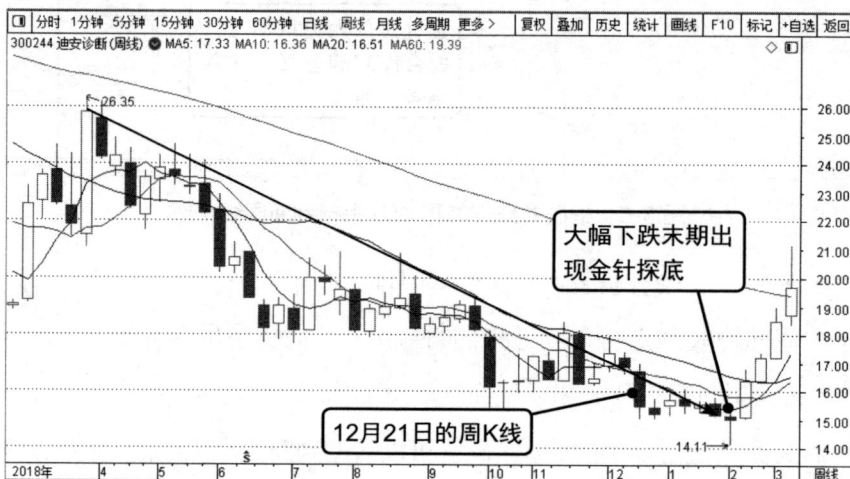

图 3-6　迪安诊断 2018 年 3 月至 2019 年 3 月的周 K 线图

从图中可以看出，股价在 2018 年 3 月运行到阶段性的顶部创出 26.35 元的高价，随后该股出现了震荡下跌的走势，整个下跌行情持续了 10 个月左右。在 2018 年 12 月 21 日，该股周 K 线收出一根跌幅为 8.15% 的大阴线后股价跌势减缓，连续出现小阴线和小阳线的周 K 线走势，将股价始终维持在 15.5 元左右，至此，股价已经下跌了 41%，跌幅还是比较大的。

在 2019 年 2 月 1 日，该股的周 K 线收出了一根带长下影线的小阴线，创出 14.11 元的新低，周 K 线形成金针探底形态，预示着股价可能已经见底，有反弹上涨的趋势。此时，投资者就应该密切关注该股。

为了最大限度保证我们操作的准确性，在得到一个买入信号时，如果还下不了决心，那么可以结合其他一些分析方法或技术指标来进行确认。例如，这里再结合周 K 线图出现金针探底信号时，日 K 线图中结合 KDJ 指标来确定买入信号。

图 3-7 所示为迪安诊断 2019 年 1 月至 4 月的日 K 线图。

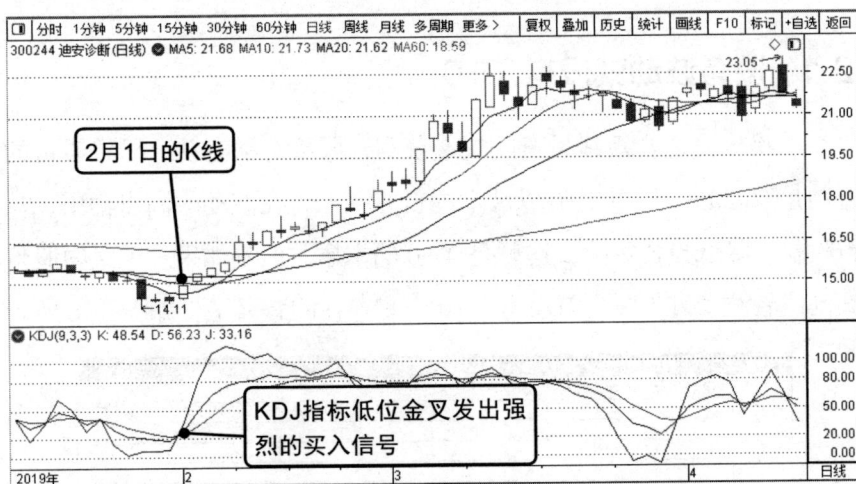

图 3-7 迪安诊断 2019 年 1 月至 4 月的日 K 线图

从图中可以看出，股价在 2019 年 2 月 1 日当天高开高走收出大阳线，此时，KDJ 指标的 J 线从 20 线位置的下方上穿，并且 20 线附近上穿 K 线和 D 线形成金叉，发出强烈的买入信号，形成最好的买入时机。如果投资者在此时建仓，股价可以控制在 15 元左右，从该股后市的走势来看，股价一路震荡上扬，最高上涨到 23.05 元，即使投资者不采取任何操作手法，耐心等待也会获利丰厚。但如果在良好的上升通道中适当地利用 T+0 手法进行操作，获得的收益也会增加很多。

3.2　等待波动

　　T+0 操作手法要求在一天之内完成股价的先买后卖或先卖后买。很明显，要实现这种操作手法，股价无波动是没有任何操作意义的。因此，我们在进行 T+0 交易之前，必须要等待股价的波动。

3.2.1　没有波动就没有 T+0

　　T+0 操作更适合短线投资的快速获利，股价有涨有跌，导致股价的波动方向是双向的，利用 T+0 以波动的低点买入，在波动的高点卖出，从而获得收益或降低投资风险，这就是 T+0 的本质。但是如果一天之内股价没有波动或者波动过小，也就没有 T+0 交易存在的意义了，如图 3-8 所示。

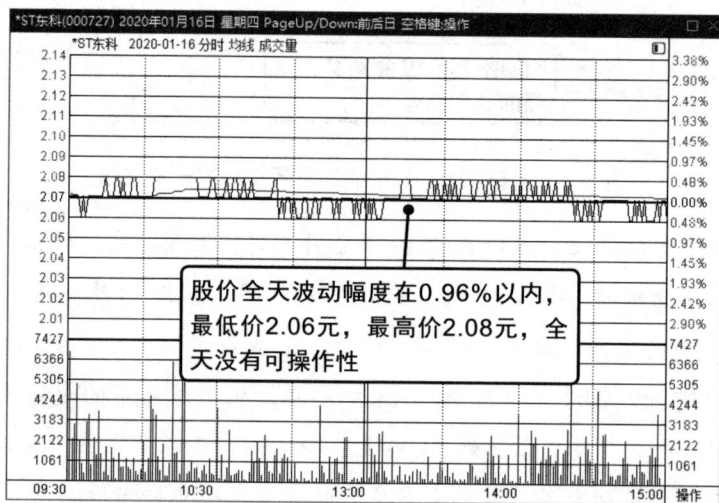

图 3-8　单日波动幅度过小不能进行做 T 操作

　　根据前面所讲过的 T+0 的实现方式以及操作手法可以知道，T+0 交易关键在于把握股价一个交易日内的波动，在同一天内完成高抛低吸的操作，进而降低持股成本。

那么，股价在一个交易日内的波动是操作成功的关键，如果一天内没有波动，如当天收出一字线，即开盘价＝收盘价＝最高价＝最低价，那么这种情况下，无论在什么时候买入或卖出，都将亏损一部分操作费，持股成本只会增加而不会降低。

除一字形以外，没有影线的小阴线、小阳线或影线很短的小阴星以及小阳星，由于全天波动幅度不是很大，也没有太大的操作空间，如果不是买在最低点，卖在最高点，也很容易出现亏损，这种情况下最好不交易。

实例分析

包钢股份（600010）接近无波动的走势

图 3-9 所示为包钢股份 2020 年 3 月至 5 月的 K 线图。

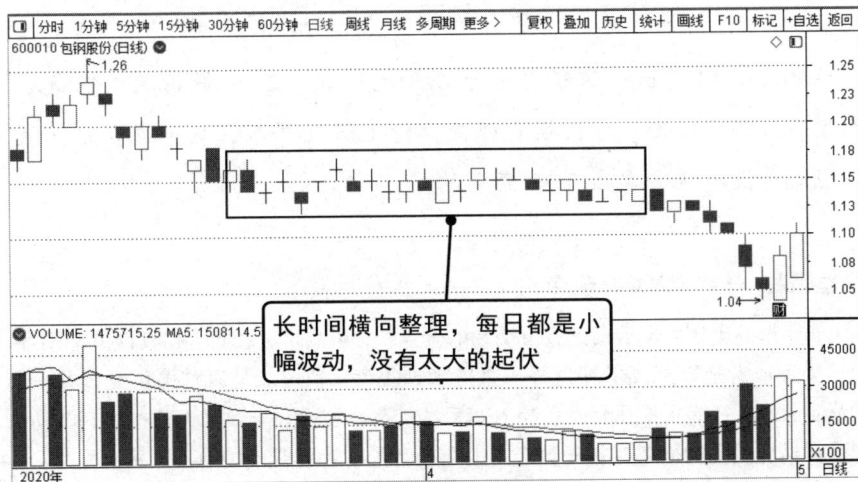

图 3-9　包钢股份 2020 年 3 月至 5 月的 K 线图

从图中可以看出，股价在 3 月中旬至 4 月这一个多月的时间内，股价都处在一个非常小的平台内横向整理，且每日收出的都是一些小阳线、小阴线或者十字星线，几乎没有大的波动幅度。

图 3-10 所示为包钢股份 2020 年 4 月 9 日的分时图。

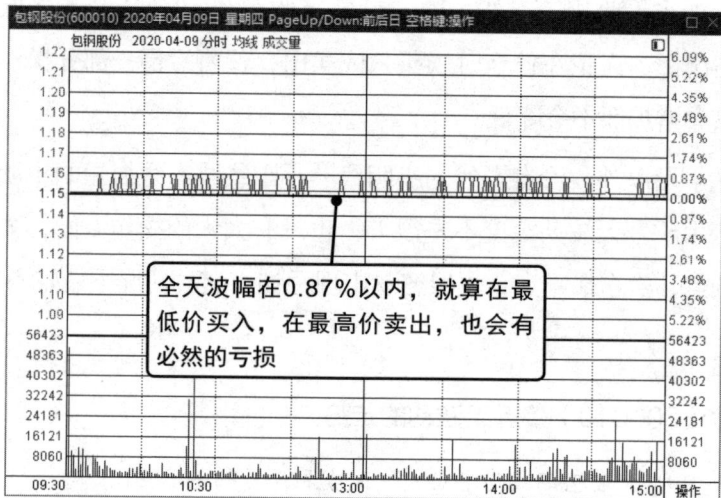

图 3-10　包钢股份 2020 年 4 月 9 日的分时图

从图中可以看出，该股当天最高价为 1.16 元，最低价为 1.15 元，波动幅度在 0.87% 以内。即使投资以最低价 1.15 元买入，成本也在 1.16 元左右，当天是没有机会完成 T+0 交易的。

拓展知识　*一字形的交易难点*

一字形的出现，表示当天股价交易的开盘价、最高价、最低价和收盘价都相等，表示当天或者是以涨停价开盘并一直持续到收盘，也可能是以跌停价开盘并一直持续到收盘，还有可能由任意价格开盘后成交异常稀少，导致当天价格没有波动，但这种情况出现的概率在每天数千万的交易者参与的股票市场中，几乎为零。

如果是涨停的一字形，由于买①档有大量买单，而卖出档几乎为空，这时买入股票非常困难；相反，如果是跌停的一字形，由于卖①档有大量卖单，而买入档几乎为空，这时卖出股票非常困难。

3.2.2 波动一定在5%以上

既然 T+0 的实现必须要有股价波动的支持，那么到底波动幅度达到多少操作起来才更好呢？根据大多数投资者多年的操作经验总结，单日波动幅度在 5% 以上是最理想的 T+0 操作时机，如图 3-11 所示。

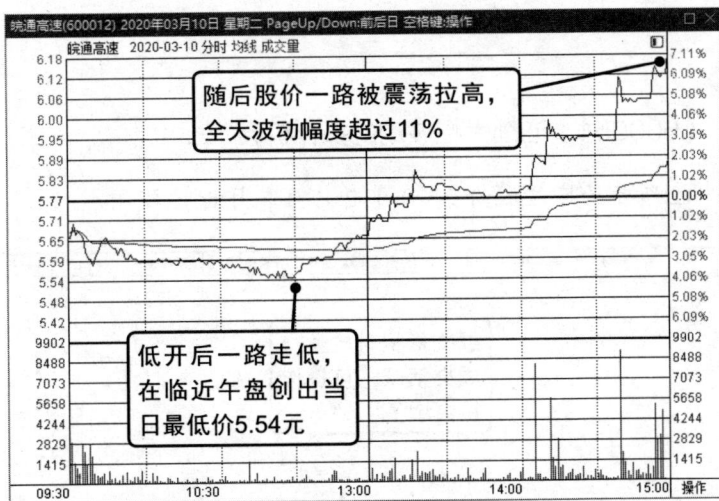

图 3-11 单日波动幅度较大可以进行 T+0 操作

对于想要进行 T+0 操作的投资者而言，股价单日波动幅度越大，可操作的空间就越大，无论股价是上涨还是下跌，都有操作机会。

根据我们之前的讲解，股票在买卖过程中，需要支付一定的费用。由于不同券商收费标准不同，我们难以给出精确的数据，之前采用单边交易约 0.5% 的费率进行计算。

那么，买入的时候支付 0.5% 的费用，卖出的时候再支付 0.5% 的费用，这样单边费用就有 1%，因此股价的单日波动至少要在 1% 才不会亏本，而且这是最理想的状态，即买在最低点，卖在最高点。

但通常情况下，最低点的买入机会和最高点的卖出机会都是转瞬即逝的，一般很不容易把握，即使测算出了一秒就是最佳的买卖时机，而同一时间股市中有上千万人在交易，投资者也不能百分之百保证能交易成功。

因此，我们需要给自己留有余地，T+0 操作尽量选择日振幅在 5% 以上的股票。

实例分析

宁波股份（600051）连续大幅波动的操作机会

图 3-12 所示为宁波股份 2020 年 2 月至 5 月的 K 线图。

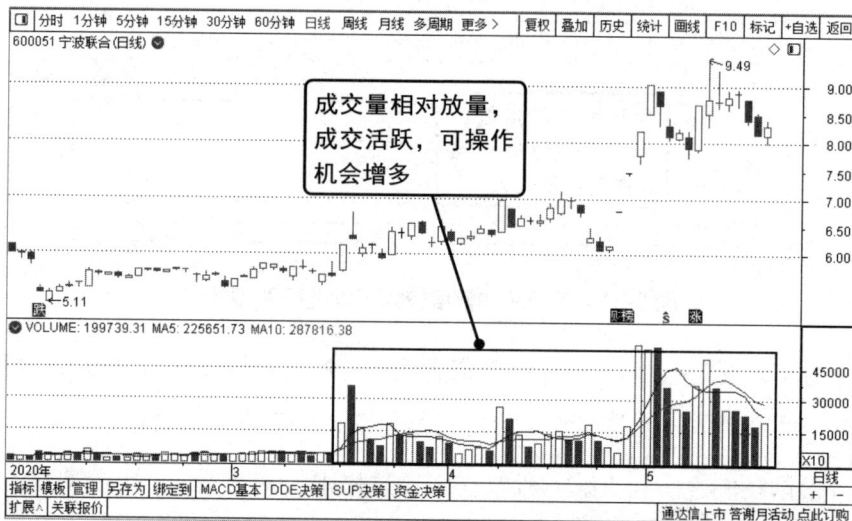

图 3-12　宁波股份 2020 年 2 月至 5 月的 K 线图

从图中可以看出，该股从 2 月初开始进入一波上涨行情中，从 3 月中旬开始，成交量出现明显放大，虽然随后出现一波缩量拉升的行情，但是整个缩量的成交量大小相比于 2 月份的拉升明显要大许多，说明市场中的成交开始变得活跃。通常情况下，成交活跃的个股，会大概率出现单日振幅较大的走势，T+0 操作将"有机可乘"。

图 3-13 所示为宁波股份 2020 年 5 月 14 日的分时图。

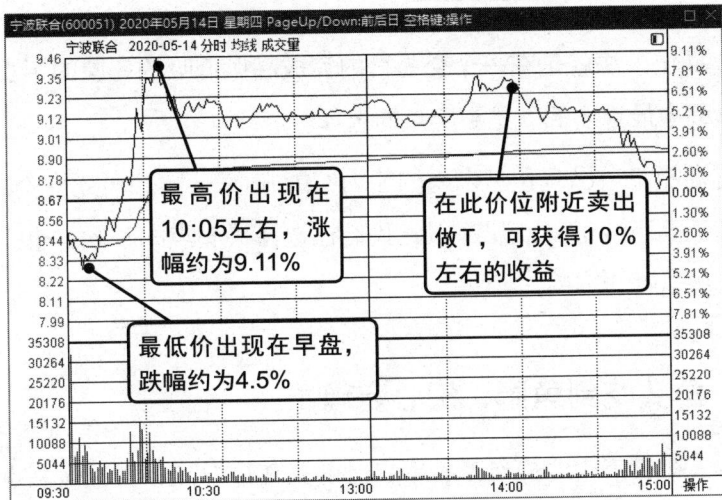

图 3-13　宁波股份 2020 年 5 月 14 日的分时图

从图中可以看出，该股当日最低价出现在上早盘，达到 8.28 元，最高价出现在 10:05 左右，达到 9.46 元，全天振幅超过 13%。如果投资者能在早盘以 8.3 元左右的价格买入，即使没有在最高价卖出，而是在午盘股价触及 7.81% 的涨幅后回落时及时卖出，也可以获利 10% 左右。

拓展知识　*波动不能太频繁*

较大幅度的波动是 T+0 操作成功的关键，但太频繁的波动又会给 T+0 带来很多不必要的麻烦。很多个股在整体行情不是很清楚的情况下，如果成交异常活跃，多空双方矛盾重重，就可能出现单日股价波动异常频繁的走势。在这种走势下，想做 T+0 操作，是很难把握操作时机的。

股价高点或低点的出现，往往只在一瞬间完成，下一秒又会快速拉低或抬高，而这样的高点或低点在一天之内重复多次地出现，总让人摸不清股价发展的方向。

本来在分时图中可以用来预测股价走势的指标就不多，再加上不断变化的高低点，更让投资者没有操作的把握。对于这样的走势，投资者如果没有足够的经验，还是尽量避开为好。

3.3 买卖点的选择

T+0 操作手法就是在一个交易日内完成高抛低吸的完整的买卖流程，而这个过程中最重要的就是买卖点的选择。

但有谁能说自己有预见未来的能力？能知道一下分钟或下一秒内股价是否出现最高点或最低点呢？因此我们在选择买卖点的时候，也需要遵循T+0 的一些规律。

3.3.1 鱼头吃到鱼尾，痴心妄想

任何人在股市中的操作都希望自己能买在最低点，卖在最高点，但除了当日涨停或跌停外，又有谁能百分之百保证自己买入的价格就是当天的最低价，如图 3-14 所示，想从鱼头吃到鱼尾，还是想得太多了。

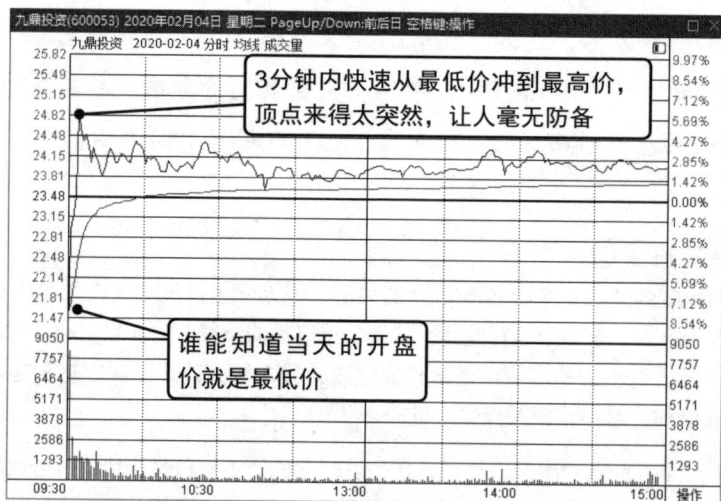

图 3-14 九鼎投资 2020 年 2 月 4 日的分时图

在股市操作中，凡事都不能追求绝对完美，即使在短短一个交易日内

想要实现 T+0 交易，也不能要求买得最低，卖得最高，只要尽量选择靠近最高点和最低点就是成功的。

分时图中很难进行技术分析，但我们可以通过 K 线图来进行。很多行情软件提供了最短 1 分钟的分析周期，通过最小周期将分时图数据转换到 K 线图中，就会有很多技术指标可用，也可以更好地选择买卖点。

实例分析
鼎龙股份（300054）利用 1 分钟 K 线找寻买卖时机

图 3-15 所示为鼎龙股份 2020 年 3 月 19 日的分时图。

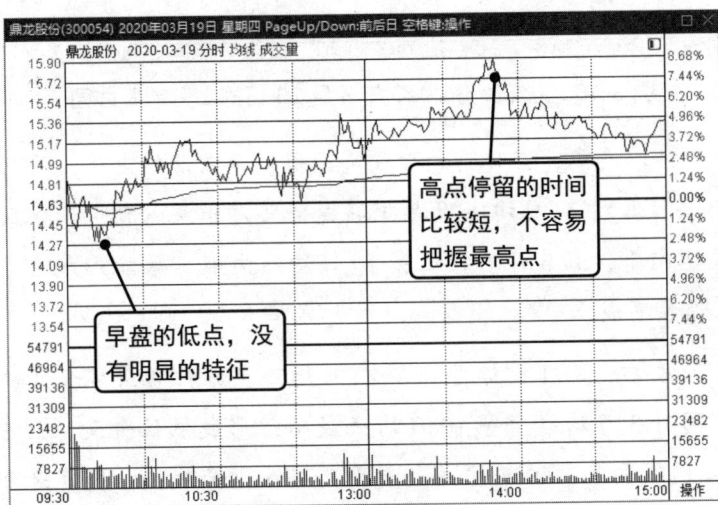

图 3-15　鼎龙股份 2020 年 3 月 19 日的分时图

从图中可以看出，该股当日高开后震荡回落，盘中上冲顶部后快速下跌，单从分时图上很难判断股价低点高点出现的时机，此时可以通过最短周期的 1 分钟 K 线来进行分析。

图 3-16 所示为鼎龙股份 2020 年 3 月 19 日的 1 分钟 K 线图。

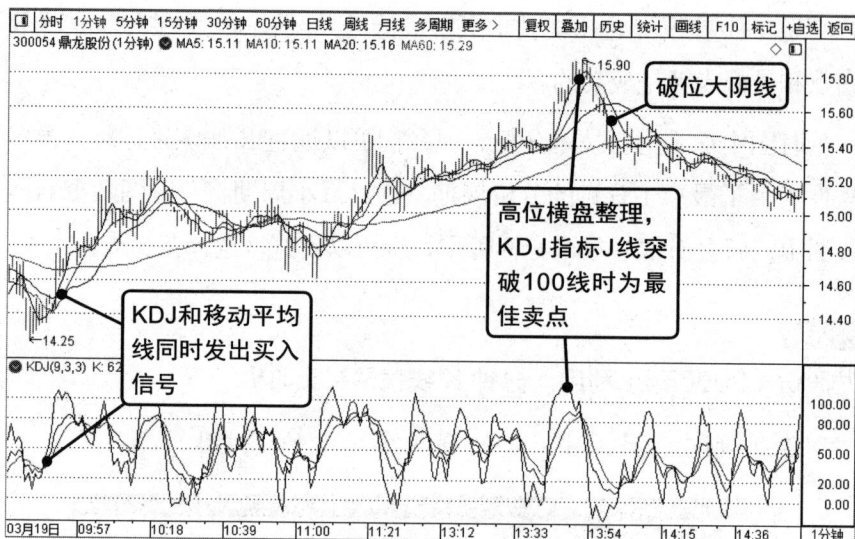

图 3-16 鼎龙股份 2020 年 3 月 19 日的 1 分钟 K 线图

从图中可以看出，当日高开后股价出现震荡回落的走势，虽然 KDJ 指标在第一次回落到 20 日均线附近并形成金叉发出买入信号，但此时的均线系统整体向下，且 5 日均线上穿 10 日均线失败，未能形成有效金叉，所以买入信号不成立。

在 9:50 左右，KDJ 指标再次在 20 日均线上方位置形成金叉并发出买入信号，同时 5 日均线上穿 10 日均线成功，形成低位金叉，且 5 日、10 日和 20 日均线向上，60 日均线也走平，买入信号确认，投资者可以把握机会在 14.50 元附近时买入。

随后该股一路震荡向上运行到 15.80 元的价位线附近时出现滞涨，转入短期的横向整理走势，此时 KDJ 指标已经上冲到 100 日均线上方，进入超买区，率先发出卖出信号。

而此时的 5 日、10 日和 20 日均线已经拐头向下，60 日均线也没有继续向上的走势，而是逐渐走平，我们有理由相信 KDJ 指标的指示。

如果实在要等，那么在 13:58 左右走出破位大阴线跌破走平的 60 日均线时，就是最后的卖出时机。

3.3.2　必须要设置止盈点

股市操作最忌贪得无厌，特别是在 T+0 交易中，一旦贪多，很容易错过最佳买卖时机。因此一定要设置一个止盈点，一旦达成目标就坚决执行操作，如图 3-17 所示。

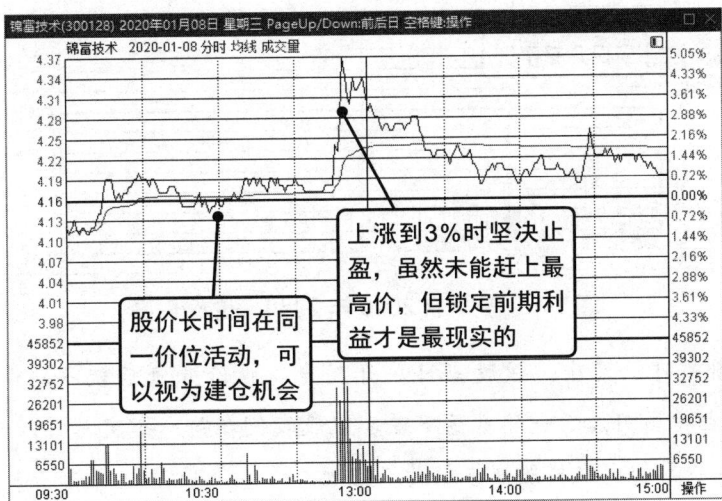

图 3-17　设置止盈点卖出

个股单日的波动幅度是有限制的，即使当天出现了涨停价和跌停价，最高振幅也只能达到 20%，而能达到 10% 的振幅已经算是波动非常剧烈了。

经过前面的计算可以知道，振幅在 1% 保本，但无操作空间，在 2% 有操作空间，但盈利可以忽略，如果设置 3% 的止盈点，算是比较理性的。

3% 的振幅我们可以有一定的收益，同时大多数股票在单个交易日内振幅基本都能达到这一水平，投资者可操作的选择会大很多。

实例分析

安居宝（300155）在 3% 的止盈位卖出

图 3-18 所示为安居宝 2020 年 2 月 5 日的分时图。

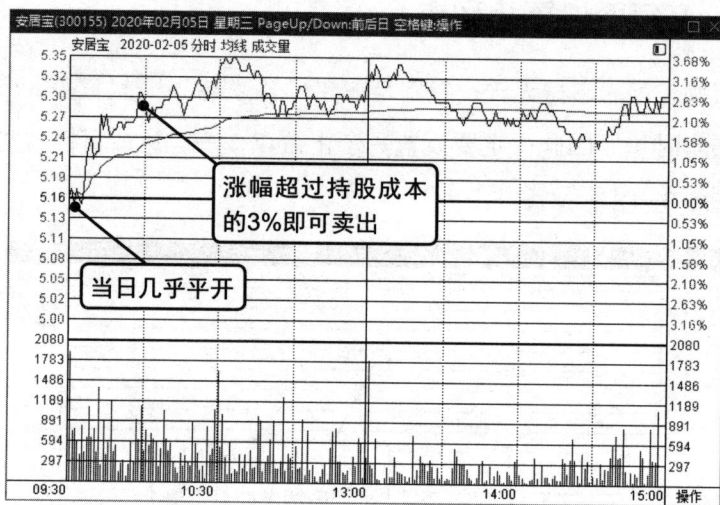

图 3-18　安居宝 2020 年 2 月 5 日的分时图

从图中可以看出，该股当日平开高走，股价开盘后就一路向上，在 10:30 左右冲高回落后一路震荡下跌。假设我们在前一个交易日以 5.1 元的价格买入股票，那么持股成本约为 5.13 元。

我们可以根据持股成本计算出最佳止盈位，在 5.29 元左右，但通常在整数价位的成交要相对活跃一些。根据该股近期走势，可稍微提高止盈位，改为 5.30 元最为合适。

从上图可以看出，在 9:57 左右，股价达到 5.30 元，此时投资者就可以卖出止盈，不要过多地贪图后面的小幅上涨。

3.4　价差与盈利

T+0 操作的宗旨是在股价的波动中高抛低吸，利用股票波动的价格差异来降低持股风险或者获得盈利。价差与盈利之间有何关系？它们孰轻孰重呢？这里我们就来一起分析一下。

3.4.1　价差与盈利的正比例关系

简单来说，股票在持续波动中的价差与投资者的盈利是呈正比关系的。价格差距越大，潜在的盈利能力就越大；价格差距越小，潜在的盈利能力就越小，如图 3-19 所示。

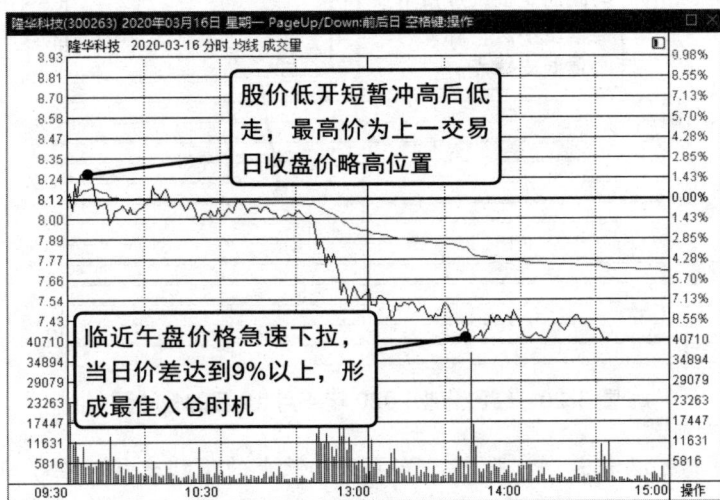

图 3-19　价差与盈利呈正比例关系

从 T+0 的角度来说，投资者想要获得更高的收益，则需要更多的去关注价差的高低。从短线获利的潜力来看，价差越高，获得的利润就越大，但这都是在投资者正确把握低吸高抛的机会的前提下。

　　由于 T+0 交易中卖出的是前一交易日或更早交易日购入的股票，这里的价差应该是买入股票时的价格与当前交易日的最高价的差额。

　　如果投资者机会把握得好，价差就是指前一交易日的最低价与当前交易日的最高价的差额，而这个差额越大，获得的收益就越大。

实例分析

红日药业（300026）价差越大获利越多

　　图 3-20 所示为红日药业 2020 年 4 月 10 日的分时图。

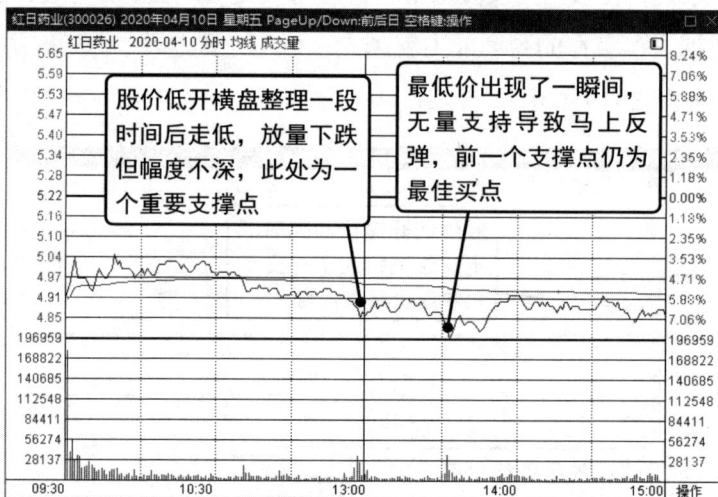

图 3-20　红日药业 2020 年 4 月 10 日的分时图

　　从图中可以看出，该股当日属于低开低走的下跌走势，在早盘临近收盘时成交量出现明显的放量形态，但股价并没有大起大落，可见此处是一个强有力的支撑点，可以重点观察。全天最低价达到 4.79 元，但机会只有一瞬间，投资者不易把握。

　　假设投资者在重要支撑位 4.85 元处成功建仓，此价格即可作为执行 T+0 交易过程中计算价格差的低点，再来看该股下一个交易日的情况。

图 3-21 所示为红日药业 2020 年 4 月 11 日的分时图。

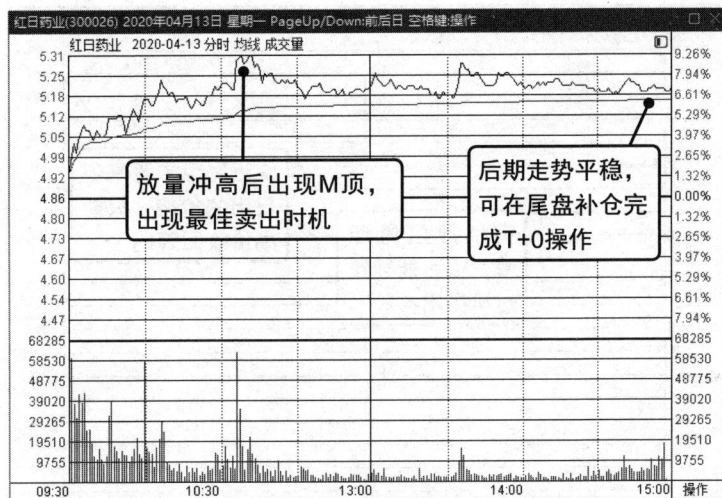

图 3-21　红日药业 2020 年 4 月 11 日的分时图

从图中可以看出，该股当日走出了高开高走的走势，开盘后快速冲高，在 10:38 左右出现的小型 M 顶形成了当日的最高价 5.31 元，此时的价差达到 9.4%，如果投资者能把握机会卖出，获利将非常丰厚。

投资者在卖出持股后，为了补仓就必须要把握机会，而当天的最低价出现在开盘的时候，从早盘冲高回落后股价一直维持在 5.18 元至 5.25 元之间窄幅波动，很难找到"下手机会"。

面对这种情况，只要成交量没有太大的变化，我们就需要耐心等待，直到临近尾盘再出手，虽然建仓价格可能会提高，但我们已经有收益收入囊中了。

3.4.2　多头趋势中如何操作

在股价长时间的上涨趋势中，如果采用 T+0 交易，有时可能出现卖出价格低于买入价格的情况，这时不必惊慌，这种情况并不表示被套牢了，而多数情况下利用价差已经盈利了，如图 3-22 所示。

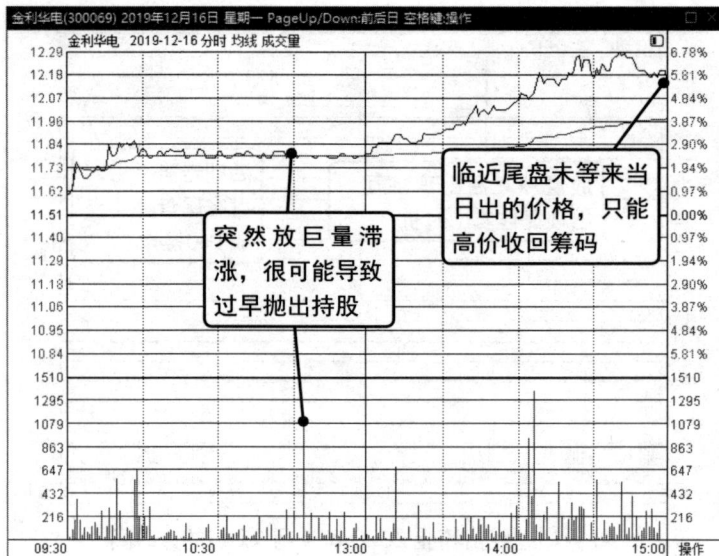

图 3-22　T+0 当日的买入价格高于卖出价格

在强势上涨的行情中，前一个交易日买入的股票，可能在下一个交易日开盘后就已经上涨到理想价位，很多时候由于对后市的走势不敢百分之百肯定，可以提前卖出股票，将已得利润收入囊中。

由于个股趋势强劲，可能在卖出股票后价格没能再次下跌到当日卖出的价格，为了完成 T+0 交易，可以等到尾盘，可能需要以比当日卖出更高的价格补回筹码。遇到这种情况时，我们首先必须要保证股价当前是处于一个强势上涨的行情之中，并且多项技术指标同时支持后市继续上涨，否则就不能盲目以高价收回。

实例分析

当升科技（300073）上涨行情中的另类获利

图 3-23 所示为当升科技 2019 年 11 月至 2020 年 2 月的 K 线图。

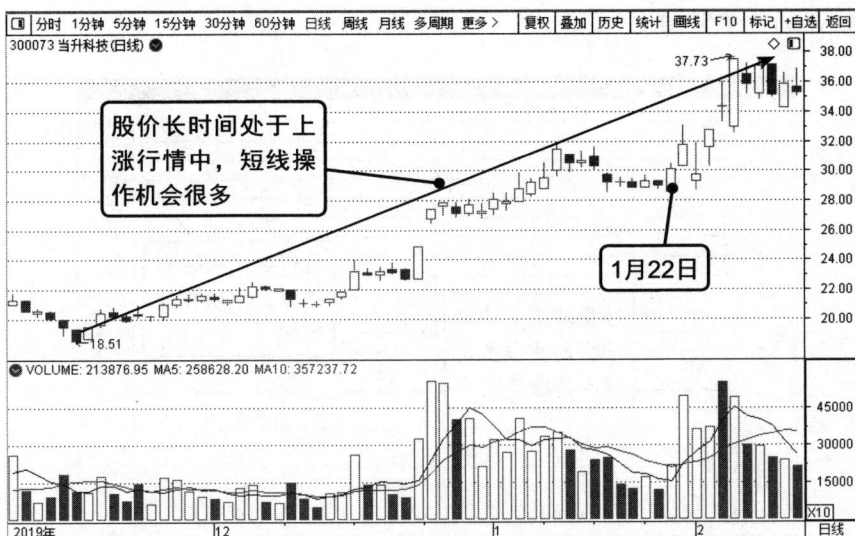

图 3-23　当升科技 2019 年 11 月至 2020 年 2 月的 K 线图

从图中可以看出，该股从 2019 年 11 月中旬起便一直处于直线上涨行情中，仅在 2020 年的 1 月中下旬出现了一波明显的小幅回调走势，但回调时间比较短，并未影响整个上升趋势的发展方向，短短不到 4 个月的时间，股价从 18.51 元上涨到最高的 37.73 元，涨幅超过 103%，属于强势上涨行情。

假设我们在 2020 年 1 月 22 日进行 T+0 操作，当日的分时图如图 3-24 所示。

从图中可以看出，该股当日属于低开高走形态。早盘出现了震荡较大的波动走势，在 10:30 左右，成交量突然密集放出大量，将股价快速拉高上冲到 29.85 元价位线，随后成交量突然变得非常小，对应的股价也快速回落形成 M 顶形态，很多投资者都会选择在此时卖出，卖出价位在 29.62 元附近。

之后股价回落到 29.60 元附近后止跌，随后继续上涨，直到临近尾盘也没有再回到 29.62 元以下的理想价格，为了完成 T+0 操作，只能以高于

29.62 元的价格补回。

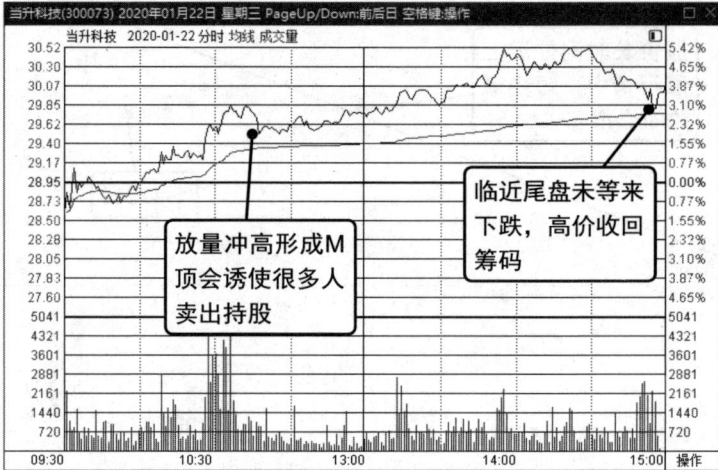

图 3-24　当升科技 2020 年 1 月 22 日的分时图

图 3-25 所示为当升科技 2020 年 1 月 23 日的分时图。

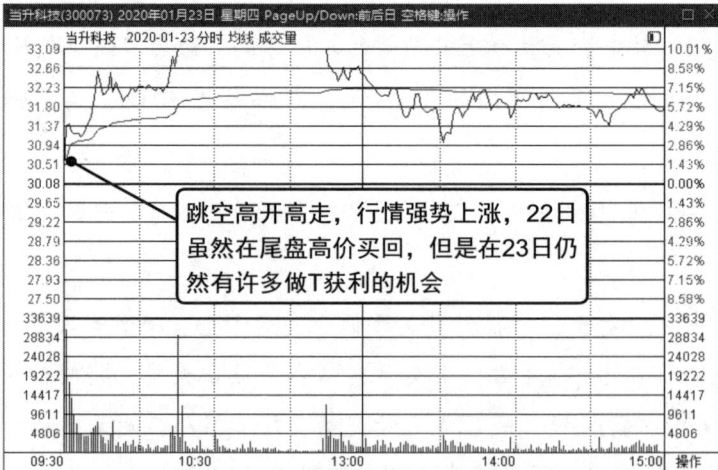

图 3-25　当升科技 2020 年 1 月 23 日的分时图

从图中可以看出，该股当日跳空高开高走，即使在上个交易日以 30
元左右的价格买入，在第二天的强势走势中也有很多做 T 的机会。

第 **4** 章

T+0仓位控制技巧

T+0交易是一种灵活控制手中资金与筹码的操作方式。在T+0交易中，投资者手里始终都保存有一部分筹码，只是不断地进行更换，而在更换过程中，最重要的就是仓位的控制技巧，只有控制好仓位，才能成功完成T+0操作。

4.1 T+0 的建仓技巧

　　建仓是炒股的第一步，建仓有很多种方法，建仓时对仓位的控制关系到整个操作过程的失败与否。一般情况下，我们建仓都不会一次性投入全部资金，而是分批买入，这时候对仓位的控制显得尤为重要。

4.1.1　科学的金字塔建仓法

　　金字塔建仓法是股票市场中使用频率最高的一种建仓手法之一，不只是庄家大户使用，散户投资者中也有大量的人在使用，它不仅适用于普通的中长线炒股，同样也适用于 T+0 交易，如图 4-1 所示。

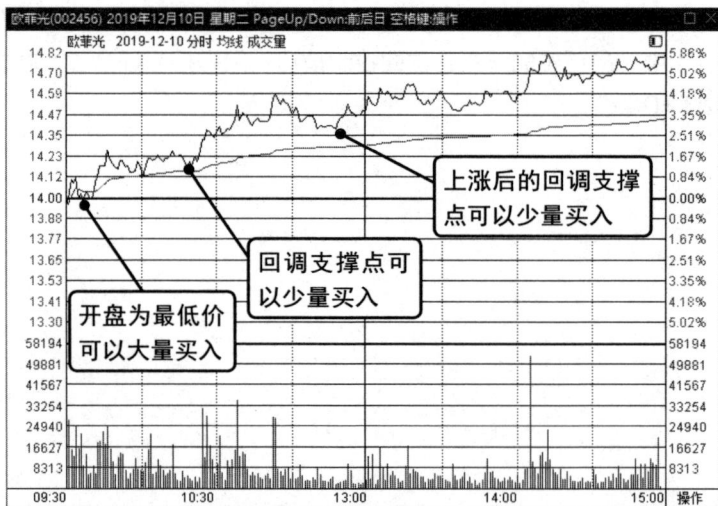

图 4-1　金字塔建仓

　　金字塔建仓法大多数的时候用在短期或中期股票投资的建仓中，它是将所有投资本金分为若干份，当股价在最低点的时候，用较大份额的资金买入筹码，在股价上涨的过程中，看准机会在回调低点继续买入，但使用的资金一次比一次少。

如果将每次使用的资金用横条来表示，随着股价上涨，每次买入的资金所表示的横条会越来越短，就样重叠起来就形成一个金字塔形状，这就是金字塔建仓手法的来历。

对于金字塔建仓法的仓位控制没有明确的规定，投资者可以根据所选股票的实际走势以及当前股票市场的整体行情合理规划资金，在股价上涨到较高位置之前完成建仓即可。

拓展知识 *倒金字塔建仓*

金字塔建仓适用于牛市初期的行情中，股价会一步步升高，越来越少的资金投入可以保证筹码成本不会过高。如果在牛市行情的末期，则可以采用倒金字塔建仓方式，即开始投资的资金很少，随着股价下跌不断在低点继续买入，但每次买入的资金会不断增加，资金投入形态类似于一个倒过来的金字塔。这种手法的优点在于高价筹码少，低价筹码多，可以很好地降低投资风险，获得最大利益。

实例分析

春兴精工（002547）金字塔式建仓

图 4-2 所示为春兴精工 2020 年 2 月 10 的分时图。

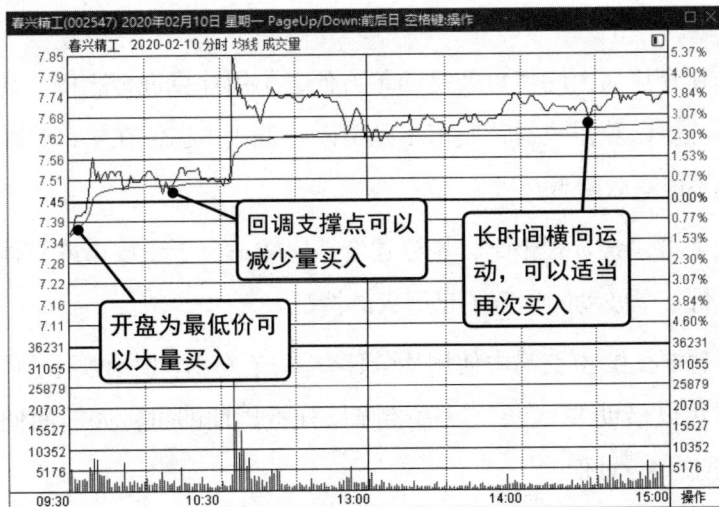

图 4-2　春兴精工 2020 年 2 月 10 的分时图

从图中可以看出，开盘时是当日的最低价，这里可以用大部分资金买入股票，随后股价一路上涨，在 7.51 元附近有一段徘徊，可以在 10:06 左右适量加仓。

随后股价继续放量快速上冲后见顶回落，在 7.62 元附近后止跌，随后始终受到均价线的支撑，整个下午大部分时间都运行在 7.62 元至 7.74 元之间，这是一个较长时间的整理区，此时可以再次以少量资金加仓，在 7.68 元以下分 3 次完成当日建仓操作。

第一次买入价可设置在 7.39 元左右，动用资金可占准备资金的 50% 以上；第二次买入价可设置在 7.51 元左右，动用资金可占准备资金的 30% 以上；第三次买入价可设置在 7.68 元左右，动用资金应占准备资金的 10% 以下。这样 3 次买入，股价最低时资金最多，股价较高时资金最少，动用资金可形成一个金字塔形。

4.1.2 简单的均分建仓法

均分建仓法是很多新手投资者最常采用的建仓方法，他将所有准备资金平均分成多份，每次买入股票都动用相同份额的资金，直到完成整个建仓动作，如图 4-3 所示。

均分建仓法最大的特点就是简单方便，不用计算资金比例。其优点在于股市上涨可以获得收益，股市下跌可以降低成本。但在牛市收益一般，在熊市也不能有效降低风险。

与金字塔建仓方式相比，均分建仓法比较适合于牛皮市或箱体震荡市场，即股价上下波动的幅度不是很大的情况。

如果想要在 T+0 交易中使用均分建仓法，在分时图中不好找到买入点，我们同样可以借助 K 线图，只需要降低分析周期即可，如前面使用过的 1 分钟周期的 K 线图。

在 1 分钟 K 线图中，我们可以按照分析日 K 线的方法进行分析，在一些技术指标发出明显买入信号时用固定的资金执行建仓操作。

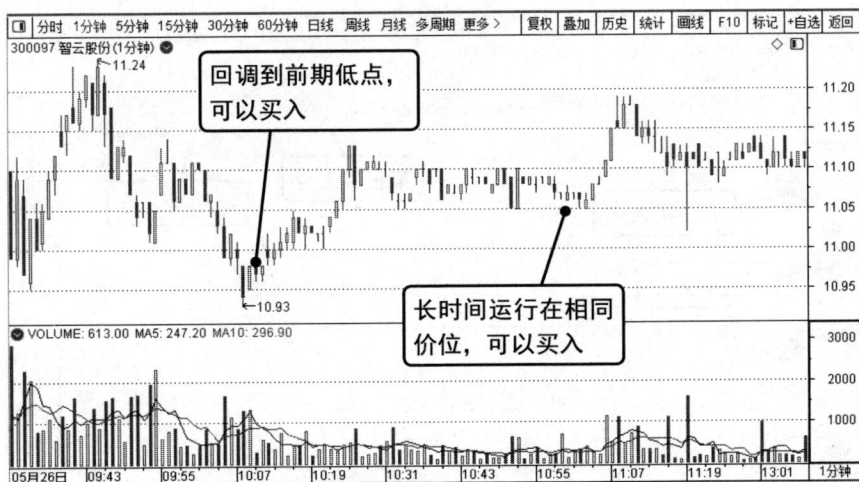

图 4-3　均分建仓

实例分析

东材科技（601208）均分资金建仓

图 4-4 所示为东材科技 2020 年 5 月 25 尾盘至 26 日的 1 分钟 K 线图。

从图中可以看出，该股在 5 月 26 日当天开盘时放量拉升，也是当天的最低价。

假设我们将可用资金平均分为 4 等份，开盘时可使用一份资金买入部分股票。

随着股价上冲后的回调，受到 20 日均线的支撑，并在 9:44 左右股价开始反弹，5 日均线与 10 日均线形成金叉，此时可再次动用相同资金买入相似数量的股票。

在 10:30 ~ 13:40 期间，股价基本维持在一个平稳价位，此时可视为第 3 个买点，再次动用一份资金买入部分股票。

最后一个买入点出现在 14:20 左右，这是股价再次上冲后的回调低点，动用最后一部分资金买入股票，完成建仓操作。

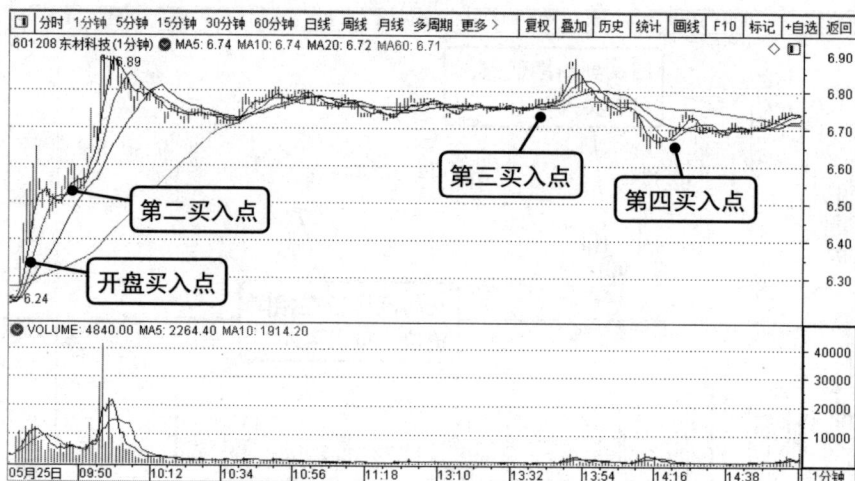

图 4-4　东材科技 2020 年 5 月 25 日尾盘至 26 日的 1 分钟 K 线图

4.1.3　等比倍增建仓法

等比倍增建仓法与金字塔建仓法比较类似，但它必须严格按照预定的资金使用比例来完成建仓操作，如图 4-5 所示。

等比倍增建仓法适用于股价不断下跌的熊市行情末期，与倒金字塔建仓法非常类似，但它需要严格遵守股价下跌幅度与资金使用比例的正比关系。

通常情况下，我们可以将把资金分成 16 份，第一次建仓用 1 份资金买入，如果买入股价下跌 2% 左右就买入 2 份资金的股票，若是再继续下跌 2% 就买入 4 份资金的股票，若是再跌 2% 就买入 8 份资金的股票。

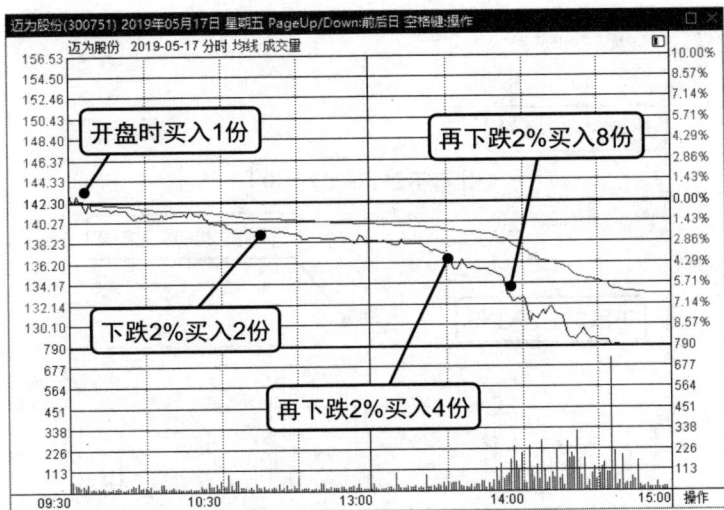

图 4-5　等比倍增建仓

当然这是在 T+0 交易的过程中，以单日的股价下跌幅度来看的，如果在中长期投资中，则需要将下跌幅度调整为 10%，即股价每下跌 10% 左右，动用上次的两倍资金买入股票（最后一次实际动用 9 份资金）。

如果在大盘比较稳定的情况下，我们可以将资金分为 8 份，这样只需要进行两次补仓即可完成整个建仓操作。同理，如果大盘走势很弱，或预计股价下跌幅度会很深的情况下，也可以将资金分为 32 份，通过 4 次补仓来完成建仓操作。

在这种建仓方式下，股价越低买入的股票越多，相对而言，筹码的平均成本就会更低，投资风险也会相应降低，从而更容易获取更多利润。

实例分析

安集科技（688019）等比倍增法建仓

图 4-6 所示为安集科技 2020 年 4 月 10 的分时图。

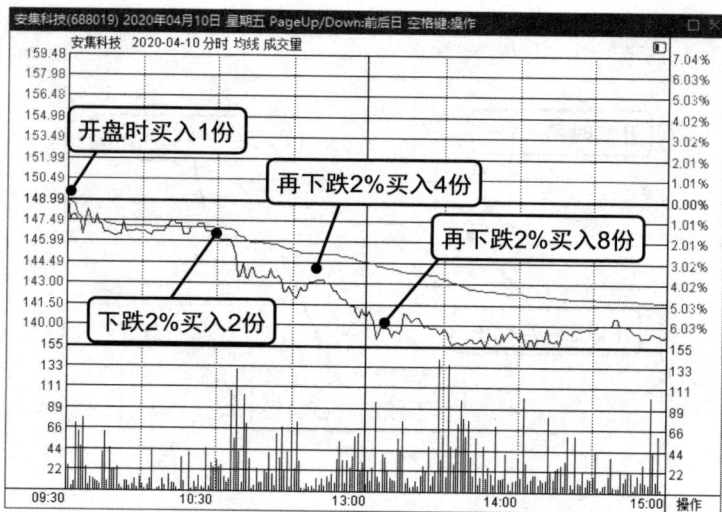

图4-6 安集科技 2020 年 4 月 10 的分时图

从图中可以看出,开盘时是当日的最高价。按照等比倍增建仓法,我们将资金分为 16 份,在开盘时以 148.99 元的价格买入 1 份,那么第 2 次建仓的价格应该在 146 元附近,即在 9:40 ～ 10:30 这个时间段,可以再以 2 份资金买入。第 3 次建仓的价格应该在 143 元附近,即在 10:40~11:10 这个时间段,可以用 4 份资金买入股票。第 4 次建仓的价格应该在 140 元附近,即在下午的整个时间段,可以用 8 份资金(或剩下的所有准备资金)买入股票,以完成建仓操作。

4.2 T+0 的加仓操作

T+0 操作的底仓建仓完成后,就是进行实际操作中的加仓或减仓操作了。在加仓操作中,控制仓位显得非常重要,如果操作控制不好,很可能增加筹码成本,给后续操作带来不便。

4.2.1　根据个股选择加仓多少

在 T+0 操作中我们也会通过分析个股的历史走势来对未来的股价发展进行预测，当预测到股价后期有很大上涨空间的时候，就可以对当前的底仓进行加仓操作，加仓的多少可以根据个股的发展行情来定，如图 4-7 所示。

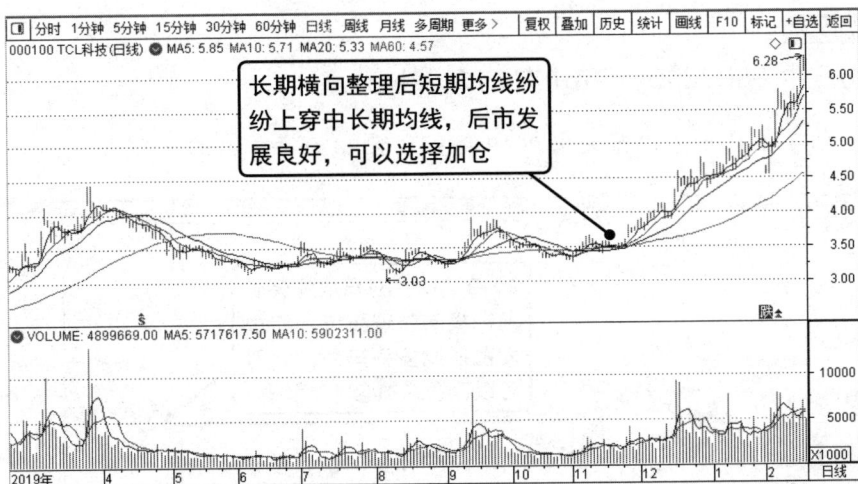

图 4-7　长期整理后加仓

根据个股走势的加仓操作通常是通过移动平均线等技术指标发出后市走强的信号时采取的措施。具体加仓多少，应该根据所选股票当前所处价位、流通盘大小以及个股基本面等进行分析。

- 如果个股的基本面没有出现任何不利消息，且股价处于长期低位整理后的放量上涨初期，则后市发展潜力很大。如果用于进行 T+0 操作的备用资金为 100%，则此时可以拿出 60% 左右的资金用于加仓。

- 如果个股已经处于上涨中的一个回调期间，而技术指标和基本面都显示出还有上涨空间，则可以拿出 30% 左右的资金用于加仓。

◆ 如果个股近期走势没有明显的上涨趋势，则不宜采取加仓操作，
但同样可以继续以 T+0 手法进行高抛低吸以获得收益。

这里需要特别说明的是，T+0 操作中的加仓，是操作完成后筹码仓位
有所增加，如果当天买入筹码的同时，又卖出了相同数量的旧筹码，则不
算加仓操作，只能算是一个普通的 T+0 操作周期。

实例分析
江苏吴中（600200）牛市初期的大力补仓

图 4-8 所示为江苏吴中 2019 年 8 月至 2020 年 1 月的 K 线图。

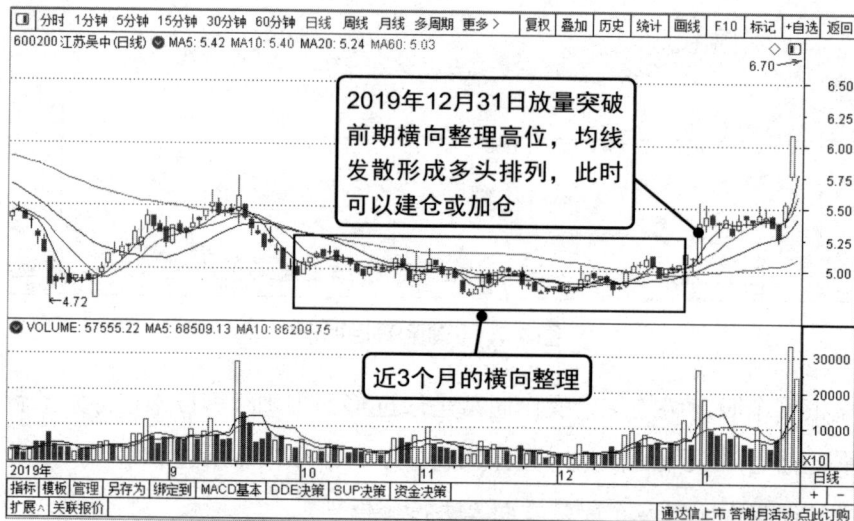

图 4-8　江苏吴中 2019 年 8 月至 2020 年 1 月的 K 线图

从图中可以看出，该股在 2019 年创出 4.72 元的最低价止跌并短暂横
盘整理后向上反弹，很多投资者都会在此位置进行抄底。

但是该股随后仅仅经历了一波短暂的反弹行情，最终在 2019 年 9 月
中旬上涨到 60 日均线附近时受到压制继续向下，但是下跌幅度有限，并

且随后进入了长达 3 个月的横盘整理阶段，多条移动平均线交织在一起，未来行情非常不明朗。

在 2019 年 12 月 31 日，该股放出巨量快速拉高股价突破近期横盘整理的阻力位，同时均线系统也发散形成多头排列，后市看涨。

下面来看看当日的分时图，图 4-9 所示为江苏吴中 2019 年 12 月 31 日的分时图。

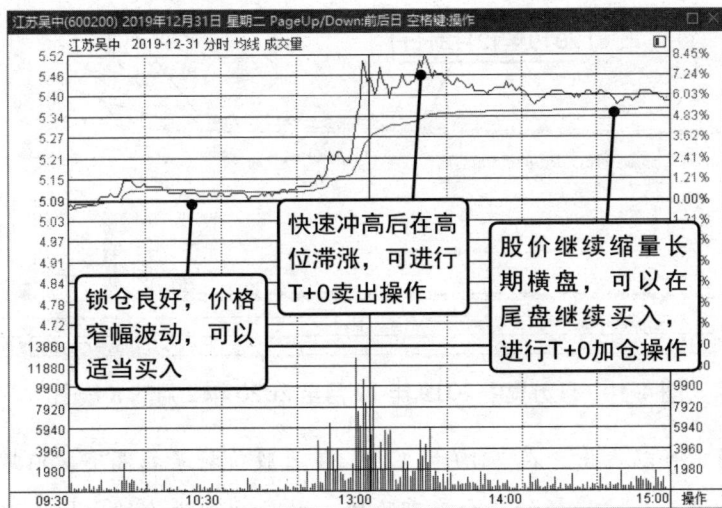

图 4-9　江苏吴中 2019 年 12 月 31 日的分时图

从图中可以看到，该股当日几乎平开，随后股价始终在上个交易日收盘价附近窄幅波动，成交量非常稀少。临近早盘结束时，成交量突然放大，股价被快速拉高到 5.5 元的最高价，涨幅达到 8.09%。

午后开盘，股价在高位横向整理一段时间后回落，成交量也快速缩小，但是在股价回落到 5.4 元附近后继续横向整理，同期成交量再次稀少，说明此轮拉升是主力试盘的动作，在前期长达 3 个多月的横盘整理期间，主力洗盘彻底，后市将进入拉升期。

如果前期有底仓的投资者，此时就可以在当日尾盘股价基本确定时继续买进，进行 T+0 加仓操作。

图 4-10 所示为江苏吴中 2019 年 12 月至 2020 年 2 月的 K 线图。

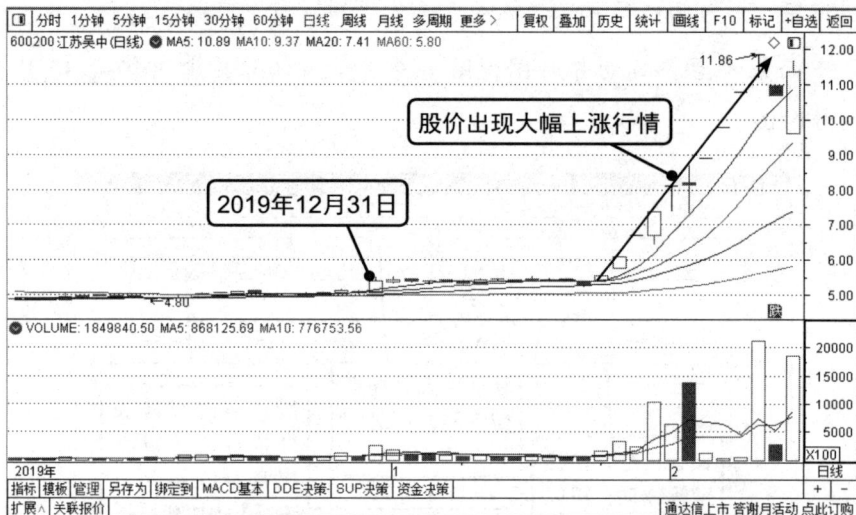

图 4-10　江苏吴中 2019 年 12 月至 2020 年 2 月的 K 线图

从图中可以看出，在 2019 年 12 月 31 日股价放量拉高突破前期横向整理高位后进入一波短暂的横向整理阶段，之后迎来股价的大幅上涨，短短十几个交易日，股价就从 5 元附近快速上涨到最高的 11.66 元，涨幅超过 133%。

如果投资者在 2019 年 12 月 31 日当日或之后进行 T+0 操作时加仓及时，那么就可以享受后市的大幅上涨行情，获得不错的收益。

4.2.2　成本下滑加仓手法

当股价处于不断下跌的过程中时，如果预判股价已经走到头，即将反弹回升，则可以进行加仓操作以实现降低成本的目的，如图 4-11 所示。

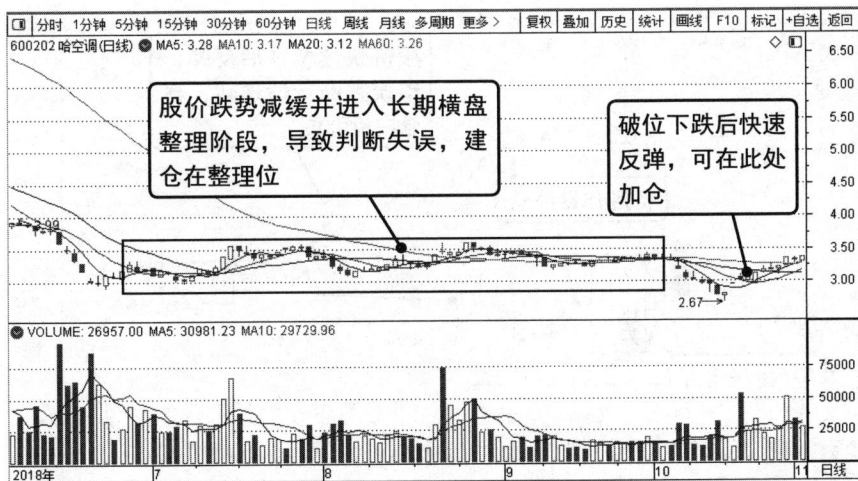

图 4-11　成本下滑加仓

　　很多时候由于判断失误，使得投资者建仓时选择的价格并不是最低的，在建仓完成后股价还在继续下跌。这种情况下如果能判断股价在短期内会反弹上涨，则可以在止跌企稳时选择加仓，从而有效降低持股成本。

　　加仓也并不是盲目的，我们在加仓之前应该制订一个计划，如再投入多少资金加仓，加仓分几次完成等。在股价下跌过程中的加仓，我们可以采用倒金字塔式或等比倍增方式进行加仓。

拓展知识　*成本下滑加仓手法注意事项*

　　成本下跌是指投资者在买入股票后，股价继续下跌，再次买入股票可以让平均持股成本明显下调的一种现象。在股价下跌的时候还敢加仓，那是因为已经确认了股价短期内会上涨，如果不能确认，最好不要盲目加仓，必要时应割肉出逃。

实例分析

ST 罗顿（600209）股价下跌末期的补仓

　　图 4-12 所示为 ST 罗顿 2019 年 8 月至 12 月的 K 线图。

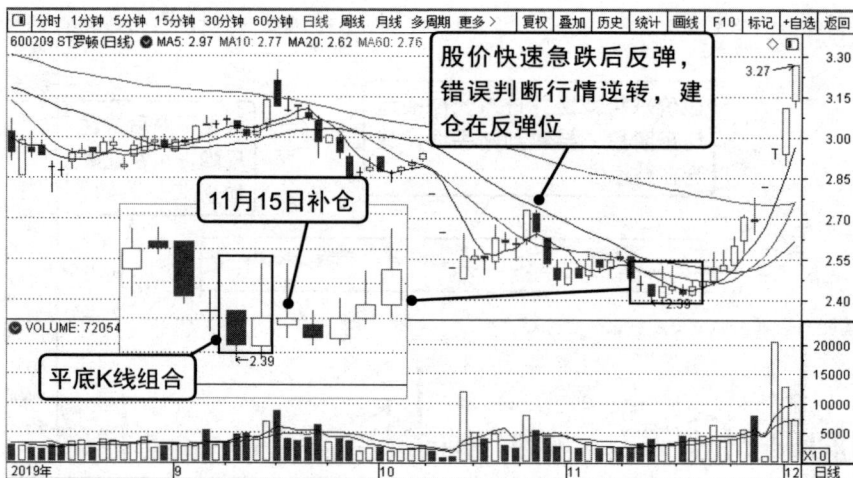

图 4-12 ST 罗顿 2019 年 8 月至 12 月的 K 线图

从图中可以看出，该股下跌到 2019 年 8 月中旬左右的时候跌势减缓并出现小幅的反弹，最终在触及 60 日均线时受阻转入快速下跌的走势中，尤其 10 月 15 日、16 日和 17 日 3 个交易日出现连续跳空一字跌停的走势，股价大幅下跌，但是在 10 月 18 日当天，股价跳空低开后放巨量拉升股价止跌，很多投资者都会判断该股跌势已尽，行情发生反转。

在观察几日后判断反弹形成后在 10 月 29 日以在 2.66 元的价格成功建仓。但是在买入后股价继续下跌，且未能再次达到买入价格。

在 2019 年 11 月 13 日，股价低开低走阴线报收创出 2.39 元的最低价，次日股价平开后低走在早盘收盘前放量拉升股价冲高，当日收出涨幅为 1.66% 元的小阳线，但是当日的最低价也是 2.39 元，与上个交易日的最低价一样，这两个交易日形成典型的平底 K 线组合。

在大幅下跌末期出现该组合，是可靠的行情见底信号，因此可以预判股价已经见底，即将反弹，则可以此时进行补仓以降低前期的持股成本。

图 4-13 所示为 ST 罗顿 2019 年 11 月 15 日的分时图。

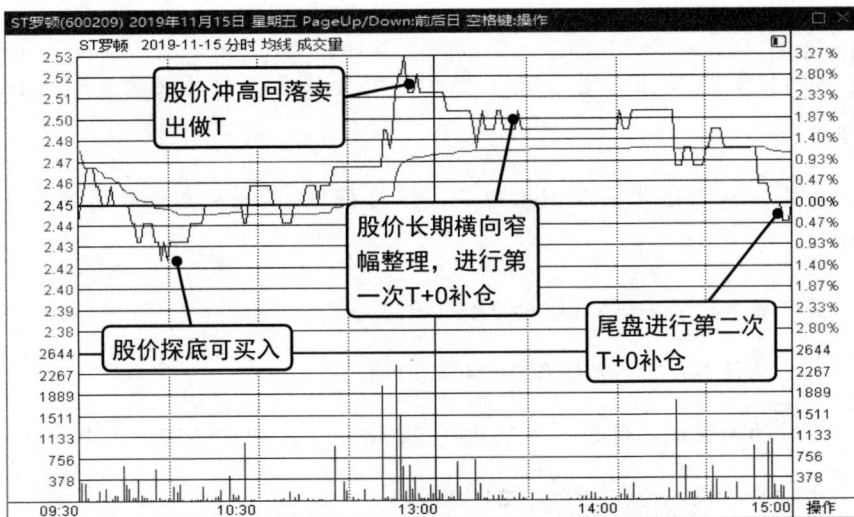

图 4-13　ST 罗顿 2019 年 11 月 15 日的分时图

从图中可以看出，该股当日开盘后出现短暂冲高后回落走势，在 10:00 左右形成小型 W 底，出现一次买入时机，此时买入价格在 2.43 元左右。

随后股价一路拉升，在早盘临近收盘时股价放量冲高创出 2.53 元的最高价后回落，此时可进行一次卖出操作，卖出价格可控制在 2.52 元左右。

随后股价一路下跌并在 2.49~2.50 元窄幅波动很长一段时间，此处可进行一次补仓操作，价格控制在 2.50 元左右。

在 14:20 左右，股价跌破均价线短暂反弹后出现快速回落走势，当日股价走势已基本确定，因此可在尾盘再以 2.45 元左右的价格进行第二次补仓操作。

假设张某的投资本金有 6 万元，根据如上分析的买卖价格，我们来分析张某的投资过程。

① 10 月 29 日，以 2.66 元买入 10 000 股，记为买 1，投资成本和投资总额计算如下。

买 1 成本价：2.66×1.005=2.68（元）

买 1 总投入：$2.68 \times 10\,000 = 26\,800$（元）

② 11 月 15 日当日进行做 T 操作和补仓操作。相关买卖过程和计算如下。

首先，以 2.43 元买入 10 000 股，记为买 2，购买成本价和总投入计算如下。

买 2 成本价：$2.43 \times 1.005 = 2.45$（元）

买 2 总投入：$2.45 \times 10\,000 = 24\,500$（元）

此时的购买成本价为：$(26\,800 + 24\,500) / 20\,000 = 2.57$（元）

此时的总投入为：$26\,800 + 24\,500 = 51\,300$（元）

剩余可用资金为：$60\,000 - 51\,300 = 8\,700$（元）

其次，在早盘临近收盘时，股价冲高创出 2.53 元的最高价后回落，此时在 2.52 元左右卖出 10 月 29 日买入的 10 000 股，相关计算如下。

卖 1 成本价：$2.52 \times 1.005 = 2.54$（元）

卖 1 总获得：$2.54 \times 100\,000 = 25\,400$（元）

卖 1 后亏损：$26\,800 - 25\,400 = 1\,400$（元）

至此，张某仍然是亏损的，但是通过后面两次 T+0 补仓操作，我们不仅可以降低持股成本，而且可以获得更多的持股。

首先，当股价冲高回落在 2.49~2.50 元之间窄幅波动时以 2.50 元的价格进行补仓，买入 10 000 股，记为买 3，购买成本价和总投入计算如下。

买 3 成本价：$2.50 \times 1.005 = 2.52$（元）

买 3 总投入：$2.52 \times 10\,000 = 25\,200$（元）

其次，在尾盘再以 2.45 元左右的价格进行第二次补仓，买入 600 股，记为买 4，购买成本价和总投入计算如下。

买 4 成本价：$2.45 \times 1.005 = 2.47$（元）

买 4 总投入：$2.47 \times 600 = 1\,482$（元）

此时的购买成本价为：$(24\,500 + 25\,200 + 1\,482) / 20\,600 = 2.49$（元）

此时的总投入为：$24\,500 + 25\,200 + 1\,482 = 51\,182$（元）

剩余可用资金为：$60\,000 - 51\,182 = 8\,818$（元）

通过 T+0 补仓操作后，张某通过相对较少的投资总额购买了更多的持股数量，而且成本也比早期的 2.57 元降低了 0.08 元。

4.3　T+0 的减仓操作

当预测后市行情会有较好的发展时，我们可以采取加仓操作来获得更多的利益。但如果后市行情不被看好，则需要及时减仓，避免可能因为股价急速下跌而带来的风险。

4.3.1　止损该如何减仓

当股价处于空头行情中，操作起来非常困难时，为了降低投资风险，避免可能会发生的损失，我们应及时采取止损减仓操作。一旦股价有所反弹，只要是不亏损或少量亏损的情况，就卖出一部分，如图 4-14 所示。

拓展知识　*减仓时机的选择*

在止损减仓操作中，减仓时机的选择非常重要，我们可以从两个方面来选择最佳的减仓时机。从 K 线图上来说，减仓时机最好选择在下跌反弹的高点或反弹尾部；从分时图来说，最好选择在当日股价上冲的高点或反弹的阻力位。

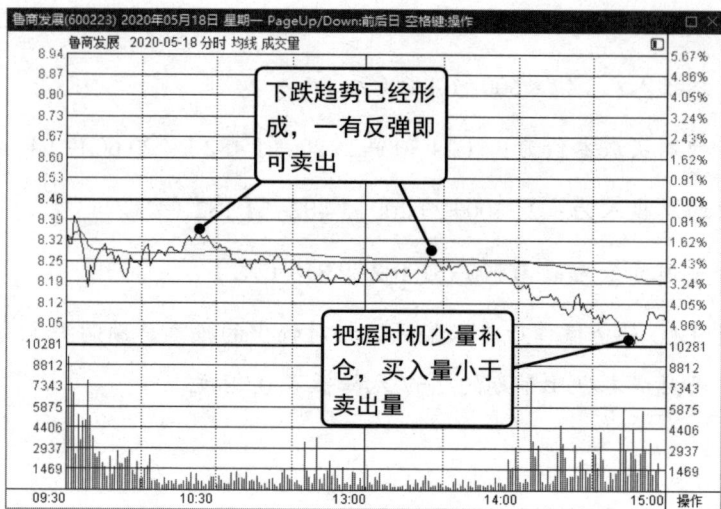

图 4-14　下跌趋势中稍有反弹就可卖出止损

当股价的弱势行情已经无法控制，股价波动越来越微弱，在 T+0 操作已很难获利的情况下，投资者应该及时止损减仓。止损减仓并不是一次性全部卖出的清仓，而是在不断地 T+0 交易中，当日卖出的筹码总量大于买入的筹码总量，使仓位不断下降的一个过程。

止损减仓在 T+0 交易中，只要不是开盘就直线下跌且没有任何反弹的时机，或者开盘就跌停并维持到收盘的情况，我们就还有操作机会，只要股价一出现反弹情况，就可以抓住机会做空。

实例分析

铜峰电子（600237）熊市行情中的止损减仓

图 4-15 所示为铜峰电子 2020 年 2 月至 5 月的 K 线图。

从图中可以看出，该股长时间处于不断下跌的熊市行情之中，虽然有一定的整理，但并没有明显的反弹，这种行情我们应尽量远离，在 T+0 操作中要适时止损减仓避免更多的损失。

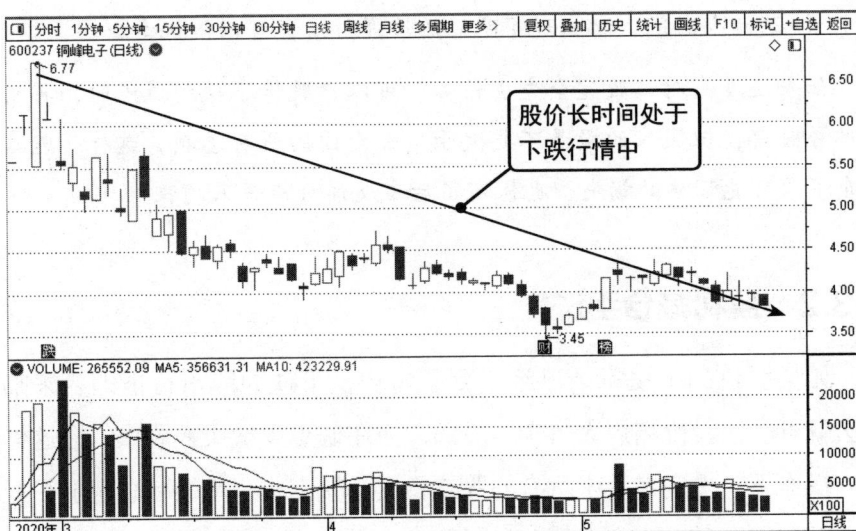

图 4-15　铜峰电子 2020 年 2 月至 5 月的 K 线图

图 4-16 所示为铜峰电子 2020 年 4 月 9 日的分时图。

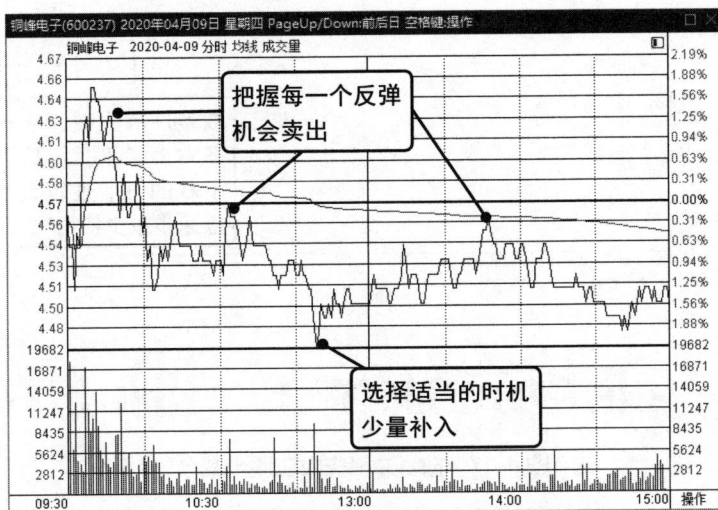

图 4-16　铜峰电子 2020 年 4 月 9 日的分时图

　　从图中可以看出，股价开盘后一段时间的冲高，在 9:50 左右形成了一个小型的头肩顶形态，此时可以卖出筹码。而在随后的走势中，10:30 以及 14:47 这两个时间，都出现了明显的反弹行情，可以借机卖出。

如果还没有对该股完全失去信心，可以在股价下跌到低点时，再买入一部分股票，但买入的数量不要大于当天卖出的所有总额。这样既能减少后市下跌可能带来的损失，也保留了后市反弹可能带来的收益。

4.3.2 盈利减仓手法

如果股价的上涨行情已经走到了尾声，下跌的熊市行情即将来临，那么就可以在股价高点大量卖出股票，而在低点少量买入股票，在这样的 T+0 操作下，投资者手中持有的股票将逐步减少。逐步的减仓也能很好地规避后市股价下跌带来的风险，如图 4-17 所示。

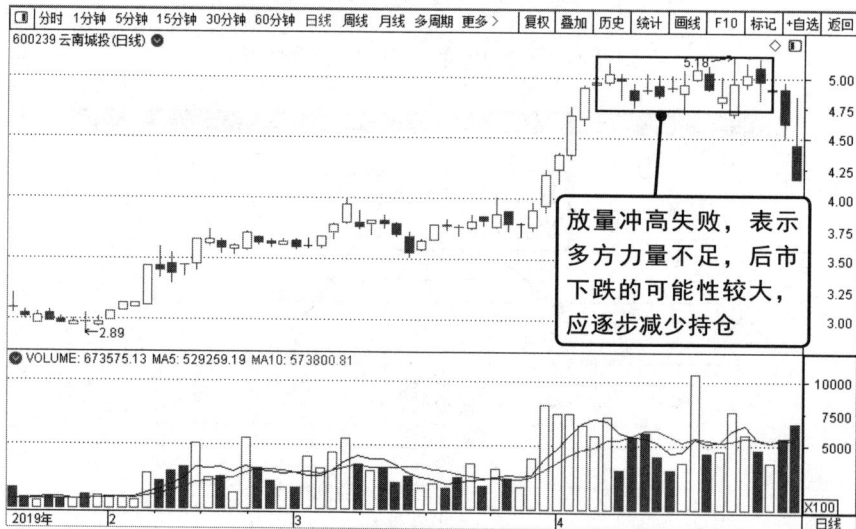

图 4-17 放量冲高失败应逐步减仓

盈利减仓是在股价上涨的行情中完成的，也可以在高位横向整理过程中完成。由于前期股价处于上涨行情中，持股成本相对较低，只要股价没有明显下跌，操作起来十分简单。

通常在 K 线图发出见顶信号时，就应该及时采取减仓操作。在分时图中，采用高位大量卖出，低位少量买入的手法来实现。

实例分析

乐凯胶片（600135）牛市末期的减仓操作

图 4-18 所示为乐凯胶片 2019 年 12 月至 2020 年 3 月的 K 线图。

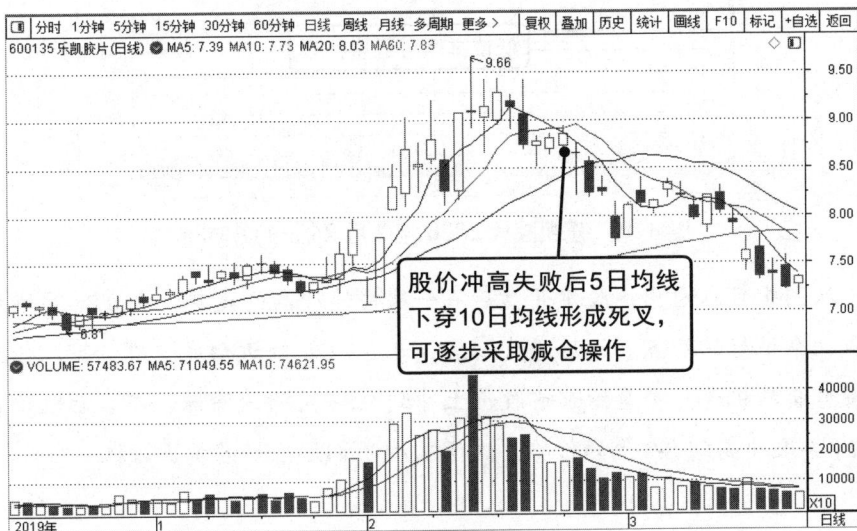

图 4-18　乐凯胶片 2019 年 12 月至 2020 年 3 月的 K 线图

从图中可以看出，该股上涨到 2020 年 1 月中旬，经过连续三阴线拉低股价进行短暂回调后出现了快速上涨的行情，在 2 月 13 日放量收出带长上影线的十字星线，创出 9.66 元的最高价，随后股价多次上冲该价格都失败了，随后股价开始回落。在 2 月 24 日，5 日均线下穿 10 日均线形成高位死叉，发出卖出信号，此时投资者就应该及时采取减仓操作。

图 4-19 所示为乐凯胶片 2020 年 2 月 24 日的分时图。

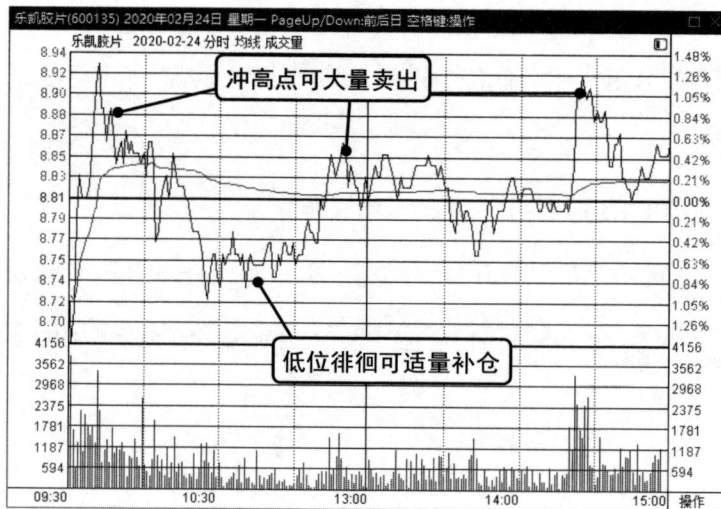

图 4-19 乐凯胶片 2020 年 2 月 24 日的分时图

从图中可以看出，股价开盘后有一次快速冲高的走势，在 8.88 元附近形成一个很好的卖点。随后股价回落，在 8.73 元附近形成支撑，可以视为少量补仓的机会。早盘结束前股价上冲到 8.85 元附近滞涨，午盘后股价在 14:25 再次冲高到 8.9 元的价格，这两次冲高都是很好的卖出时机。

第 **5** 章

热点题材驱动T+0交易

股票价格的波动受很多因素的影响，其中热点题材对股价的影响往往来得非常激烈，宏观政策、联动效应以及公司重大利好或利空消息等，都可以在短时间内影响股价而使股价发生变化，而T+0交易可以很好地顺应热点题材的变化，最快做出买卖操作。

5.1 宏观政策与联动效应驱动

证券市场并不是一个独立的市场，股票价格的发展受很多因素的影响，例如宏观政策与联动效应等。

宏观政策是对股票价格影响最深远的一种，它包括经济数据、货币政策、国际市场的变化等。当一个宏观政策发布后，首先做出响应的就是股票市场，与该政策关联越大的股票，反应越强烈，本节将对宏观政策中比较常见的货币政策出台后对股价的影响做深入分析。

市场的联动效应就是一个影响整个市场发展的因素，包括国际金融市场、期货市场以及行业利好的联动效应等。

5.1.1 货币政策的推出

货币政策是对股票市场影响最为迅速的一种宏观经济政策，每次有较大的货币政策推出时，都会对整个股票市场产生深远的影响。其中，受影响最大的是与货币联系比较紧密的，如银行股、房地产股等，如图 5-1 所示。

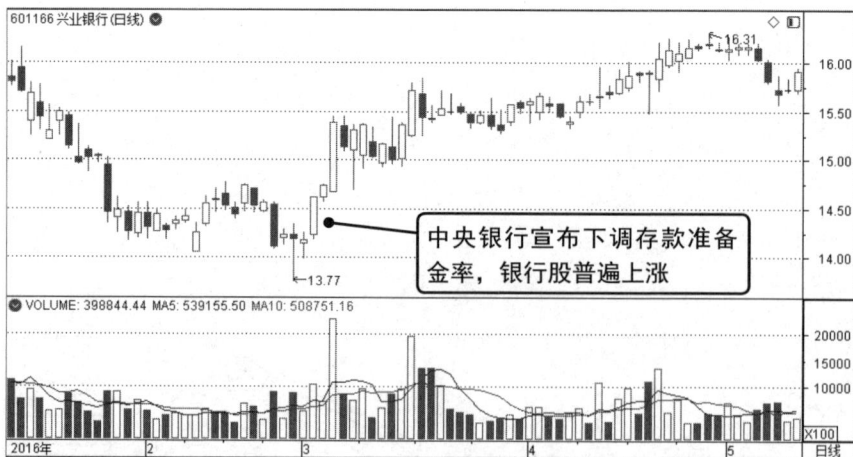

图 5-1　货币政策推出后股价上涨

货币政策是政府调控宏观经济的基本手段之一，主要是对货币供给量的调节和控制，进而实现诸如稳定货币、平衡国际收支、增加就业以及发展经济等宏观经济目标。

货币政策分为宽松的货币政策、紧缩的货币政策以及稳健的货币政策，宽松的货币政策会扩大货币的供给总量，从而对经济发展和股票市场交易产生积极影响。

但是，货币供应太多又可能会引起通货膨胀，使实际的投资收益率下降。而紧缩的货币政策则会减少货币的供给总量，不利于经济和证券市场的活跃与发展。

货币政策的实现是通过各种货币政策工具进行的，主要包括 7 种，各种货币政策工具的具体内容如下所示。

- ◆ **公开市场业务**：公开市场业务是中央银行吞吐基础货币、调节市场流动性的主要货币政策工具，通过中央银行与市场交易对手进行有价证券和外汇交易，实现货币政策调控目标。

- ◆ **存款准备金**：存款准备金是金融机构为保证客户提取存款和资金清算需要而准备的资金，金融机构按规定向中央银行缴纳的存款准备金占其存款总额的比例就是存款准备金率。

- ◆ **中央银行贷款**：中央银行贷款是中央银行对金融机构的贷款，又称再贷款。中央银行通过适时调整再贷款的总量及利率，吞吐基础货币，实现货币信贷总量调控目标，合理引导资金流向和信贷投向。

- ◆ **利率政策**：中央银行根据货币政策实施的需要，对利率水平和利率结构进行调整，实现货币政策的既定目标。目前，中央银行采用的利率工具主要有调整中央银行基准利率、调整金融机构法定存贷款利率、制定金融机构存贷款利率的浮动范围、制定相关政策对各类利率结构和档次进行调整 4 种。

◆ **常备借贷便利**：常备借贷便利是中央银行控制证券市场中的货币流通性的手段之一，主要有三大特点：一是其自身由金融机构主动发起；二是针对性强；三是覆盖面广。

◆ **中期借贷便利**：中央银行提供中期基础货币的货币政策工具，对象为符合宏观审慎管理要求的商业银行、政策性银行，通过调节向金融机构中期融资的成本来对金融机构的资产负债表和市场预期产生影响。

◆ **抵押补充贷款**：抵押补充贷款主要功能是支持国民经济重点领域、薄弱环节和社会事业发展而对金融机构提供的期限较长的大额融资。

实例分析

华夏银行（600015）存款准备金率下调股价上涨

图 5-2 所示为华夏银行 2016 年 1 月至 4 月的 K 线图。

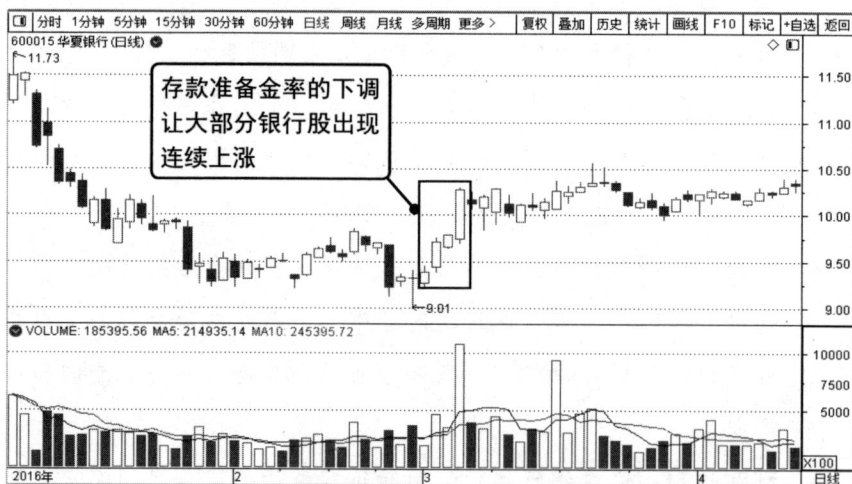

图 5-2　华夏银行 2016 年 1 月至 4 月的 K 线图

从图中可以看出，2016 年 1 月华夏银行经历了一个月的快速下跌，后面紧跟着一个月的横向发展，从 3 月 1 日开始反弹上涨，连续 4 天收阳，涨幅超过 10%。

不仅是华夏银行迎来上涨，纵观整个银行股市场，可以发现从 3 月 1 日开始，银行股普遍上涨，这到底是什么原因导致的呢？

我们查询资料不难发现，中国人民银行于 2 月 29 日发布决定称，自 2016 年 3 月 1 日起，普遍下调金融机构人民币存款准备金率 0.5 个百分点，以保持金融体系流动性合理充裕，引导货币信贷平稳适度增长。

存款准备金率的下调，意味着金融机构可以有更多的流动资金可用，这样会很大程度上刺激证券市场的发展，因此银行股普遍上涨就成为一个必然现象。

5.1.2 国际市场联动效应

随着全球经济一体化趋势的不断发展，各国证券市场的相互影响日益扩大，国际股票市场的联动性增强，主要体现在国内证券市场的走向会与国际市场的发展方向呈现出一致性。

联动效应是资本市场形成以来普遍存在的现象，单从对证券市场的总体影响程度而言，它的影响远远高于各市场基本面因素的影响。

国际市场的联动性体现在我国证券市场的总体发展方向，越来越向国际市场的重要指数的运行趋势靠近。

在这种情况下，我们可以利用国际市场的动向来预测国内市场的大致发展方向。

需要注意的是，全球金融市场数不胜数，各国金融市场结构也不尽相同，我们选择作为参考的国际金融市场应尽量选择邻近的金融市场。

中国香港具有独立的经济结构，其金融市场的联动效应最为明显，当然整个亚太地区的金融市场也可以作为参考，如图 5-3 所示。

图 5-3　深证成指与恒生指数在 2020 年 1 月底至 6 月中旬走势趋于一致

5.1.3　期货市场的联动

期货市场也属于证券市场的一部分，虽然同属于证券市场，但是它们既相互独立，又相互影响，如图 5-4 所示。

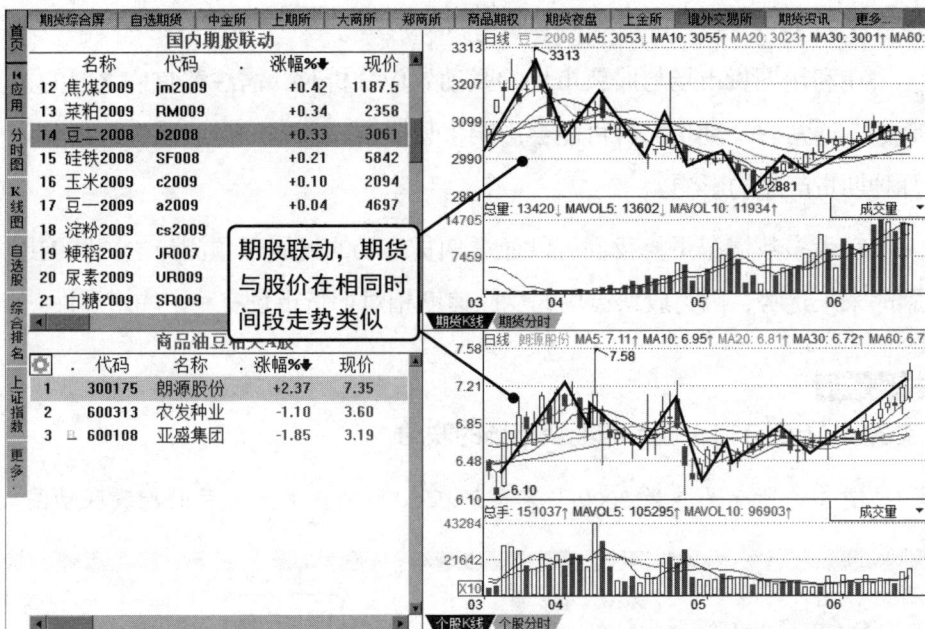

图 5-4　豆二 2008 与朗源股份在 2020 年 3 月至 6 月的走势类似

拓展知识　*同花顺的期股联动图*

　　在同花顺行情分析软件中，当我们查看期货行情的时候，在数据显示区上方就会出现期货分类标签，其中包含一个"期股联动"标签，单击此标签可以进入期股联动图界面。

　　在此界面中，选择一个期货产品后，就会看到与之关联的个股，并在右侧显示出选择产品的分时走势图，方便用户对比分析。

　　股票市场和期货的市场的联动效应是相互的，两者存在相互竞争又相互促进的关系。在竞争方面，表现在市场的总体资金是有限的，作为两个不同的市场，资金在市场间的流通构成竞争关系；在促进方面，一个市场的发展能带动另一个市场的发展。

　　总体来说，期货市场对股票市场的影响相对要大一些。期货市场的走势能影响个股的基本面信息，进而影响个股在一段时间内的发展方向。

在利用期货市场与股票市场的联动效应分析时，需注意它们之前的关联性。通常一个期货品种可能会影响多只股票，而同一只股票也可能受到几种期货产品的影响。

在大多数情况下，我们可以通过期货市场的发展来预测与之关联的股票的未来走势，因为股票市场的反应速度相对期货市场有一定的滞后性。

实例分析

宝泰隆（601011）股价与期货市场的联动

图 5-5 所示为焦炭 2009 与宝泰隆在 2020 年 3 月至 6 月的期股联动图。

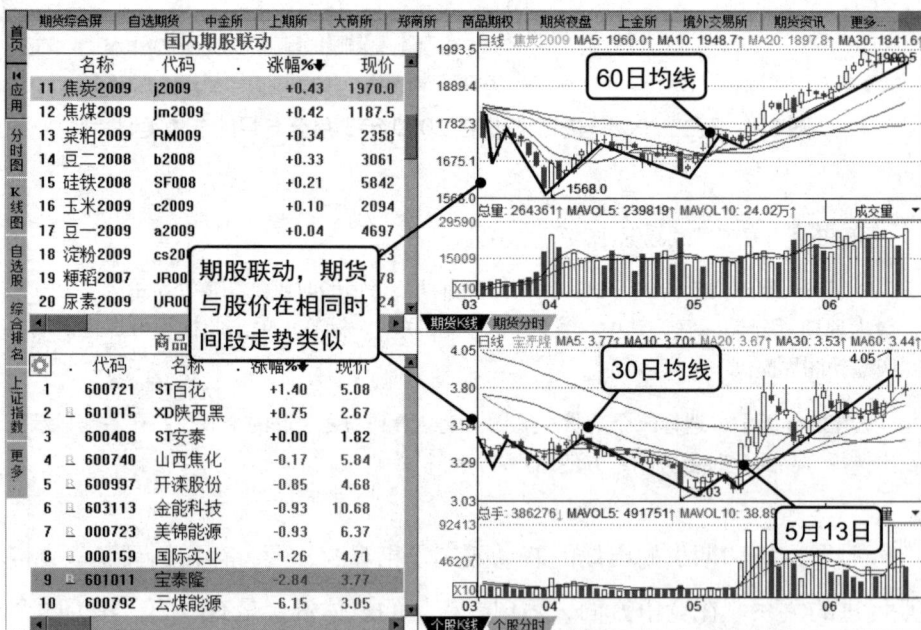

图 5-5　焦炭 2009 与宝泰隆在 2020 年 3 月至 6 月的期股联动图

从图中可以看出，期货产品在这个时间段内经历了明显的"跌 – 涨 – 跌 – 涨 – 跌 – 涨 – 跌 – 涨"的过程。与之关联的个股中的宝泰隆，在这段时间内的走势与之非常相似，只是走势没有期货那么明显。

期货在 3 月份经历了一波下跌 – 反弹 – 下跌的走势，并在 3 月底创出最低价，个股在这一阶段也经历了一波下跌 – 反弹 – 下跌的走势，只是个股在 3 月的反弹和下跌幅度都不大，大体处于下跌行情中。

在 4 月中旬，期货见底回升创出阶段性的高位，与此同时，个股也经历了一波反弹行情，但是股价受到 30 日均线的压制反弹受阻。

期货在 5 月初回落受到支撑止跌，对应的个股在 5 月初也运行到低位，创出 3.03 元的最低价。

在 5 月上旬，期货继续上涨到 60 日均线的位置受阻，短暂回落后在均线位置受到支撑后步入上涨主升期。观察同期的个股走势发现，股价创出最低价后在 5 月上旬上涨受阻，在短短两个交易日的回落后与 2020 年 5 月 13 日放量收出涨停大阳线拉升股价步入上涨行情。

因此，我们可以推断，期货的走势与关联的个股走势基本成正比关系，期货上涨，会带动关联个股上涨，期货下跌也会带动关联个股下跌，但个股的走势相对于期货的走势来说要平稳一些。

5.1.4　行业利好的出台

某些利好消息可以让个股转入大幅上涨的行情中，而某只股票的上涨也可能带动整个行业的股价出现全面上涨，这就是行业利好所带来的联动效应。

利好消息可以很好地推动股价上涨，这种消息可能来源于很多方面，有些利好消息可以为一个特定行业的所有股票带来上涨动力。

例如，成品油价格的调整可以影响油气开采、油气销售等行业；银行贷款利率的调整可以影响银行股、房地产等行业；汇率的变化可以影响外贸进出口、旅游等行业。

行业的利好消息对股市的影响还要看消息的类型，如果是业绩或者业绩预期方面的利好，则以行业联动效应为主，同行业的业绩大体上变动是同方向的；如果是政策方面的利好，则可能是区域性的联动效应更明显。

实例分析

德尔未来（002631）行业利好带动股价上涨

图 5-6 所示为德尔未来 2019 年 11 月至 2020 年 1 月的 K 线图。

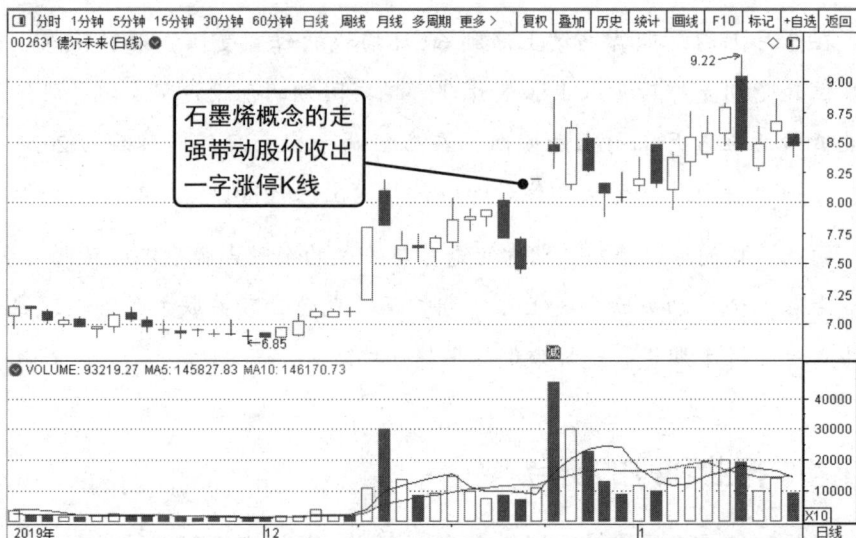

图 5-6　德尔未来 2019 年 11 月至 2020 年 1 月的 K 线图

从图中可以看出，该股从 2019 年 11 月底开始见底逐步企稳回升，步入一波良好的上涨行情，但是在 12 月 20 日和 23 日，股价连续收出大阴线拉低股价，这两个交易日跌幅超过 6% 以上。

但是在 12 月 24 日，股价开盘即涨停，并且当日股价始终封住涨停板，当日收出一字涨停 K 线。这是什么原因呢？

我们查询资料发现：据媒体报道，P40 Pro 的电池容量将增加到 5500mAh，辅以 50W 快充，45 分钟即可满电。随着华为等龙头大厂的推动，石墨烯产业化应用进程明显提速。

因此，正是由于石墨烯概念的走强，使得在连续两日大跌的情况下，德尔未来在 12 月 24 日也能拉出一字涨停 K 线。

同时，这个利好消息也带动了石墨烯概念板块的股价发生联动效应，东方材料（603110）涨幅 6.08%，华丽家族（600503）涨幅 4.19%，中国宝安（000009）涨幅 3.86%。

下面列出东方材料 2019 年 12 月 24 日的分时图，如图 5-7 所示。

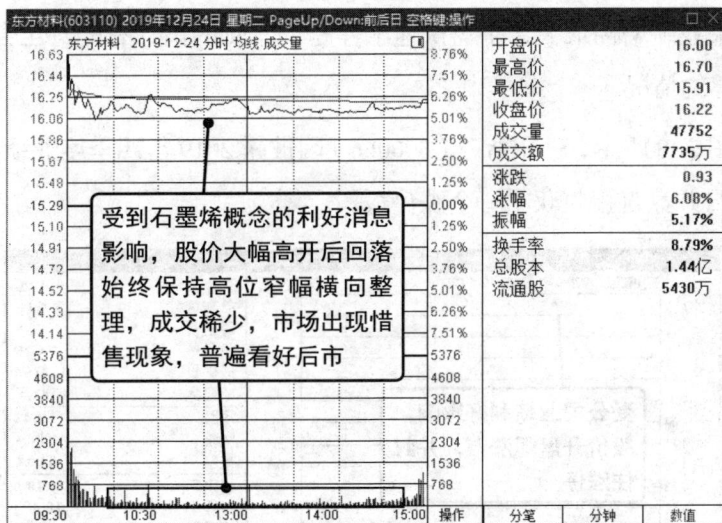

图 5-7　东方材料 2019 年 12 月 24 日的分时图

从图中可以看出，该股当日以 16.63 元的涨幅跳空高开，虽然随后出现回落走势，但是股价始终在 5.01% 的涨幅上方窄幅波动变化。

此时，成交量也出现极度缩量的情况，说明受到石墨烯概念的利好消息影响，市场中出现了惜售现象，投资者普遍看好行情，当日股价最终以 6.08% 的涨幅收盘。

5.2 公司利好的驱动

上市公司经常都会召开一些大型会议，做出一些重大策略。这些会议的召开和策略的制定，可能给公司股票带来很大的影响。公司利好消息对股价带来的驱动影响，非常简单直接。

5.2.1 业绩大增，盘中快速涨停

上市公司会在规定的时间对公司的业绩进行报告，如果报告中出现业绩大增的利好消息，那么股价肯定会有所反应。

如果业绩增幅很大，午盘快速涨停是很常见的事，有的甚至会出现开盘即涨停的情况。

如图5-8所示，三川智慧（300066）因披露2019年四季度业绩超预期，1月13日开盘直接收获了一个涨停板。

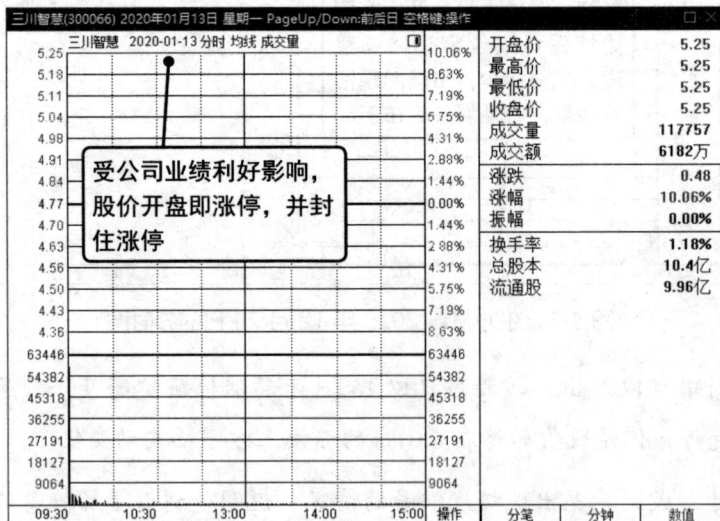

图5-8 业绩大幅增长，三川智慧开盘即涨停

拓展知识　*三川智慧2019年四季度业绩公告*

　　三川智慧1月13日公告，公司预计2019年净利润比上年同期增长85%～115%，盈利区间为1.81亿元～2.1亿元；而2019年前三季度，公司净利润同比增幅为43%。

　　公司业绩超预期主要来自主营业务增长，即NB-IoT技术作为5G的先行者迎来了深度和广度的重大发展，公司NB-IoT物联网水表在北京、天津、上海、深圳以及部分省会城市已完成大批量的供货，智能水表销售量大幅度增长。

　　公司的业绩消息大多来源于公司按时公布的业绩报告，可在上海证券交易所或深圳证券交易所官方网站查询，很多行情分析软件中也可以看到对应个股的定期业绩报告。定期业绩报告会在证券交易所规定的日期内向交易所提交并公布到指定的位置，投资者可在预计的报告公布时间多关注相关网站。

　　当然，很多时候股票市场的反应都会先于报告出台的时间，但对于做T+0操作来说，影响不是很大。通常在报告公示之前，股价的波动幅度都会比较大，此时是进行T+0操作的绝佳时机。

实例分析

星期六（002291）业绩大增带来的涨停

　　图5-9所示为星期六2020年3月2日的分时图。

　　从图中可以看出，该股高开后短暂冲高回落，在9:50左右该股进入横盘整理阶段，整个波动幅度较小，成交量稀少。在11:10左右，股价上穿均价线后放微量小幅拉升。

　　午后开盘，股价保持在23.3元价位线上方窄幅波动，继续横盘整理，最终在14:28左右开始放量拉升股价打到涨停板，期间只有一次很小的打开后继续封住涨停板，直到收盘。

经查询，星期六股份有限公司在 2020 年 2 月 29 日发布 2019 年度业绩快报，快报内容显示如下。

公司 2019 年 1~12 月实现营业收入 22.74 亿元，比上年同期增长 48.48%，完成利润总额 20 646.31 万元，比上年同期增长 797.36%；归属于上市公司股东的净利润 17 612.05 万元，比上年同期增长 1871.45%；基本每股收益为 0.29 元。

在这样利好消息的刺激下，在 3 月 2 日股价想不涨停都难。如果投资者能在公司发布业绩快报后就对其进行分析，不难测出 3 月 2 日的涨停。在股价开盘回落并长期缩量横盘时如果能补仓，在尾盘卖出，就可以实现单日的高利润收入。

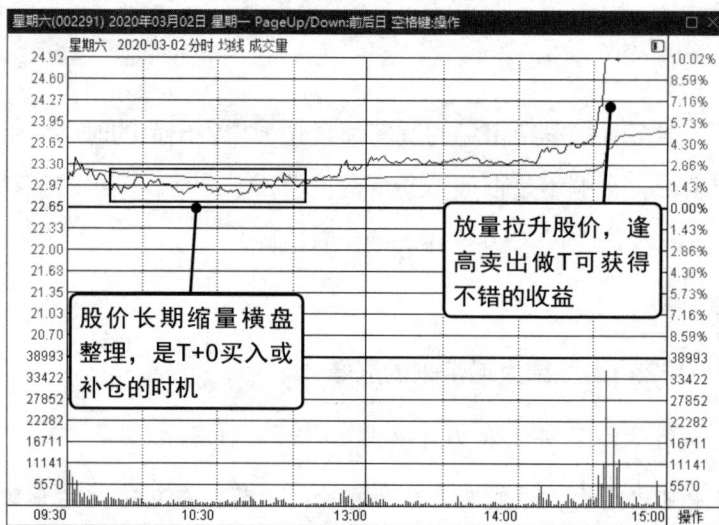

图 5-9　星期六 2020 年 3 月 2 日的分时图

5.2.2　高送转公告，警惕利好出尽

某些上市公司有时候会出高送转公告，即按照现有持股份额额外赠送一部分股票，在公告出台前通常都会有一轮大幅度的上涨。

图 5-10 所示为荣泰健康（603579）2020 年 3 月至 5 月的 K 线图。从
图中可以看到，该股在 3 月 26 日晚间发布高传送消息后，该股出现了一
波明显的上涨。

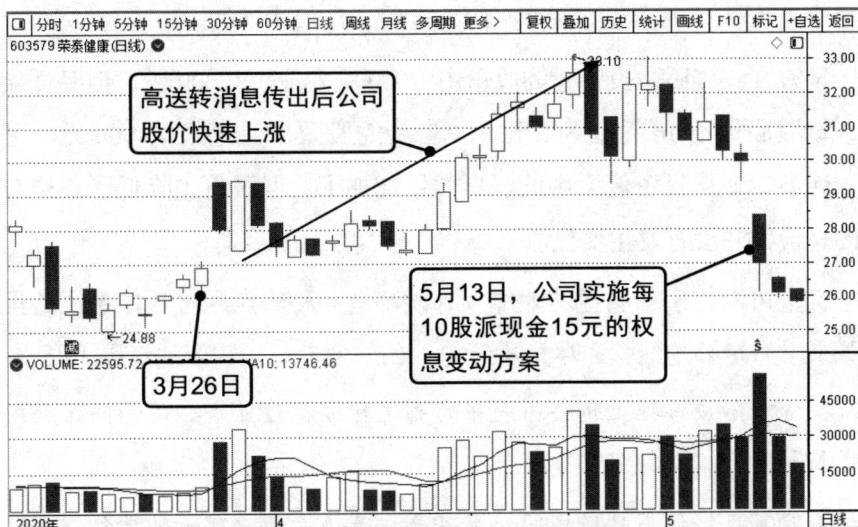

图 5-10　高送转公告传出，公司股票大涨

高送转是 A 股市场较为常见的周期性热炒题材，每逢年报发布前，高
送转概念股往往受到市场的炒作追捧，但在追捧高送转股前，我们有必要
了解一下什么是高送转。

◆ **送**：是指送红股，即分配股票股利，属于股利政策的一种。

◆ **转**：一般指公司通过资本公积金转增股本。

◆ **高**：则是指送股或转增股比例较大。

　　高送转的实质是股东权益的内部结构调整，对净资产收益率和公司的盈利能力并没有任何实质性影响。公司在高送转方案的实施日，股价将做除权处理。例如，公司实施"每 10 股转增 10 股"的分配方案，登记日的收盘价为 10 元／股，投资者持有 1 000 股，市值 10 000 元。

　　该方案实施后，投资者的股份由 1 000 股变成了 2 000 股，但经过除权后，该股股价由 10 元变为 5 元，投资者的股票市值还是 10 000 元。可见高送转方案使得投资者手中的股票数量增加了，但股价也降低了，持有股票的总价值并没有发生变化。

　　综上可以得出，高送转大部分时候都是一种热点题材炒作手法，投资者如果没有足够的经验，尽量不参与。如果要参与，需要注意以下几点。

　　投资者不应该把上市公司发布的高送转方案与上市公司的高盈利或者高成长等同。

　　不宜盲目轻信高转送传闻，更不要抱着侥幸的心理跟风炒作，一切以上市公司公告为准，只有公司发布了公告确认有此方案，才会实施。

　　要充分、全面地了解公司经营业绩、成长性及每股收益等指标，对上市公司高送转的真实目的进行分析，而不是一味追求高送转行情，不注重公司实质。

　　上市公司选择高送转方案，可能考虑到有助于保持良好的市场形象，也可能是一些股价较高、股票流动性较差的公司，通过高送转降低股价，增强公司股票的流动性。

　　以上两种情况的高送转股票还有一定的可操作性，但也不排除一些公司为了配合股东或高管出货，或为了在再融资过程中吸引投资者而推出高送转方案，这种情况下投资者应尽量不要参与。

第 **6** 章

分时图中的短线买入信号

分时图是我们进行T+0操作过程中参考的最主要图形，在分时图中也隐藏了很多短线买入的信号，例如价格与均线的位置关系，价格与成交量的关系，以及价格走势中的一些特殊形态，都可以作为我们买入的信号。

6.1 从成交价与均价线看买入信号

在分时走势图中包含两条曲线，走势波动较大的一条为成交价格曲线，另一条走势较为平缓的为均价线，均价线也有部分移动平均线的功能，通过两条曲线的位置关系，也能简单判断买入信号。

6.1.1 价格下跌得到均价线支撑

当股价从高位下跌到均价线附近时，未能成功下穿均价线，或者少量下穿均线价后就反弹上涨，均线价就成为一条支撑线，在均线价位置就可以视为买入信号，如图 6-1 所示。

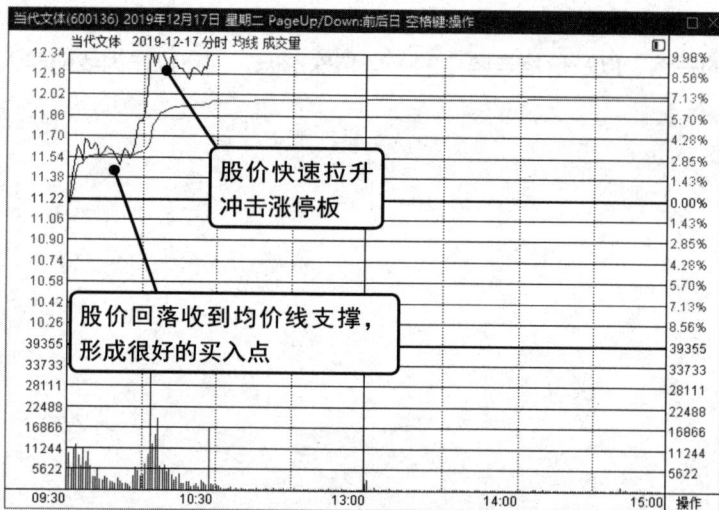

图 6-1　价格下跌得到均价线支撑

分时图中的均价线可以看作 K 线图中的移动平均线，对股价的发展有部分支撑线和压力线的作用。

◆ **支撑线作用**：当股价运行在均价线上方时，股价下跌至均价线附近时，会受到均价线的支撑，致使股价由下跌转为上涨。

◆ **压力线作用**：当股价运行在均价线下方时，股价上升至均价线附近时，受到均价线的打压，导致股价由上涨转为下跌。

在分时图中，如果股价两次以上向均价线靠拢，都未能穿破均价线的支撑，那么均价线的支撑作用就得到了肯定，当股价再次达到均价线并向上反弹时，就是最好的买入时机。

有的时候股价也可能跌破均线价，但在很短的时间内又再次向上突破均价线，或者股价长时间与均价线交替前行，最后强势偏离均价线向上，也是很好的买入时机。

实例分析

上海贝岭（600171）受均价线支撑买入分析

图 6-2 所示为上海贝岭 2020 年 1 月 22 日的分时图。

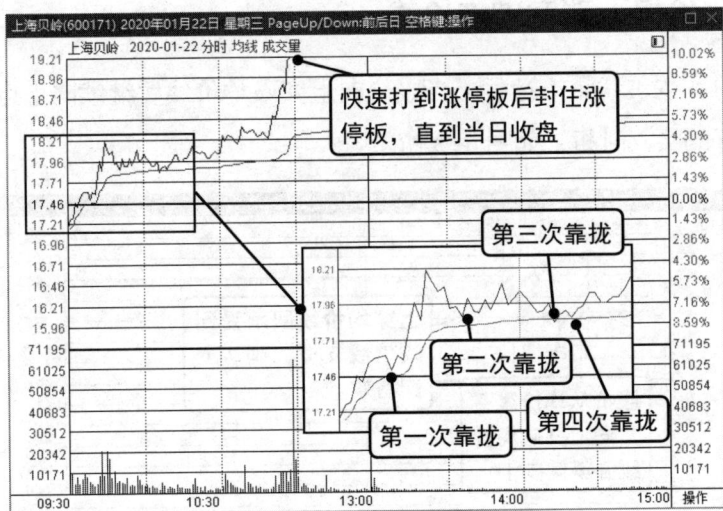

图 6-2　上海贝岭 2020 年 1 月 22 日的分时图

从图中可以看出，上海贝岭当日低开高走，在 9:38 和 9:50 左右有两次明显的靠近均价线的回落走势，但是回落到均价线位置附近时均受到支撑止跌上涨，相比第一次靠近均价线后的回升，股价在 9:50 左右回落靠近均价线后的回升明显变得缓慢，有横向变化的趋势，此时可以作为第一个买入时机。

股价此次的上冲并没有到达第一次股价靠近均价线后快速上涨的高度便继续向下回落，在 10:06 时股价跌破均价线，但是下一分钟就快速拉升到均价线的上方，在 10:09 时股价第四次回抽到均价线时受到明显的支撑反弹，此时可以将其看作是经过一段时间的小幅回调蓄势后的向上突破，后市大幅上涨的可能性非常高，此时是买入的最佳时机。

从图中不难看出，在第四次股价向均价线靠近，并在均价线附近受支撑反转向上后，股价出现一路震荡上扬的良好走势，并在 10:58 放巨量快速拉高股价到涨停板，随后封住涨停板直到当日收盘。

6.1.2 价格上涨突破均价线

股价在均价线下方运行，当股价向上突破均价线后继续向上运行时，就是最好的买入时机，如图 6-3 所示。

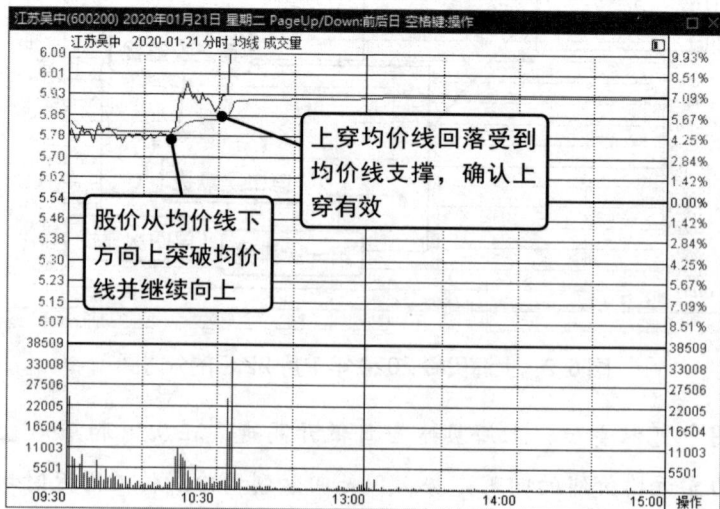

图 6-3 价格上涨突破均价线

支撑线与压力线在股价的发展过程中是可以相互转化的，当股价在均价线下方运行时，均价线为压力线；当股价向上突破均价线时，均价线就由原来的压力线转化为支撑线。

在分时走势图中，股价运行在均价线下方并成功上穿均价线的情况并不多见，但一旦成功上穿并得到确认，股价上涨就成为必然。很多时候股价上穿后都有一个确认的过程。

股价上穿均价线后，短时间内再次向均价线靠拢，如果能在均价线附近获得支撑再次向上，那么股价的上穿就得到了确认，股价在均价线附近再次向上就是最好的买入时机。如果股价强势上穿均价线，也可能不会出现这个确认过程，直接上冲。

实例分析

圣济堂（600227）股价突破均价线买入

图6-4所示为圣济堂2020年3月9日的分时图。

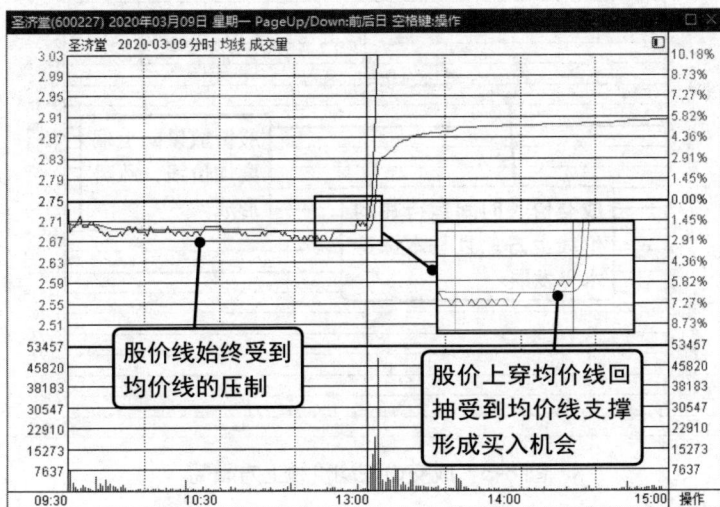

图6-4 圣济堂2020年3月9日的分时图

从图中可以看出，该股开盘后始终受到均价线的压制，在均价线下方窄幅波动变化，虽然中途有过几次股价上穿均价线的情况，但是很快就再次跌破均价线并在均价线下方运行。

在 11:25 时，股价再次上穿均价线，此次上穿后偏离均价线的高度明显高于前几次，且随后股价有过两次回落，但是都在均价线上方获得支撑，从而确定均价线的支撑作用有效，形成买入时机。

午后开盘，股价放量拉升，短短 3 分钟就将股价打到涨停板，并封住涨停板，直到收盘。

6.1.3　成交价在均价线上方震荡

成交价运行在均价线上方，表示处于多头行情中，如果市场整体行情看好，则这种长时间的横向发展也可视为买入信号，如图 6-5 所示。

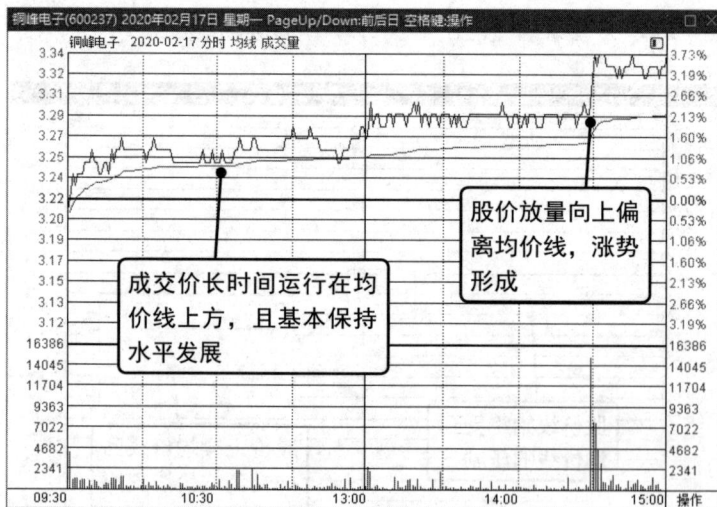

图 6-5　成交价在均价线上方震荡

在分时走势图中，如果成交价长时间运行于均价线之上，说明股价处于强势行情中，如果此时成交价并没有节节攀升，而是处于处于震荡前行的状态中，那么后市上涨的可能性很大。

震荡行情首先就是一种方向不明的走势，这种行情通常都是力量的积蓄行情，投资者可以在每次成交价最接近均价线的时候买入，这种行情最适合 T+0 交易的建仓。

实例分析

南纺股份（600250）均价线上方震荡的买入机会

图 6-6 所示为南纺股份 2020 年 3 月 23 日的分时图。

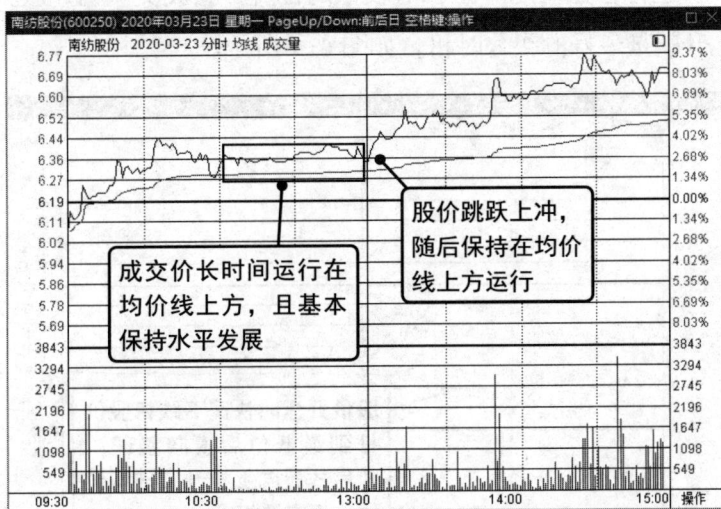

图 6-6　南纺股份 2020 年 3 月 23 日的分时图

从图中可以看出，该股当日开盘后一路拉升，在 10:05 时上升到 6.44 元的价位线后受阻回落，之后股价始终在均价线上方保持水平震荡走势，在早盘临近收盘时仍然保持这种状态，此时可以出手买入。

图中明显看出，该股在午盘开盘后，股价跳跃上冲，最高上冲到 6.77 元后出现短暂回落，但是始终保持在均价线上方运行，直到收盘。

6.2　从成交价与成交量看买入信号

股票价格的变化往往与成交量密不可分，量能的变化能从技术上带动股票的发展。在分时走势图中也同样有每分钟成交量的记录，通过成交量与成交价的变化，也能发现其中的买入信号。

6.2.1　低位放量拉升

成交价运行在当日的一个相对较低的位置，当成交量明显放大，成交价快速上升就是最好的买入时机，如图 6-7 所示。

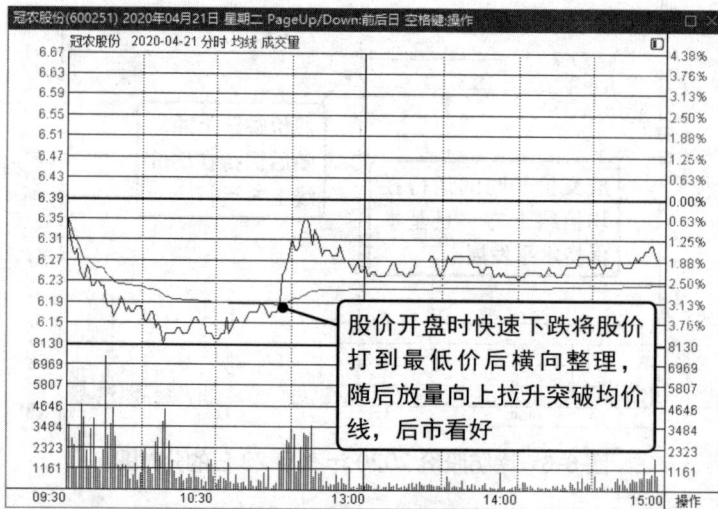

图 6-7　低位放量拉升

低位放量拉升的关键是放量。无论股价是上涨还是下跌，放量都意味着能量的变大，放量向上说明多方力量雄厚，股价上涨动力强劲；相反，放量向下则表示空方抛压很重，股价下跌能量强大。

这里所说的低位有两层含义，如果投资者是进行短时间的 T+0 交易，低位可以只看当前交易日的低位；如果投资者需要进行中线操作，则这个低位还需要注意是否是股价在一段时期内的相对低位。

低位放量拉升，在拉升的过程中出现的成交量最好是当天最大的成交量。如果成交价运行在均价线下方，拉升的高度应从均价线下方成功上穿均价线，当成交价突破均价线时，就是最好的买入机会。如果成交价在均价线上方，则价格突破盘整向上为最佳买入时机。

实例分析

海正药业（600267）低位放量拉升的买入机会

图 6-8 所示为海正药业 2020 年 1 月 23 日的分时图。

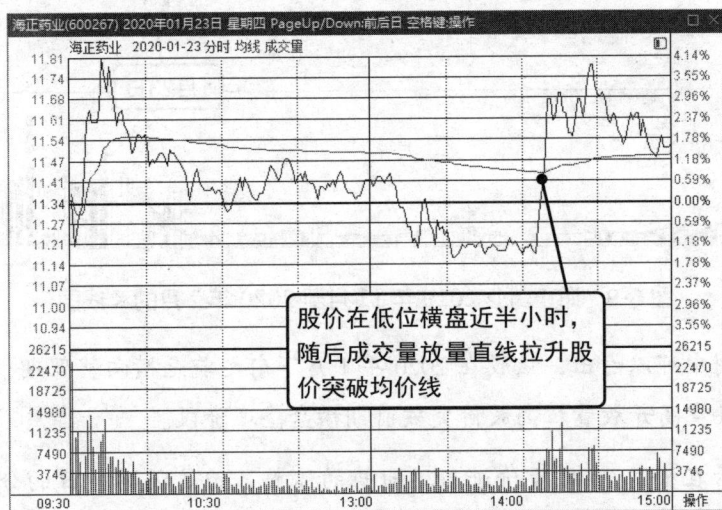

图6-8　海正药业 2020 年 1 月 23 日的分时图

从图中可以看出，开盘后股价快速冲高，在 9:42 时达到 11.81 元的最高价后快速回落，在 9:54 时股价跌破均价线后跌势减缓，一直持续到午盘。

午盘后股价又经历了一波短暂的快速下跌后进入横盘整理阶段，整个横盘的时间接近半小时，股价在 11.14 元至 11.21 元之间窄幅波动。

在 14:00 后，成交量开始突然放大，股价被直线拉升强势突破均价线，横向整理行情结束，正式步入了升行情之中。此后股价一直运行在均价线上方。

我们再观察这一时间段该股的日 K 线图，图 6-9 所示为海正药业 2019 年 11 月至 2020 年 2 月的 K 线图。

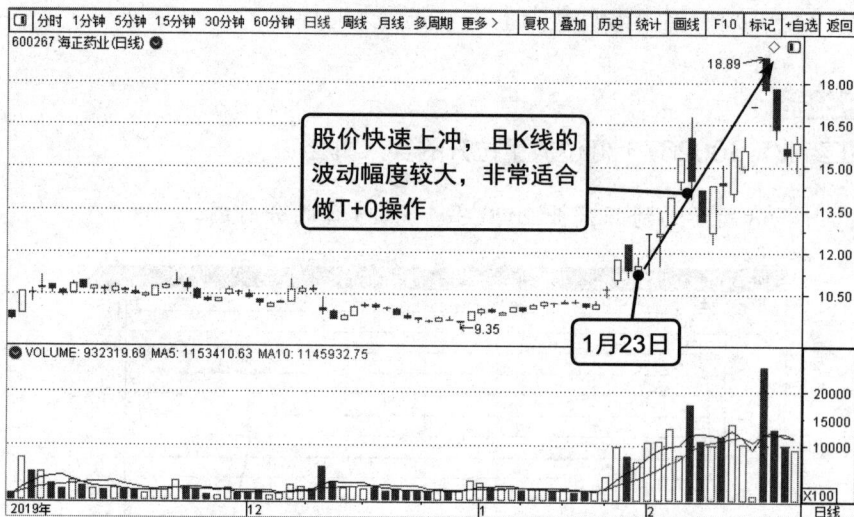

图 6-9　海正药业 2019 年 11 月至 2020 年 2 月的 K 线图

从图中可以看出，该股在 2020 年 1 月下旬之前是横向整理期，1 月 21 日股价跳空高开放量拉高股价突破前期横盘整理阶段。

随后在 1 月 23 日股价进行了短暂的休整，但是观察当日的分时图却发现股价在低位放量直线拉升股价的强势走势，结合整个行情所处的位置，投资者可以在股价突破均价线后买入。

1 月 23 日以后，股价开始放量上涨，短短十几个交易日，股价就从 12 元附近上冲到最高的 18.89 元，涨幅超过 57%。而且这段上冲期，多次出现振幅较大的 K 线，非常适合做 T+0 操作。

6.2.2　下跌缩量，上涨放量

个股在一天之内经历了下跌和上涨两个过程，下跌过程中成交量不断减少，而上涨时成交量不断增加，这也是一种买入信号，如图 6-10 所示。

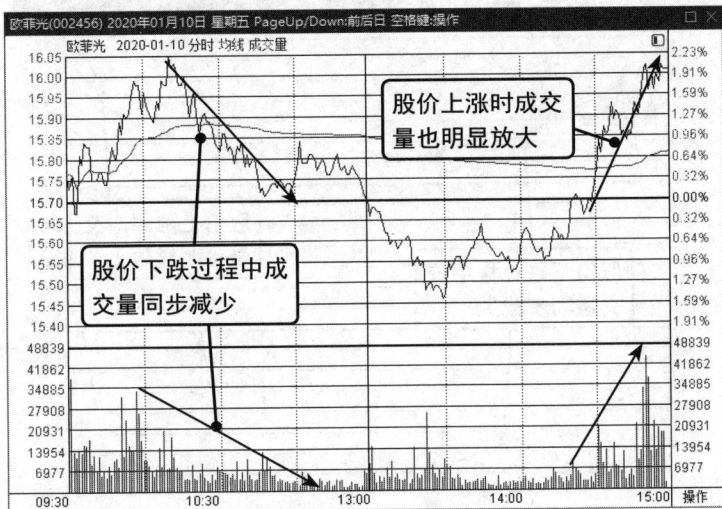

图 6-10　下跌缩量，上涨放量

股价缩量下跌后再放量上涨是最好的量价配合行情，也是很可靠的买入信号。

股价在下跌过程中成交量不断减少，表示大多数持股者对该股后市仍然看好，不愿意低价抛出筹码，这为以后的上涨埋下了伏笔。

股价在上涨的过程中成交量不断增加，表示多方力量强劲，可能有更多的投资者正在进入市场，这是后市强势上涨的预兆。

大多数情况下，如果股价在缩量下跌后，出现一段横向发展的行情，且在横向整理过程中成交量没有明显的变化，那么之后的放量上涨，发出的买入信号更加可靠。当股价放量向上突破均价线时，为最后的买入时机（如果整体行情并不向好，则会出现上穿均价线后的回调确认）。

实例分析

隆华科技（300263）缩量下跌后放量上涨的买入机会

图 6-11 所示为隆华科技 2020 年 2 月 10 日的分时图。

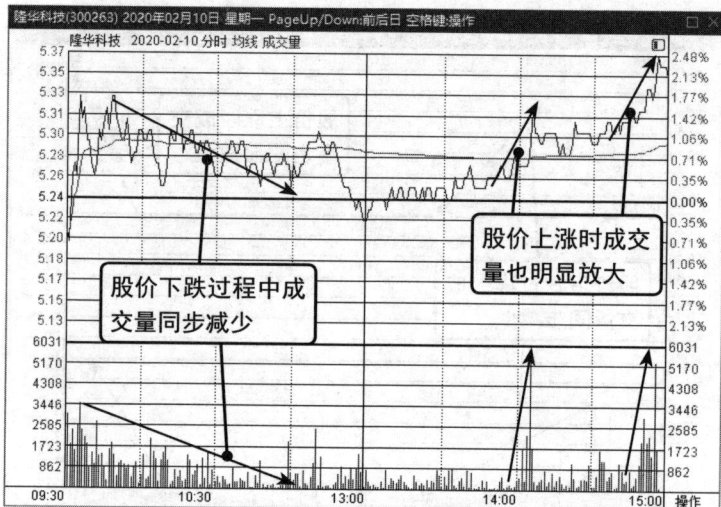

图 6-11　隆华科技 2020 年 2 月 10 日的分时图

从图中可以看出，隆华科技在开盘后快速向上拉升，在 9:35 时左右达到阶段性的高位后开始回落。在 11:02 之前，股价宽幅震荡下跌，但是成交量却出现了明显的缩量，尤其在 10:50 左右，成交量更是呈地量缩小。

午盘开始，股价短暂回升后进入一个横向整理时期，期间成交量并未出现明显的变化，13:32 左右，股价开始缓慢回升，在拉升到均价线附近时，成交量明显放大，与早盘的缩量下跌形成对比，并且在 14:05 放出天量拉升股价强势突破均价线，当股价向上突破均价线时，就是最好的买入时机。

随后在短短的冲高后股价出现回落，在 14:15 左右回落触及均价线受到支撑后再次向上时，就是最后的买入时机。随后股价逐步远离均价线向上上涨，并且在尾盘时再次放量拉升股价创出当日最高价，这也表明该股近期的表现将会比较不错。

图 6-12 所示为隆华科技 2019 年 11 月至 2020 年 3 月的 K 线图。

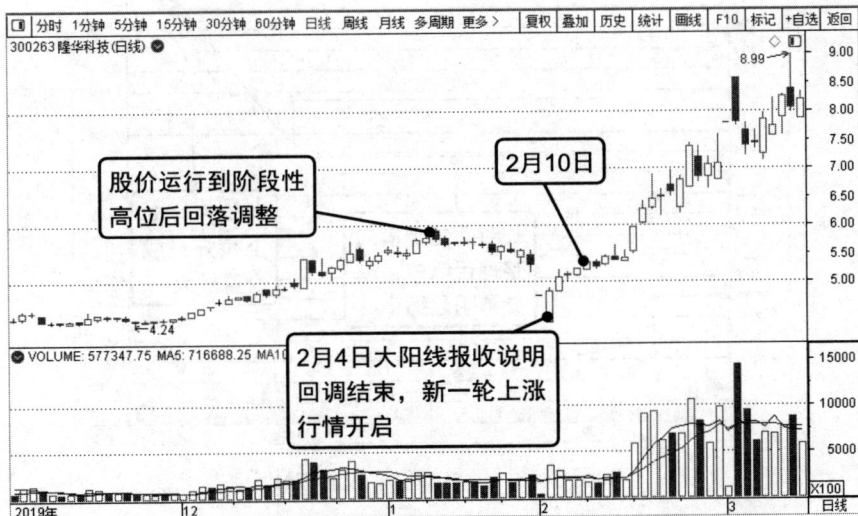

图 6-12　隆华科技 2019 年 11 月至 2020 年 3 月的 K 线图

从图中可以看出，该股在 2020 年 1 月上旬左右上涨到 6 元的价位线后受阻出现回落调整，2 月 4 日股价大幅跳空低开高走收出大阳线表明回调结束，新一轮的上涨行情来临。

2 月 10 日处于新一轮上涨行情初期，因此在当日分时图出现缩量下跌后放量拉升，尤其在尾盘再次出现放量拉升创出当日最高价后，就是非常可靠的买入机会。由于整个行情处于上涨之中，即使买入后持股一段时间也可以获得不错的收益，而如果适当进行 T+0 操作，则可以增加我们的投资收益。

6.2.3　缩量横盘，放量拉升

股价长时间处于横向整理过程中，成交量不断减少。当股价向上拉升过程中伴随着成交量的不断放大时，也是很好的买入时机，如图 6-13 所示。

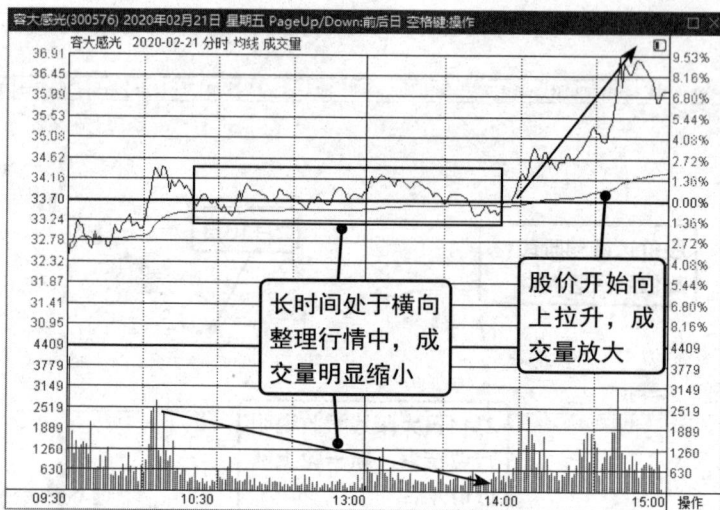

图 6-13　缩量横盘，放量拉升

　　横向整理行情一般都是市场较为冷淡的表现，但很多时候也是庄家积蓄力量而故意为之。如果在横向整理行情中，成交量不断缩小，那么后一种情况的可能性较大。

　　在缩量整理行情结束后，如果紧跟着的是放量拉升行情，那么可以毫不犹豫地跟进，这往往是庄家吸筹完成，开始拉升的前兆。当股价在快速向上偏离均线，成交量又放大的时候，就可以跟进了。

实例分析

黑牡丹（600510）缩量横盘后放量拉升的买入机会

　　图 6-14 所示为黑牡丹 2020 年 4 月 7 日的分时图。

　　从图中可以看出，黑牡丹开盘后出现了短暂的冲高回落走势，随后股价在 7.8 元附近窄幅波动，并且始终受到均价线的压制，这一期间，成交量总体呈现出不断减少的缩量趋势。

　　在 10:47 左右，成交量开始放大，股价也开始快速向上攀升突破均价线的压制，此时为最好的买入时机。之后股价继续上冲，成交量继续放大，到 10:55 时，成交量达到了当日最大，股价在短短几分钟的时间内就上涨了 2% 以上。

随后股价虽然有所回调，但回调的力度并不大，之后便一直在均价线上方一直温和上涨，如果是做 T+0 操作，在股价开始放量上冲的时候买入，在后期的任意时间点卖出都可以获得不错的收益。

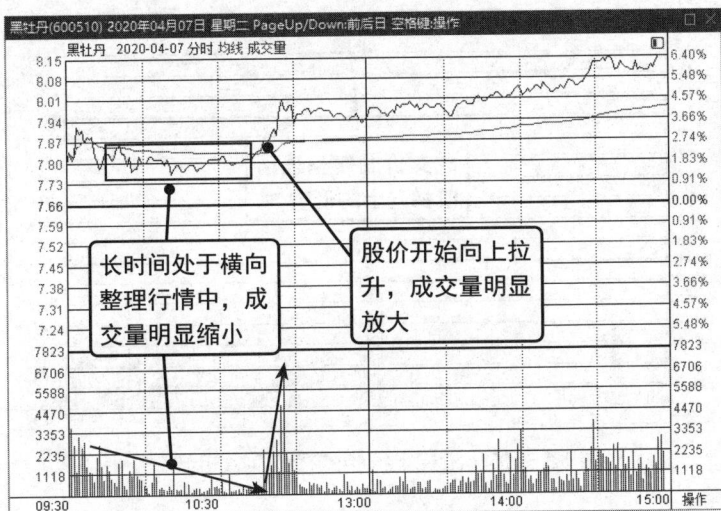

图 6-14 黑牡丹 2020 年 4 月 7 日的分时图

6.3 成交价线中的买入形态

分时图中的成交价为一条由每分钟成交的价格点构成的曲线，股价在向前运行的过程中，此曲线也会形成很多特殊的形态，通过这些形态也可以判断买入时机。

6.3.1　阶梯式上涨——横盘买入

　　股价上涨一小段，然后横向发展一段时间，再继续上涨，再横向整理，如此往复多次，形成类似台阶的形状。这种情况下，每一个横盘整理的时间段都可以作为买入机会，如图 6-15 所示。

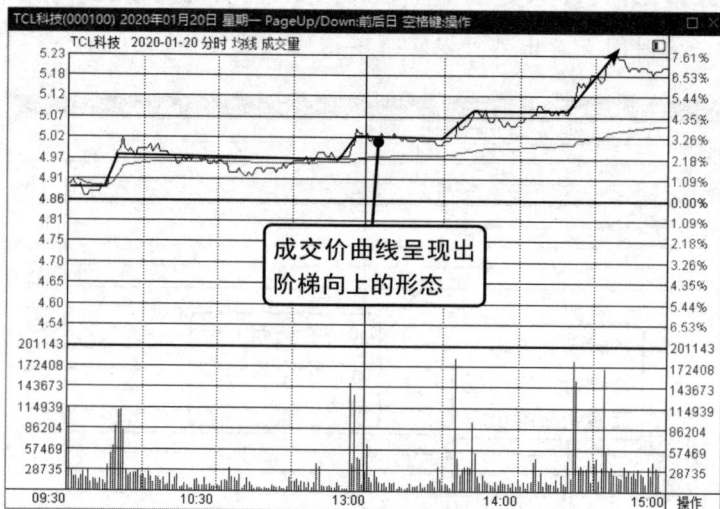

图 6-15　阶梯上行中的横盘买入机会

　　阶梯向上的形态在分时图中比较常见，是一种有效的量能积累方式。股价通过不断上涨、整理、上涨和整理逐步向上攀升，在攀升过程中会吸引更多的浮动筹码进来，为后面的强势拉升做准备。

　　需要注意的是，现实中的阶梯式上涨通常都不会很规则，只要我们能找出类似上涨、整理、上涨、整理和再上涨的形态，基本就可以判断为阶梯上涨形态。在这种形态中，前两个或前三个整理过程都是很好的买入时机。

实例分析

彩虹股份（600707）阶梯上行中的横盘买入机会

图 6-16 所示为彩虹股份 2020 年 4 月 30 日的分时图。

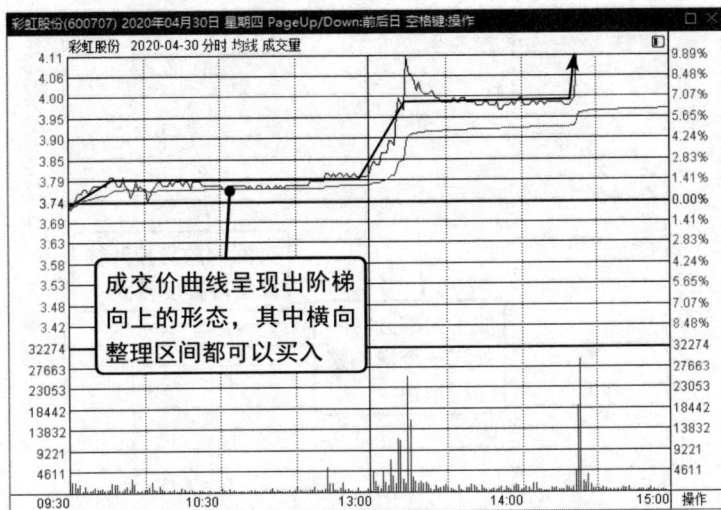

图 6-16　彩虹股份 2020 年 4 月 30 日的分时图

从图中可以看出，彩虹股份在开盘时出现一波温和的拉升，在 9:47 时股价运行到阶段性的高位创出 3.8 元的价格后出现滞涨，随后股价始终在 3.74 元至 3.8 元之间窄幅横向波动，一直持续到早盘结束。

午后开盘，成交量放量，股价快速上冲至 4.11 元的价格后出现快速回落，但是在回落到 4 元价位线时止跌，随后股价再次在该价位线附近横向整理近 50 分钟，然后再次放量上冲封住 4.11 元的价格。

从该股的发展进程来看，股价从开盘到收盘，形成一个典型的阶梯上涨形态，整个过程中出现两次横向发展区间，且整个横向发展区间持续的时间都非常长，投资者都有充分的时间来进行买入操作。

6.3.2　囤积式上涨——追高买入

囤积式上涨也是一种重要的上涨形态，全天大多数时间在一个位置区域附近进行横盘震荡，再在某一时刻突然放量上冲，很多时候都会冲击到涨停板，如图 6-17 所示。

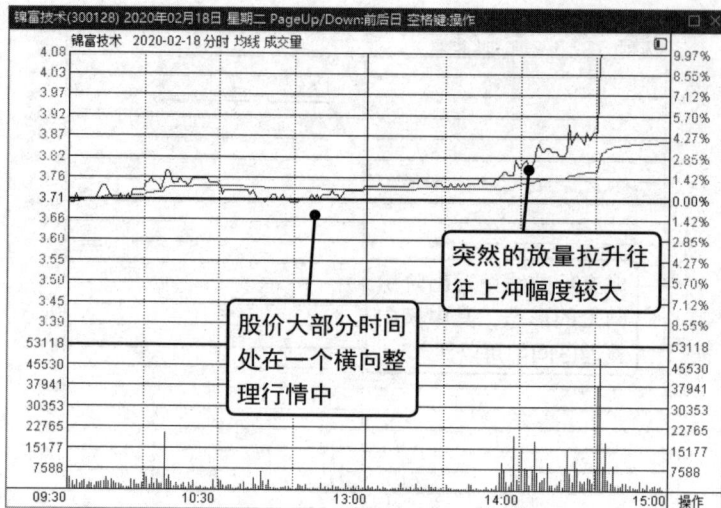

图 6-17　囤积式上涨的买入机会

　　囤积式上涨的最大特征就是全天大多数时候都处在一个相对较平稳的区间横向整理，并且成交量相对低迷，一旦量能打开，股价便开始冲高，往往爆发力比较强，冲击的位置比较高。

　　囤积式上涨也是很多主力拉升股价时经常采用的一种方式，特点是在不经意间突然发力，因此消耗的资金量相对较少。同时，由于前期准备时间较长，积蓄的能量较多，向上突破也较为容易。

　　当遇到这种囤积式上涨的行情时，大部分投资者不能赶上行情启动的低点，但这种强势行情即使追高买入也有很大的获利可能（当然，还需要结合个股当时所处的位置进行判断）。

实例分析

联得装备（300545）囤积式上涨的买入机会

　　图 6-18 所示为联得装备 2020 年 2 月 17 日的分时图。

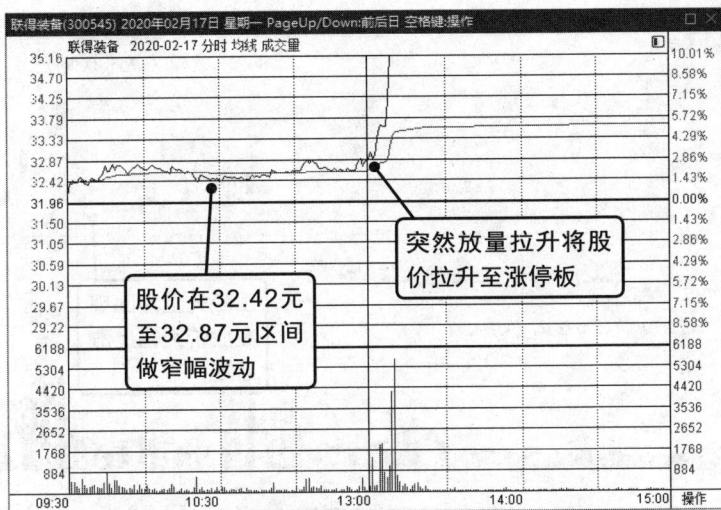

图 6-18　联得装备 2020 年 2 月 17 日的分时图

　　从图中可以看出，联得装备当日高开后出现横盘走势，股价始终在 32.42 元至 32.87 元区间窄幅波动，整个横盘走势期间，成交量非常低迷，一直持续到早盘结束。如此长时间的积累，使得该股在后市突破时具备了强大的动力。

　　午盘开盘后，成交量出现急速放大。同时，股价也直线上涨，在短短 8 分钟内就从 2.86% 上涨到 10.01%，直逼涨停板，上涨幅度超过 7%，随后封住涨停板直到收盘。

　　对于投资者而言，遇到这种情况即使没能在股价横盘整理的时候买入，也可以在行情开始以后及时追高。但在实际操作中，如果股价拉升行情开始后上涨幅度已经超过 5%，追高步伐就可以暂停一下，观察一下整体行情再做决定。

　　下面来看看该股后期的走势，图 6-19 所示为联得装备 2019 年 10 月至 2020 年 3 月的 K 线图。

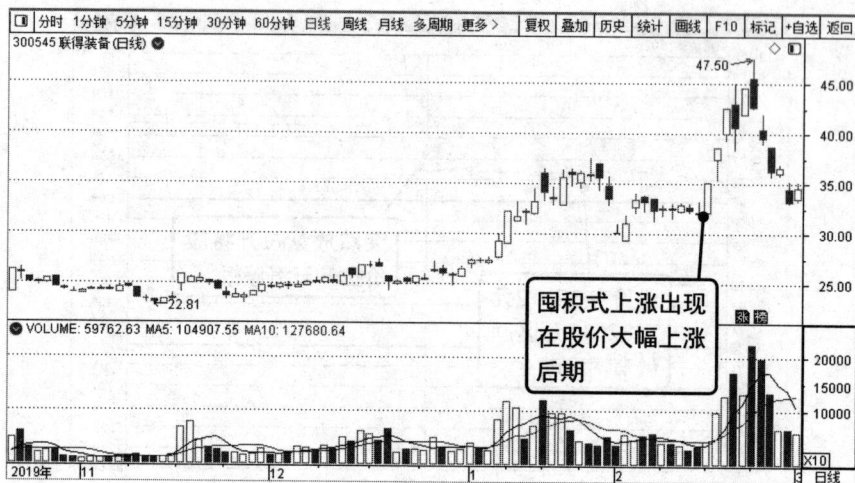

图6-19　联得装备 2019 年 10 月至 2020 年 3 月的 K 线图

从图中可以看出，经历了 2 月 17 日的囤积式拉升行情后，股价出现了急速拉升，由于前期已经有过一波大幅上涨的基础，此时股价已经运行到相对高价位区域，此时不能中长期追涨，但是进行短期的 T+0 操作，还是可以获得不错的收益。

第 7 章

分时图中的短线卖出信号

通过分时图能发现其中的买入信号，成功买入股票。但整个股票操作中，无论你是一般的买入还是采用T+0手法，都必须卖出股票才有可能获得收益，本章就带大家看看分时图中隐藏的短线卖出信号，将筹码变为资金。

7.1　从成交价与均价线看卖出信号

成交价与均价线的关系不仅能判断买入机会，也能从中看出很多卖出信号，这里的均价线也能形成支撑线与压力线的作用，判断方式与通过成交价与均价线看买入信号类似。

7.1.1　上涨中无法突破均价线

当股价从低位上升到均价线附近时，未能成功上穿均价线，或者少量上穿均线价后再次向下，此时均线价就成为一条压力线，在均价线位置就可以视为卖出信号，如图 7-1 所示。

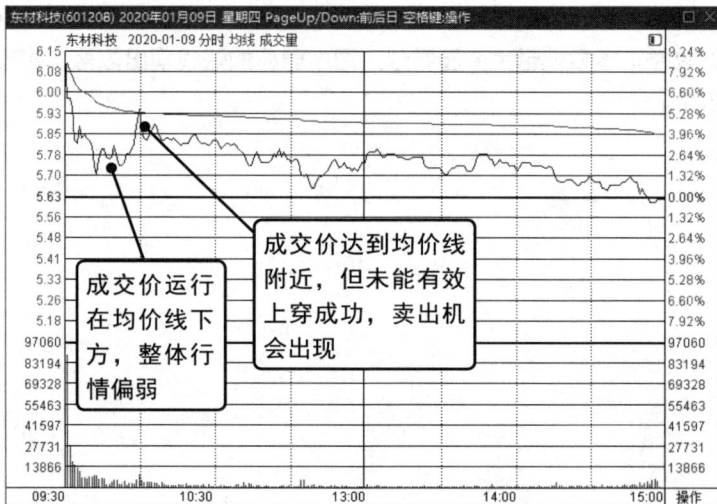

图 7-1　价格上涨受到均价线阻碍

分时图中的均价线可以看作是 K 线图中的移动平均线，前面我们已经知道它对成交价的发展有支撑线或压力线的作用。

在分时图中，如果成交价两次向均价线靠拢，都未能突破均价线的压力，那么均价线的压力作用就得到了肯定。当股价再次达到均价线并向下穿破时，就是最好的卖出时机。

如果市场整体行情偏弱，成交价向下偏离均价线太远的情况下，可能成交价只是一次向均价线靠拢，就再次向下，形成下跌走势，此时成交价靠近均价线的位置就可以出手了。

有时候股价也可能向上突破均线价，但在很短的时间内又再次向下跌破均价线，或者股价长时间与均价线交替前行，最后快速向下偏离均价线，此时也是很好的卖出时机。

实例分析

智动力（300686）与均价线缠绕后快速下跌

图 7-2 所示为智动力 2020 年 2 月 26 日的分时图。

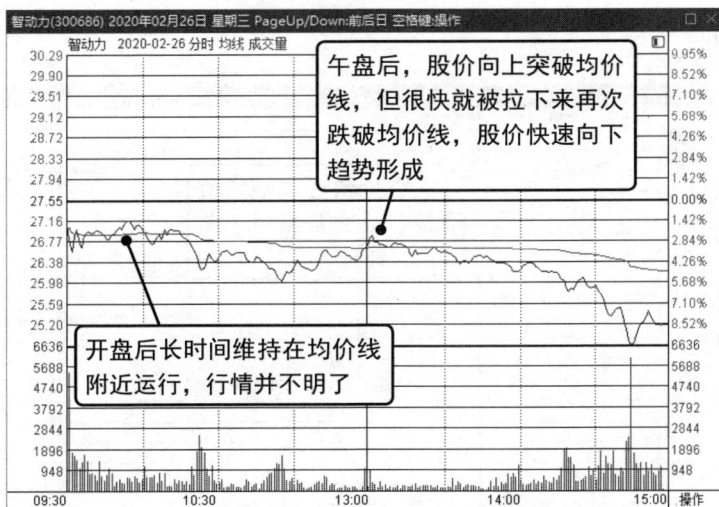

图 7-2　智动力 2020 年 2 月 26 日的分时图

从图中可以看出，智动力当日开盘后，成交价与均价线缠绕运行近 50 分钟，但更多的是运行在均价线下方，显示出股价上涨动力不足，有向下运行的趋势，投资者应该做出卖出筹码的准备。

在 10:16 左右，股价向下偏离均价线，此时就可以卖出筹码。在 10:55 左右，股价阶段性触底后出现一段时间的反弹，但是整个反弹阶段中，成交量迅速缩小，直到早盘结束。午盘开始后，股价向上突破均价线，但是很快就出现回落再次跌破均价线，说明反弹结束，股价上涨无望。

当成交价再次向下偏离均价线并且越走越远的时候，就是最后的卖出时机。从当日后市的走势来看，整个下跌是十分急促的，偏离均价线越来越远，当日越晚卖出，损失越多。

7.1.2　放量跌破均价线

股价在均价线上方运行，或长时间与均价线缠绕交替，并略高于均价线运行，当股价放量向下跌破均价线后继续向下运行时，就是最好的卖出时机，如图 7-3 所示。

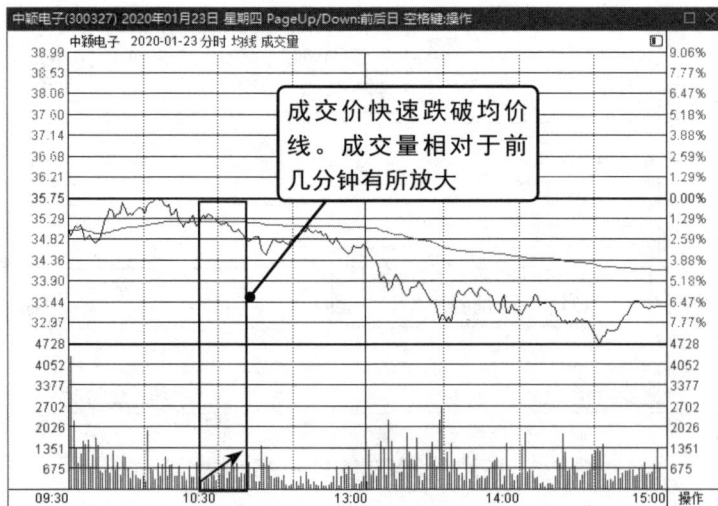

图 7-3　放量跌破均价线

成交价向下跌破均价线是市场走弱的表现，在这样的情况下，成交价上穿或下穿均价线的情况都不是很常见，一旦出现，行情转变就成为水到渠成的事。

前面我们知道成交价上穿均价线后，通常都会有一个确认的过程，当股价再次靠近均价线时为最佳买入时机。但成交价下穿均价线通常都不需要进行确认，因为下跌趋势通常都来得比较激烈。

然而成交价下穿均价线成为必然的卖出信号，也需要一个条件，那就是放量下穿均价线。如果成交价下穿均线时，伴随有成交量的相对放大，那么下跌就成为必然趋势，下穿时就是最好的卖出时机。

实例分析

南京高科（600064）放量跌破均价线的卖出信号

图 7-4 所示为南京高科 2020 年 1 月 23 日的分时图。

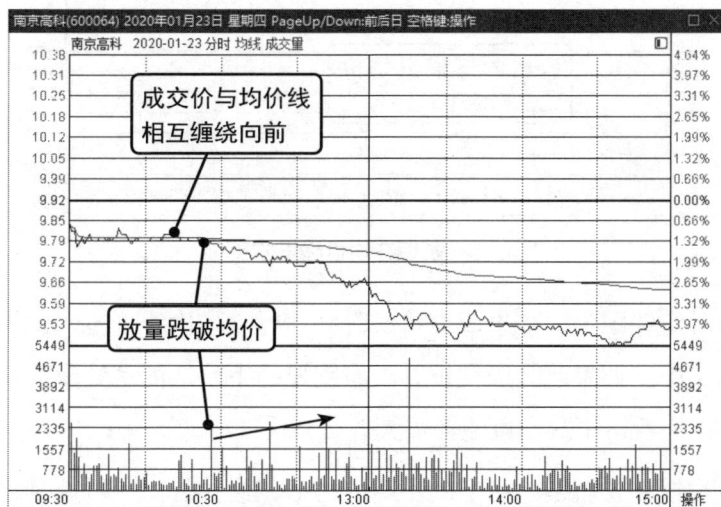

图 7-4　南京高科 2020 年 1 月 23 日的分时图

从图中可以看出，南京高科开盘后，成交价与均价线相互缠绕前行，10:26 左右成交价放量跌破均价线并开始向下偏离均价线。随后股价在继续下跌偏离均价线的过程中，成交量也有明显的放量迹象，发出最佳的卖出信号。之后成交价一路下跌，最大跌幅达到 4.03%。

7.1.3 长期在均价线下震荡

成交价运行在均价线下方，表示处于空头行情中，如果市场整体行情不好，则这种长时间的横向发展也可视为卖出信号，如图 7-5 所示。

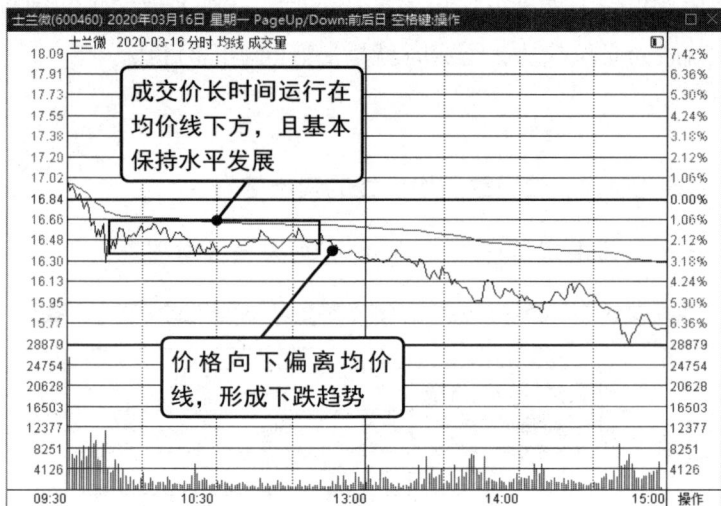

图 7-5 长期在均价线下方震荡

在分时走势图中，如果成交价长时间运行于均价线下方，说明股价处于弱势行情中。如果此时成交价并没有明显的下跌，而是处于震荡前行的状态中，那么后市下跌的可能性很大。

震荡行情首先就是一种方向不明的行情，这种行情通常都是力量的积蓄行情，投资者可以在每次成交价最接近均价线的时候卖出，一旦成交价开始向下远离均价线，就是最后的卖出时机。

实例分析
东材科技（601208）均价线下方震荡的卖出机会

图 7-6 所示为东材科技 2020 年 3 月 16 日的分时图。

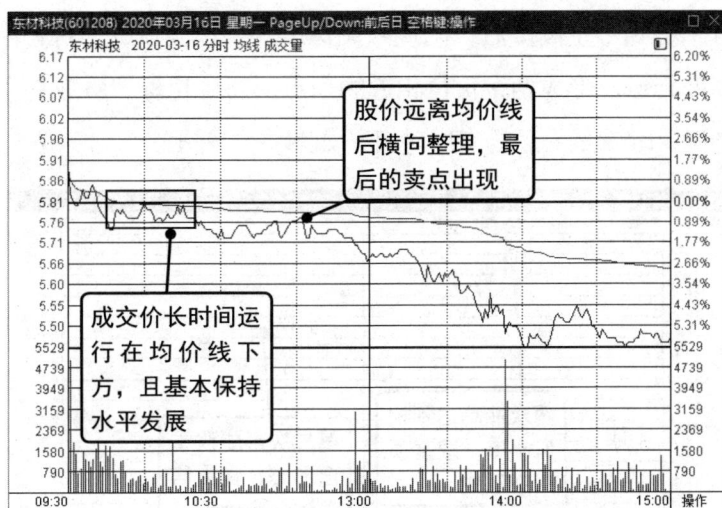

图 7-6　东材科技 2020 年 3 月 16 日的分时图

从图中可以看出，东材科技当日开盘就出现震荡下跌，在 9:46 时左右创出阶段性低价后的 30 分钟时间内，成交价保持在均价线下方水平震荡，在这个震荡过程中随时都可以卖出持股。

如果未能把握这个机会，在此之后成交价下跌接近 1.77% 后再次横向整理 30 分钟左右，并有向均价线靠拢的瞬间，则是最后的卖出机会。

7.2　成交价线中的卖出形态

成交价曲线与均价线曲线是根据实时行情绘制出来的，其中根据两者的位置关系可以发现一些卖出信号，如果将其看作是 K 线，那么 K 线图中的很多卖出形态，在这里也是可用的。

7.2.1　双重顶的卖出信号

股价上涨到一定高度后，出现回调再上涨、再回调的情况，两次上冲达到的高度相似，形成两个价位相近的顶点形态（也称"M 顶"），当双重顶形态确认时就是最后的卖出时机，如图 7-7 所示。

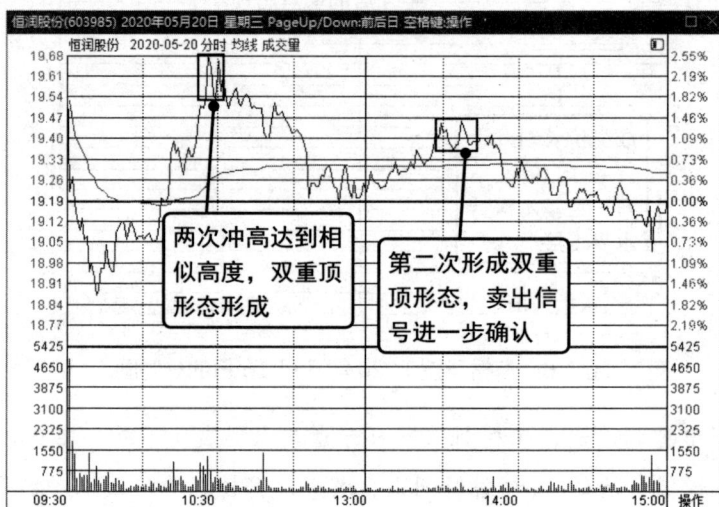

图 7-7　双重顶的卖出信号

双重顶形态在 K 线图中是比较常见的一种顶部形态，在分时图中出现这种形态的时候也比较多。双重顶最重要的特点是成交价在一段时间内有两次冲高回落的过程，并且两次冲高达到的高度相差不大，第一次冲高后回调的幅度不是很大，然后再次冲高。

在两次冲高的过程中，第一次冲高的成交量往往大于第二次冲高的成交量，并且第二次冲高的价格通常不会高于第一次。

双重顶形态的两个顶点是最好的卖出时机，如果没有把握住这个时机，那么成交价在第二次冲高回落，并跌破第一次冲高回落的低点时，就是双重顶形态被确认的时候，也是这种形态最后的卖出时机。

当分时图中出现双重顶形态时，如果这时候的股价在日K线图中处于一个相对较高的位置，那么卖出信号更加准确，在接下来的一段时间内，行情很可能会由涨转跌。

实例分析

濮阳惠成（300481）双重顶形态中的卖出机会

图7-8所示为濮阳惠成2020年2月21日的分时图。

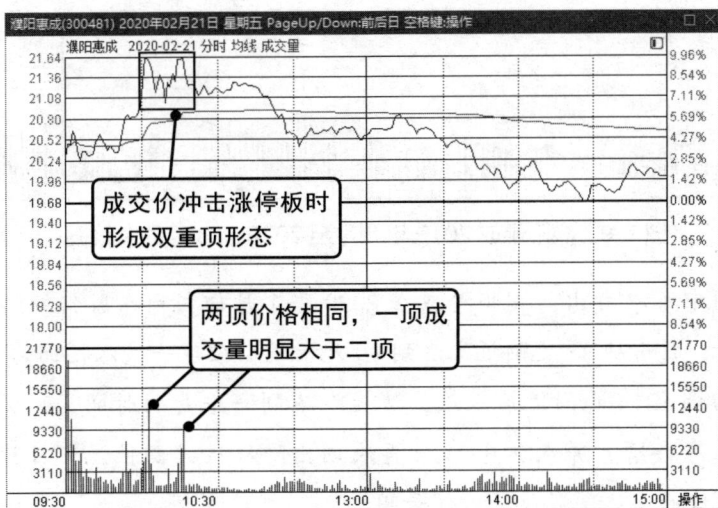

图7-8　濮阳惠成2020年2月21日的分时图

从图中可以看出，该股当日跳空高开后出现20多分钟的横盘走势，在9:50左右，股价出现温和放量快速拉升冲击涨停板的走势，在短短10分钟左右的时间里，股价冲击到9.96%的涨幅价位。随后开始回调，但回调力度并不大，在21.08元附近再次反弹，达到9.96%的涨幅价位后再次回落下跌，并且跌破上一次回调的低点，M顶形态被确认，此时就是最好的卖出时机。

通过观察当时的日K线图可以进行一步做出卖出判断，图7-9所示为濮阳惠成2019年8月至2020年3月的K线图。

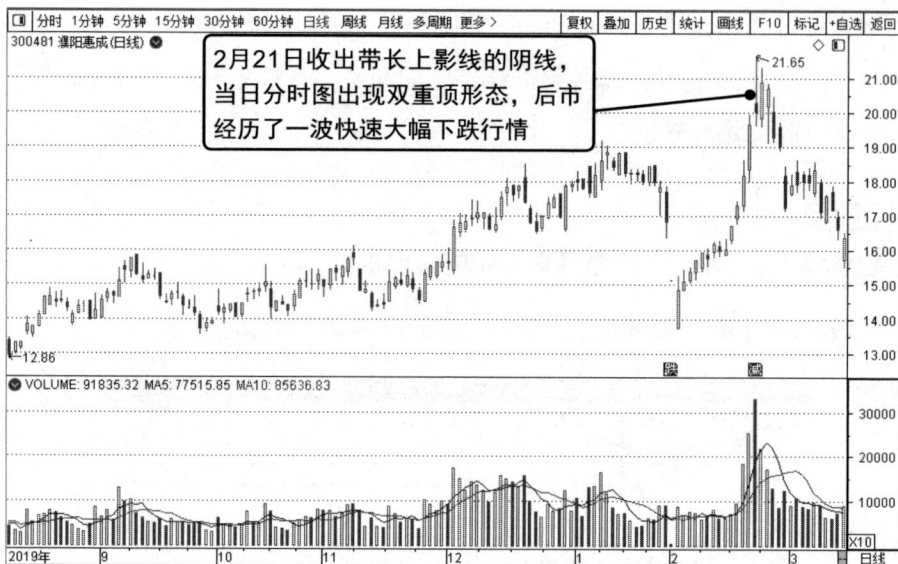

> 2月21日收出带长上影线的阴线，当日分时图出现双重顶形态，后市经历了一波快速大幅下跌行情

图 7-9　濮阳惠成 2019 年 8 月至 2020 年 3 月的 K 线图

从图中可以看出，濮阳惠成在 2020 年 1 月初之前，股价经历了一波上涨行情，股价从 13 元附近上涨到 19 元附近后出现一波深幅回落的调整，在股价回调至 14 元附近后止跌，然后在不到一个月的时间里，股价出现了急速上涨行情，并在 2 月 21 日再次创出阶段性的高位，当日放量收出带长上影线的阴线，股价见顶信号明显。

两两结合，K 线图和分时图上都给出了卖出信号，双重确认下，当分时图中双重顶形态确认时就应该果断卖出。而从 K 线图中也可以看出，该股后市出现了一波快速大幅下跌的行情。需要特别注意的是，由于已经确定了股价将会见顶回落，投资者在进行 T+0 操作时，一定要轻仓介入。

7.2.2　头肩顶里的多次卖出信号

成交价在相对高位出现 3 次冲高，其中第一次和第三次冲高的高度相近，第二次冲高达到最高点，如此就形成了有名的头肩顶反转形态，如

图 7-10 所示。

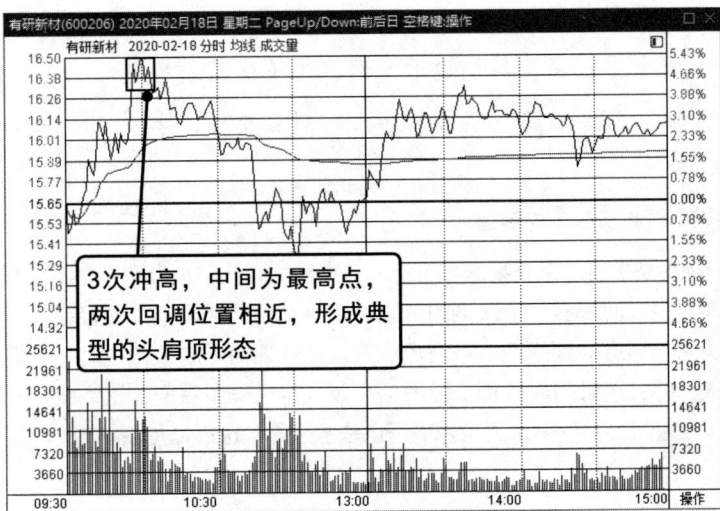

图 7-10　头肩顶的卖出信号

头肩顶形态出现的概率不是很大，但其反转下跌的指示效果比较明显，其形态形成过程如下。

◆ **左肩**：价格经过上升后，成交量增大，获利回吐的压力也同样增加，导致股价回落，成交量小幅下降，形成左肩。

◆ **头部**：价格回升，突破左肩顶点，达到一个新高度，成交量可能因为第二次拉升再次放大。但价位过高使多头产生恐慌抛售，引发价格回跌到前一低点价位附近，头部完成。

◆ **右肩**：股价第三次上升，但之前的巨额成交量没有再出现，涨势也不再凶猛，价格未到达头部顶点之前就重新回落，形成右肩。

右肩形成时股价急速穿过颈线，此时头肩顶形态已经可以确认。在整个过程中，左右两肩以及顶部都是最佳的卖出时机。如果之前还有犹豫，那么在成交价跌破颈线的时候，就是最后的卖出时机。

在这里需要注意的是，成功的头肩顶形态，有以下两个重要的特点。

◆ 左右两肩的高度相仿，头部最高，两肩不能高于头部。右肩很多时候高于左肩，甚至接近头部，但不能超过头部。

◆ 左肩和头部成交量明显放大，右肩成交量最小。

拓展知识 *头肩顶形态的颈线*

头肩顶形态中有一条重要的参考线——颈线。在头肩顶形态中，左肩与顶部以及顶部与右肩之间都有一个回调的低点，用直线将这两个低点连接起来，这条直线就是头肩顶形态的颈线。当右肩形成，价格快速向下跌破颈线时，头肩顶形态正式形成，并且短时间内股价反弹的话，颈线也是一条重要的压力线，价格很难突破颈线的压制。实战中，颈线并不一定是水平的，也可以是倾斜的。

实例分析

雅克科技（002409）头肩顶形态给出多次卖出机会

图 7-11 所示为雅克科技 2020 年 2 月 20 日的分时图。

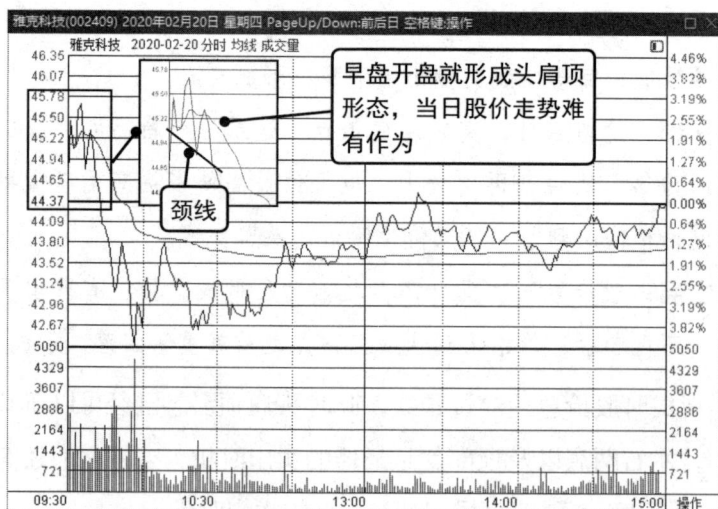

图 7-11　雅克科技 2020 年 2 月 20 日的分时图

从图中可以看出，该股当日高开后快速放量冲高创出 45.46 元的价格后快速回落到 45.08 元的价格止跌，形成一个相对顶点，成交量明显缩小。

随后股价再次放量上冲到 45.69 元的阶段性高价，这次价格冲高明显超过了前一高点，但成交量显然不如前次，价格在此形成一个相对高点。随后股价再次缩量下跌，在 44.80 元附近止跌企稳，形成第二个相对低点。

之后价格再次反弹，反弹时的成交量明显低于第二次冲高的成交量，且此次反弹冲高仅达到 45.32 元附近又再次下跌，再次形成一个相对高点，这次下跌快速跌破了前面两个低点的连线（颈线）。

经过这样一番走势，成交价曲线明显形成了一个头肩顶形态，并且成交量也做了完美的配合。

我们来看看该股近期的走势，图 7-12 所示为雅克科技 2019 年 10 月至 2020 年 4 月的 K 线图。

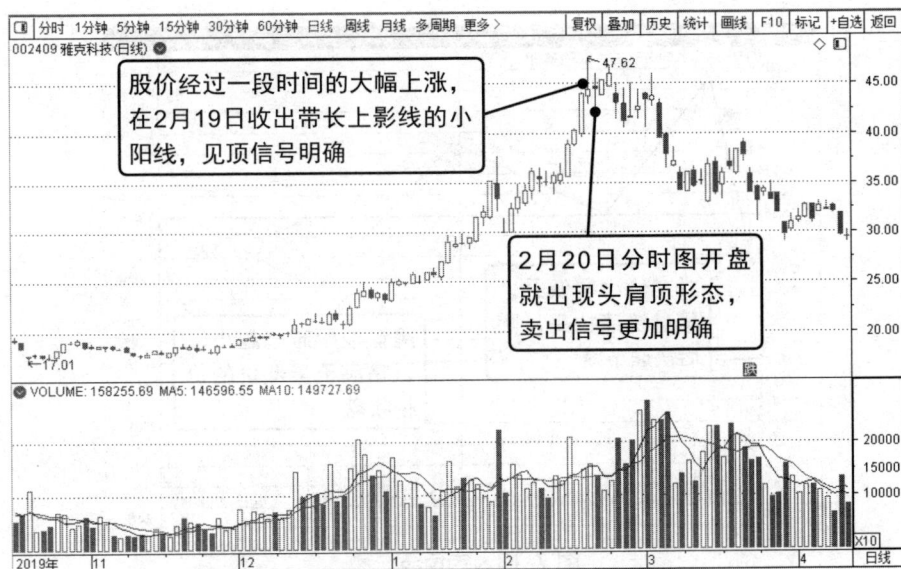

图 7-12　雅克科技 2019 年 10 月至 2020 年 4 月的 K 线图

从图中可以看出，2 月 20 日这天，正是股价经历了连番上涨后，在

2月19日收出带长上影线的小阳线,在股价从17.02元附近上涨到此时的47.62元最高价,涨幅已超过179%。在这样大幅上涨收出带长上影线的K线时,说明股价见顶的可能性较高。

次日分时图开盘就形成头肩顶形态,且当日收出带长上影线和下影线的小阴线,当日价格相对于上个交易日而言也出现滞涨行情,更加确定了行情见顶。

因此,投资者在分时图中发现头肩顶形态时就应该及时卖出,否则将遭遇后市近37%跌幅的下跌行情。

7.2.3 警惕钓鱼波陷阱

钓鱼波是一种较为经典的分时图走势,成交价曲线呈现出波动幅度由大变小的变化趋势,早盘波动幅度很大,尾盘波幅较小,如图7-13所示。

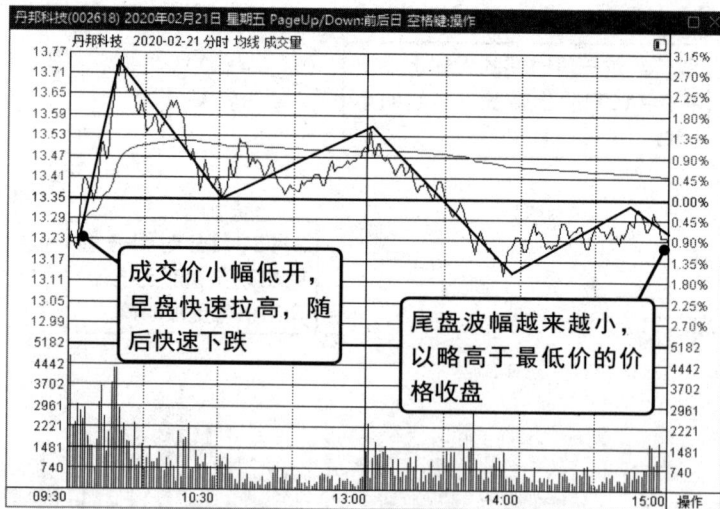

图 7-13 钓鱼波走势

钓鱼波很容易被看作是股价上冲过程中的中途休息,因为价格波动幅度很大,给人的总体感觉是上涨有望。实际上,它在很多时候是一种出货陷阱，这种走势有以下 6 个特点。

- 当日股价平开或小幅低开。

- 当日开盘后，成交价快速上冲，"涨幅"惊人，成交价曲线在早盘的波动斜率很大。

- 快速上涨后立即反手做空，成交价快速向下回落，无情地跌破均价线的支撑位。

- 全天大部分时间成交价运行在均价线以下，多次向上接近均价线甚至突破均价线的压力，但不久又回到均价线下方，突破无望。

- 随着时间的推移，均价线的波动幅度越来越小。

- 当日收盘价略高于最低价。

如果当日的成交价曲线走出符合以上特点的走势，那么就可以确认这是一种钓鱼波的陷阱，显示出主力已经失去信心，去意已决，投资者也应该在每次反弹的高点果断卖出，尽早离场。

实例分析

天龙集团（300063）钓鱼波后的直线下跌

图 7-14 所示为天龙集团 2015 年 12 月 21 日的分时图。

从图中可以看出，开盘后价格急速上冲，达到当日的最高价，随后快速下跌击破均价线，运行到均价线下方。之后成交价多次向均价线靠拢，均未能突破均价线，价格波动幅度越来越小。

在临近尾盘的时候，价格几乎没有了波动，收盘前 5 分钟，价格保持不变一直到收盘，最终以 0.42% 的涨幅收盘，形成一个典型的钓鱼陷阱形态，其后市下跌的可能性非常大。

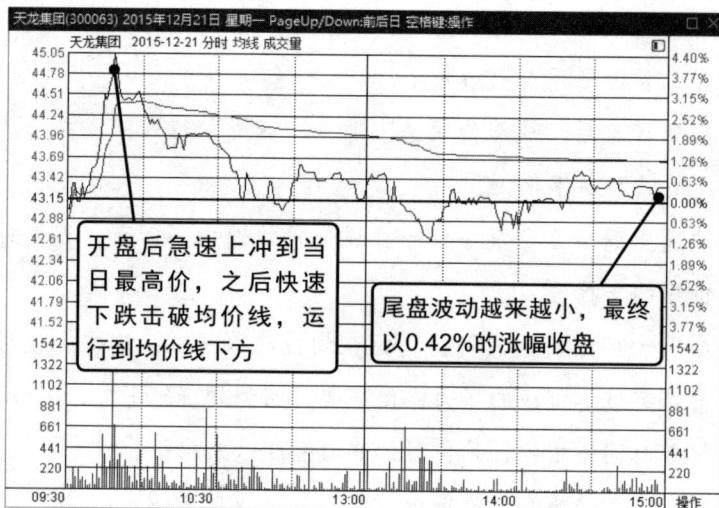

图7-14 天龙集团2015年12月21日的分时图

图7-15所示为天龙集团2015年10月至2016年7月的K线图。

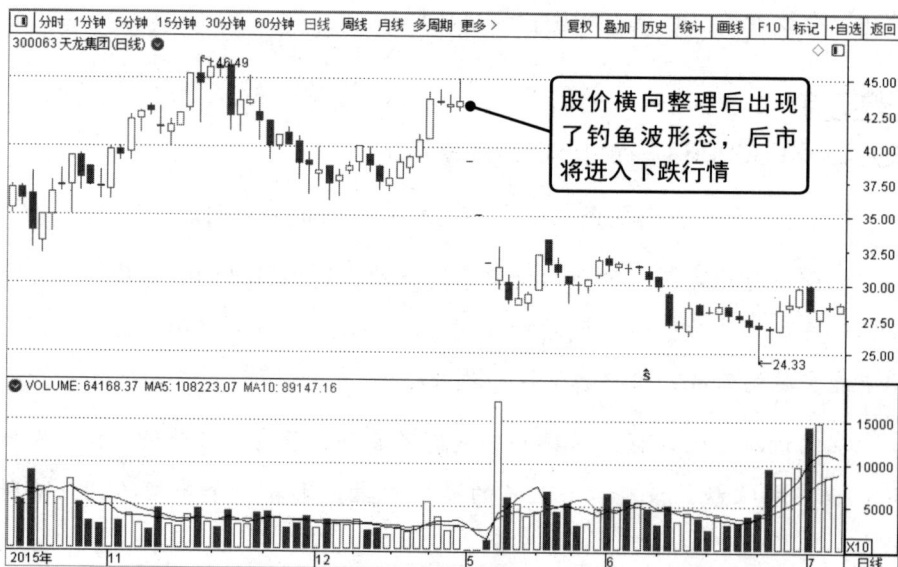

图7-15 天龙集团2015年10月至2016年7月的K线图

从图中可以看出，12月21日，股价正处在下跌反弹行情的顶部，连续经历了 3 天的小幅横向发展，在分时图中出现了钓鱼波陷阱，是非常明确的卖出信号。

这天过后，该股开始停牌，直到 2016 年 5 月 12 日重新复牌，可见如果当天没有及时出手，单从时间价值上来看，就会损失惨重。

该股复牌后，更是迎来了连续 3 天的一字跌停板，价格直接从 43 元附近下跌到 31 元附近，行情发展惨不忍睹。

7.2.4　高台跳水——果断退出

成交价经过一番上涨，处于一个相对高位，或者股价大幅高开，甚至以涨停板开盘，随后价格大幅下跌，使得成交价始终不能回到均价线上方，全天下跌幅度非常大，如图 7-16 所示。

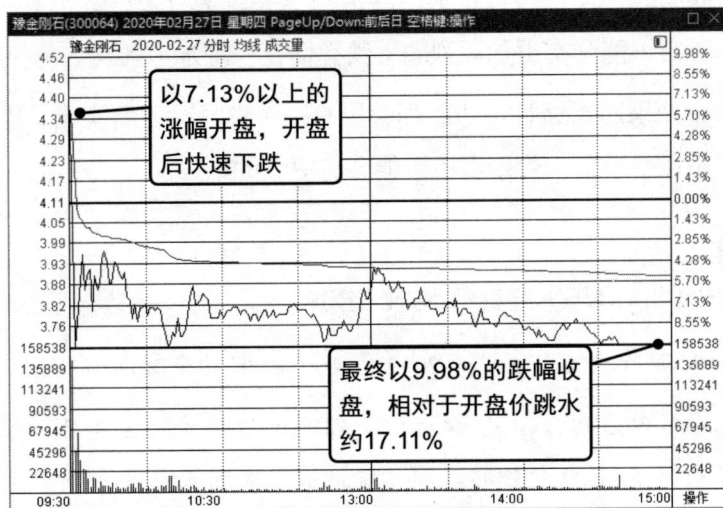

图 7-16　高台跳水

除此之外，高台跳水还有另一种情况，其主要特征就是成交价原本处在上涨后的高点平稳运行，但在临近尾盘时突然向下，下跌的速度和幅度都让人震惊。

突然向下的走势可以说是凭空出现，可能一分钟内就达到最低点，也可能经历两三分钟，不过下跌的速度绝对让人防不胜防，下跌的幅度也会跌破所有支撑。

这是一种很难出现但卖出信号却十分可靠的图形。第一种高台跳水是比较常见的形态，其特点是股价当日大幅高开，甚至以涨停板开盘，但随后股价快速下跌，强势击破均价线，之后一直运行在均价线下方，最后大幅下跌收盘。

面对当日股价大幅高开的情况，个股并没有明显的利好消息，同时大盘开盘走势也比较平稳，那么高空跳水形态就是成立的。如果个股大幅高开的同时有明显的利好消息，或整个大盘也有明显的高开情况，那么高空跳水形态的可信度就会大打折扣。

这种走势预示着阶段性行情已经走到尽头，主力采用最恶劣的出货手法出货，后市可能会有更加猛烈的下跌行情，未来走势凶险。

投资者如果遇到这种走势，那就只有一个选择，果断卖出，即使仍有一定亏损也在所不惜，否则后市可能会有更大的损失。

实例分析

GQY 视讯（300076）高空跳水果断出逃

图 7-17 所示为 GQY 视讯 2019 年 4 月 23 日的分时图。

从图中可以看出，GQY 视讯以 7.37 元的涨停价跳空高开，但开盘后就急速下跌，不到 20 分钟的时间，股价就下跌到 6.81 元的价格后止跌，相对于开盘价而言下跌了 8% 以上。随后成交价在均价线下方横线整理直到早盘结束。

午后开盘，股价出现小幅上涨，但是在 13:26 左右股价出现阶段性见顶后再次大幅向下回落下跌，最终收于 6.52 元，相对于开盘价而言，下跌了 12% 左右。

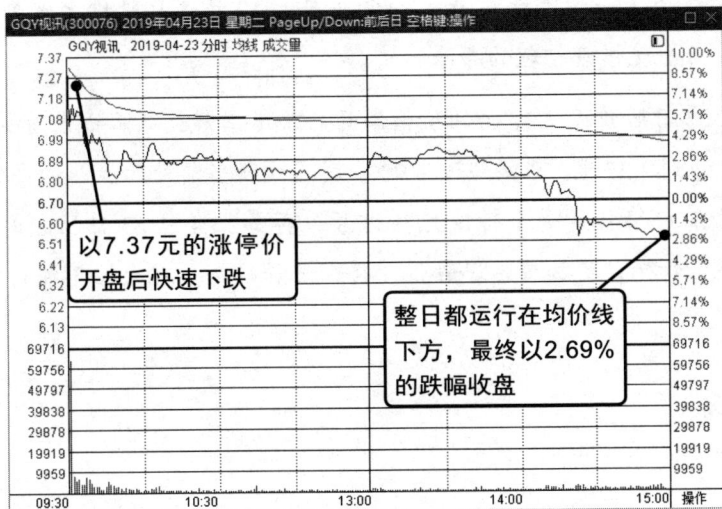

图 7-17　GQY 视讯 2019 年 4 月 23 日的分时图

图 7-18 所示为 GQY 视讯 2018 年 11 月至 2019 年 6 月的 K 线图。

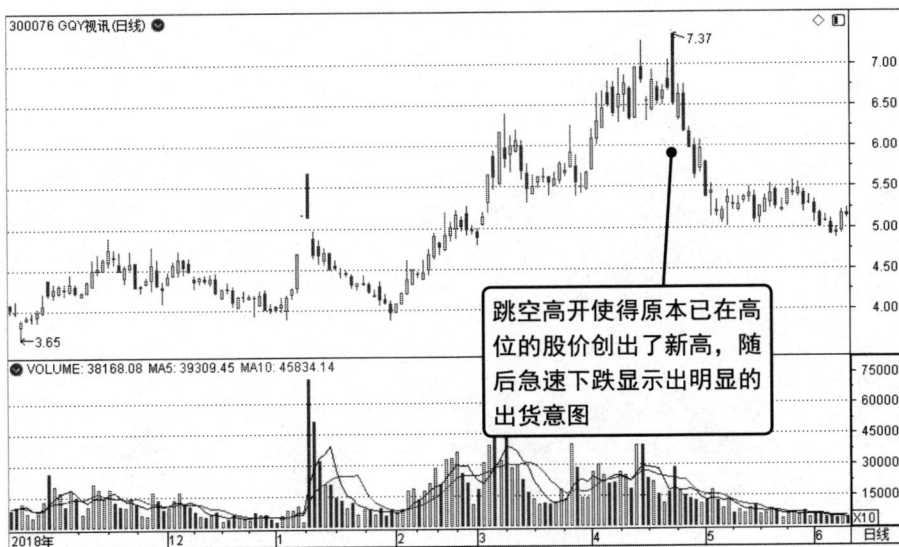

图 7-18　GQY 视讯 2018 年 11 月至 2019 年 6 月的 K 线图

从图中可以看出，该股在 2018 年 10 月从 3.65 元的最低价开始上涨，随后该股经历了一波震荡拉升的行情。在 2019 年 4 月股价上涨到 6.50 元的价位线后出现横盘整理的滞涨行情。

4 月 23 日股价以 7.37 元的价格高开后快速回落，从涨幅来看，股价从 3.65 元上涨到 7.37 元，涨幅超过 101%，说明该股当前处于上涨的高价位区，此时的滞涨行情就是一个行情见顶信号，再加上 4 月 23 日的分时图出现了高台跳水行情，更加确定了股价即将由涨转跌，步入大幅下跌行情。

第 8 章

K线形态上的T+0机会

　　对于股票投资者而言，K线是最熟悉的一种技术分析手段，无论是单根K线还是K线组合，又或者是K线与均线结合使用，通过分析这些形态变化都能找到T+0的操作机会。本章将详细对这些分析方法进行实战讲解，让投资者快速掌握这种经典的分析技术。

8.1 单根 K 线的短线机会

对于 T+0 投资者而言，在利用 K 线分析股价变化趋势之前，首先要看懂单根 K 线中蕴藏的短线机会，下面将具体介绍几种特殊位置和形态的单根 K 线，并讲解如何通过这些单根 K 线找到 T+0 的投资机会。

8.1.1 低位十字星出现后的买入机会

十字星通常是变盘信号，而低位十字星，本身就在市场低位，因此向上变盘的可能性较大，如图 8-1 所示。

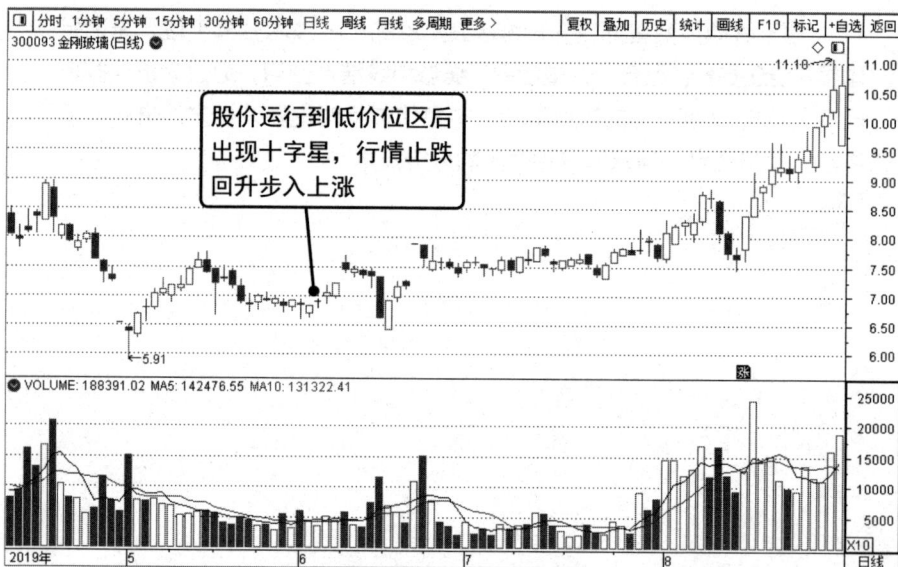

图 8-1 低位十字星

十字星的形成是在开盘价和收盘价相等的情况下呈现出来的 K 线形态。在实际的投资分析过程中，也可以把开盘价、收盘价相差不大且上下影线较长的 K 线视为十字星。

单根十字星反映出来的现状是市场犹豫不决，多空双方达到暂时的平衡，此时往往预示着股价可能会出现反转。

通常情况下，在股价低价位区出现十字星，后市出现上涨行情的概率相对而言比较大。但不是所有的低位十字星后市都看涨，还必须满足以下两个条件。

◆ 股价回调在支撑位置获得有力支撑。

◆ 股价在下跌过程中，成交量呈现缩量情况。

在股价位置不高，成交量越是缩量，次日早盘买入的信号力度越强，特别是在低位出现一颗地量十字星。变盘向上的信号概率就大大增加。

对于 T+0 投资者，介入这种股票的最佳时机是在临近收盘的最后半小时内。因为在下午最后半小时的时候，股价全天的下跌行情临近结束，股价变化不会太大。

对于稳健的投资者来说，也可以在下一个交易日的开盘后选择介入，当股价上涨一定的幅度后，卖出股票做 T，赚取差价，实现收益。

拓展知识 *低位十字星的使用建议*

虽然前面介绍了低位十字星"变盘"的有效条件，但是即使符合这种条件，依据单根 K 线判断后市上涨的机会也只有 70%，因为任何一种成熟的操盘手法，都不是绝对的。

因此，如果买入后股价继续下跌，就说明股价下跌还没有到底，此时必须要严格按照自己预先设置的止损位进行操作。如果买入后股价继续下跌，但是没有跌破支撑位，此时都可以继续持股。

实例分析

智慧松德（300173）低位十字星买入机会

图 8-2 所示为智慧松德 2019 年 9 月至 12 月的 K 线图。

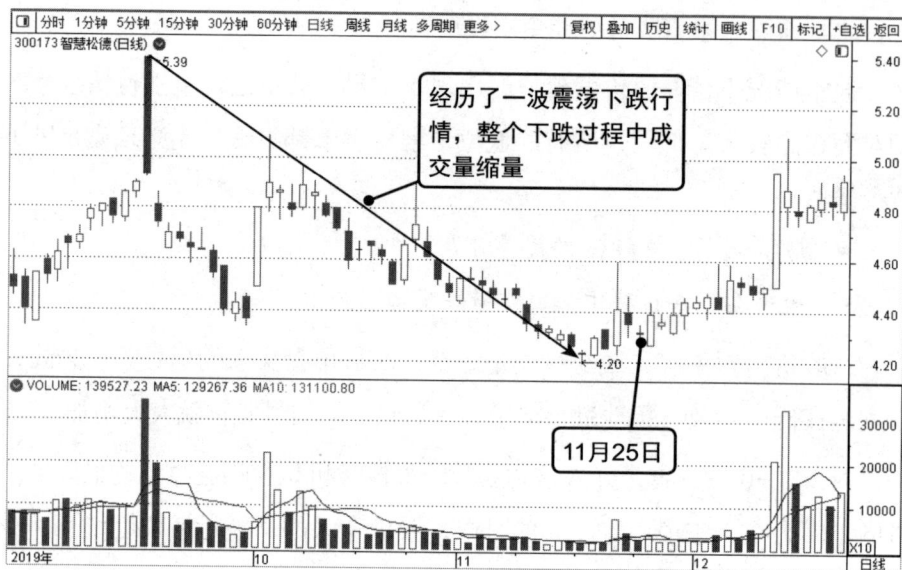

图 8-2　智慧松德 2019 年 9 月至 12 月的 K 线图

从图中可以看出，该股在 2019 年 9 月中旬运行到阶段性的高位区域，创出 5.39 元的最高价后快速回落，成交量迅速缩小。

在 9 月底，股价在 4.40 元的价位线左右止跌后进入一波反弹行情，但是整个反弹持续的时间较短，只有两三个交易日，在触及 5 元价位线后见顶，随后在 4.8 元左右短暂横盘后快速回落，直到 11 月中旬左右，整个下跌过程中成交量迅速缩小，并且在 11 月缩小到地量。

股价经历了一波深幅下跌，在 11 月中旬运行到股价的低价位区创出 4.20 元的最低价，随后股价出现缓慢上涨，但是仅仅维持了三四个交易日便出现回落。

在 2019 年 11 月 25 日，股价低开以 0.92% 的跌幅收出十字星线，但该十字星线并没有跌破前期 4.20 元的最低价，说明此时的十字星线有明显的支撑位。且在收出十字星线的当天，成交量也明显低于上个交易日。

下面来观察当日的分时图，图 8-3 所示为智慧松德 2019 年 11 月 25 日的分时图。

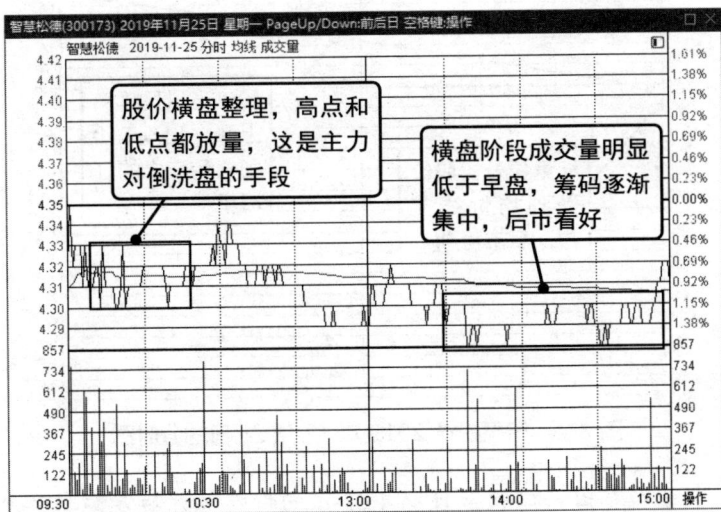

图 8-3　智慧松德 2019 年 11 月 25 日的分时图

从图中可以看出，该股当日开盘后快速回落，在触及 4.3 元的价位线后止跌，随后股价进入一波横向整理的走势，期间每一次拉升形成顶点和打压形成低点都有明显的放量，这是主力对倒洗盘的操作方式，目的是彻底清理浮筹。

在 10:23 左右，该股放量拉升股价，在触及 4.34 元的价位线后回落，随后该股继续进入宽幅震荡的走势，相对于早盘而言，午盘的成交量相对稀少，说明筹码高度集中。

尤其在 13:38 后，股价横向整理多次触及最低价受到支撑，说明股价继续下跌的可能性不大，在大幅下降后的低位区出现这种走势，激进的投资者可以在尾盘择机介入。

下面再来观察智慧松德 2019 年 11 月 26 日的分时图，如图 8-4 所示。

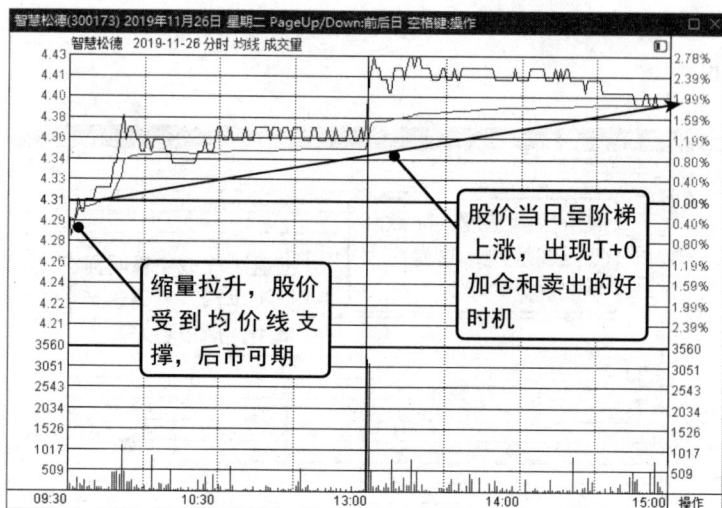

图 8-4　智慧松德 2019 年 11 月 26 日的分时图

从图中可以看出，该股当日以 4.27 元的价格低开后震荡拉升到上个交易日的收盘价，同时成交量缩量，且在震荡上涨过程中，股价始终受到均价线的支撑，说明新的上涨行情开启，当日走势可期，投资者可逢低吸纳积极买入。

在股价上涨突破上个交易日的收盘价后，股价快速冲高到 4.38 元左右进入一波长时间的横向整理阶段，成交量非常少，且股价始终受到均价线的支撑，此时是投资者进行 T+0 操作的加仓时机。

午盘开盘后，股价放巨量拉升股价冲高多次触及 4.43 元的价格，此时为投资者卖出的一个时机。虽然随后股价有所回落，但是整个回落幅度不大，都在均价线上方运行，且最低价也高于早盘横向整理的最高价。

如果投资者在十字星形成当日没有抓住机会买入，也可以在十字星出现后的下一个交易日买入。

显然，从当日的走势来看，投资者在当日开盘就买入，在随后的任何一个时间点卖出做 T 都可以赚取差价。如果投资者以当日的最低价 4.27 元买入，在 4.43 元卖出，则每股赚取的差价为 0.16 元。

8.1.2　跳空十字星的操作策略

跳空十字星是指股价在运行过程中，次日跳空出现一个缺口，并在当日收出一根十字星，如图 8-5 所示。

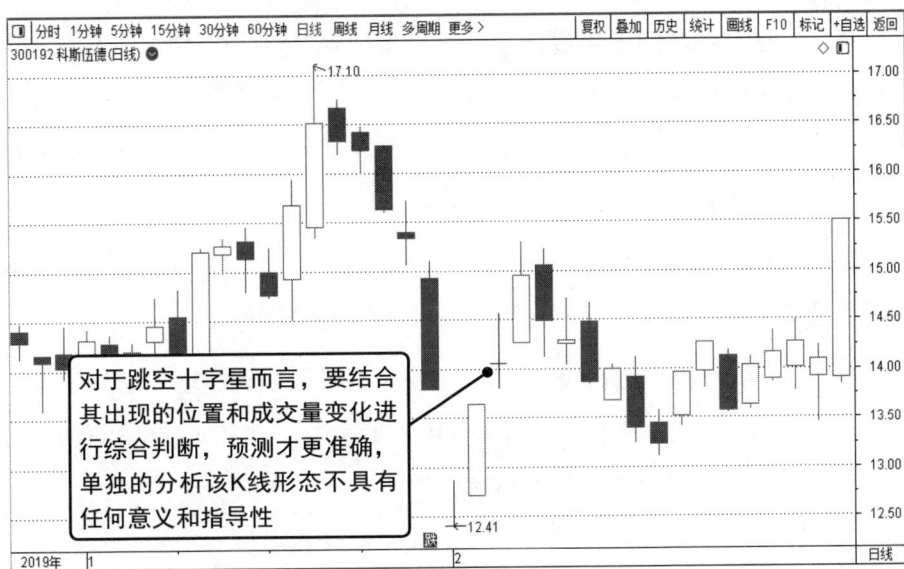

对于跳空十字星而言，要结合其出现的位置和成交量变化进行综合判断，预测才更准确，单独的分析该K线形态不具有任何意义和指导性

图 8-5　跳空十字星

跳空十字星在上涨行情和下跌行情中都会出现，且出现的位置不同，反映的市场意义也是不同的，这里只对上涨行情中出现的跳空十字星预示的市场意义进行解析。

◆ **上涨初期跳空十字星**：如果股价长期在底部横盘整理，说明庄家正在低位洗盘吸筹建仓，但是突然出现跳空高开，受大盘下跌的影响最终收出跳空缺口的十字星。这根十字星具有非常重要的市场意义，它反映了庄家做多的决心，虽然后期可能要多盘整几日，但行情会一路看好。T+0 投资者可以在随后逢低吸纳买入，成交量放量拉高当日做 T，赚取差价。

◆ **上涨中期跳空十字星：** 在上涨途中，如果出现跳空十字星，注意观察当日的成交量变化，如果成交量呈现缩量形态，则可以肯定是庄家震荡洗盘的手段，此时就是一个很好的介入机会。一旦成交量开始放量上涨，就是一个很好的做 T 时机。

◆ **上涨末期跳空十字星：** 在上涨末期出现跳空十字星，一般有见顶的嫌疑，此时的十字星代表上涨无力，出现的跳空往往是庄家为了迷惑散户而布的局，稳健的投资者最好不要选择在此阶段进行 T+0 操作。

在上涨初期或者上涨中期出现跳空十字星后，也会出现下个交易日不立即上涨的情况，但是这并不影响投资者进行 T+0 操作。

如果买入后股价出现下跌，这个下跌只是股价回调整理的一种手段，并不影响后期的上涨，此时投资者可以进行 T+0 补仓操作来拉低持仓成本，待到上涨行情明确时做 T 可以获取更多的收益。

实例分析

深康佳 A（000016）上涨初期跳空十字星买入机会

图 8-6 所示为深康佳 A 在 2019 年 4 月至 8 月的 K 线图。

从图中可以看出，该股大幅下跌后在 2019 年 5 月股价出现跌势减缓的走势，股价在 4 元至 4.5 元的价格区间横盘整理。

在 2019 年 8 月初，股价跌破 4 元的价位线后出现继续下跌走势，但是此轮跌势不大，在创出 3.61 元的最低价后止跌。随后该股企稳，且两次创出十字星线，说明行情即将变盘。

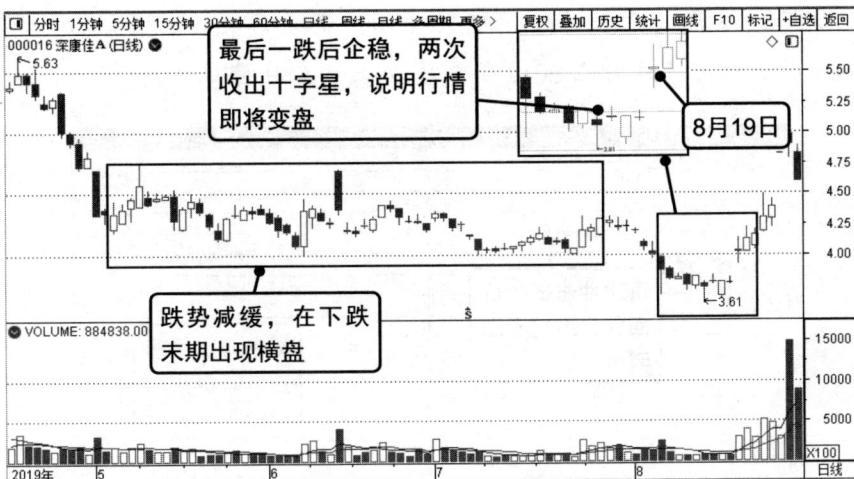

图 8-6　深康佳 A 在 2019 年 4 月至 8 月的 K 线图

图 8-7 所示为深康佳 A 在 2019 年 8 月 19 日的分时图。

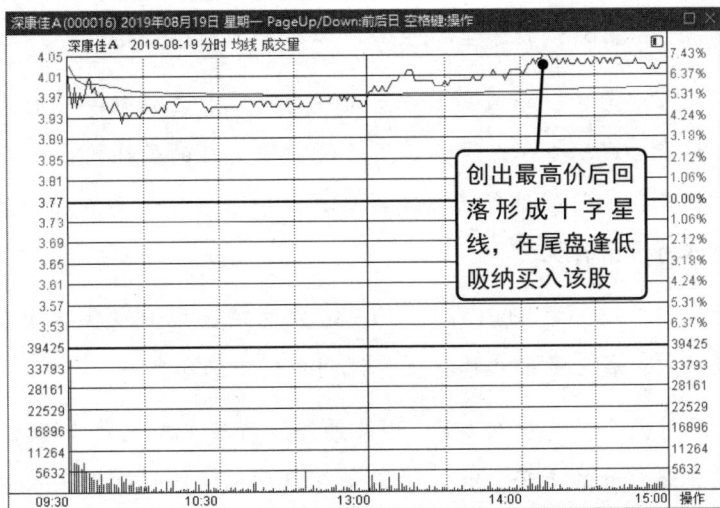

图 8-7　深康佳 A 在 2019 年 8 月 19 日的分时图

　　从图中可以看到，该股以 4.02 元的价格跳空高开，短暂回调后该股出现窄幅的震荡行情，成交量始终十分稀少，最终以 4.03 元的价格收出一根跳空的十字星，此时投资者可以在当日的尾盘逢低吸纳买进该股。

次日，该股放量拉升股价继续冲高。下面来观察当日的分时图，图 8-8 所示为深康佳 A 在 2019 年 8 月 20 日的分时图。

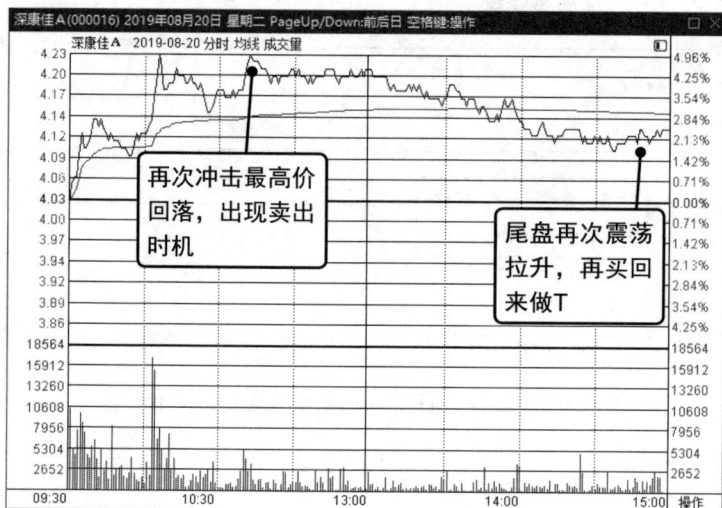

图 8-8　深康佳 A 在 2019 年 8 月 20 日的分时图

从图中可以看出，该股当日平开后一路冲高，在短短半小时左右冲高两次，最终在 10:06 左右放巨量拉高股价创出当日的最高价，随后股价有所回落，但是在均价线位置获得支撑后再次冲击当日最高价后回落，此时是一个很好的卖出时机。

随后股价一路下跌回调，并在 13:45 左右跌破均价线后继续下跌，整个回落过程中，成交量都非常稀少，说明市场中锁仓良好。

由于此时整个行情步入上涨，因此最终股价在 4.09 元的价格上方止跌，尾盘出现震荡拉升的走势，此时投资者可以积极逢低吸纳再买入该股进行 T+0 操作。

虽然此时的持股成本可能比上个交易日买入的要高一些，但是经过前期的一次冲高卖出操作后，已经获得了不错的收益。

8.1.3 长上影线的妙用

长上影线是指在一根 K 线中，上影线的部分远远比 K 线实体长，这种 K 线形态一般是股价见顶的特征，如图 8-9 所示。

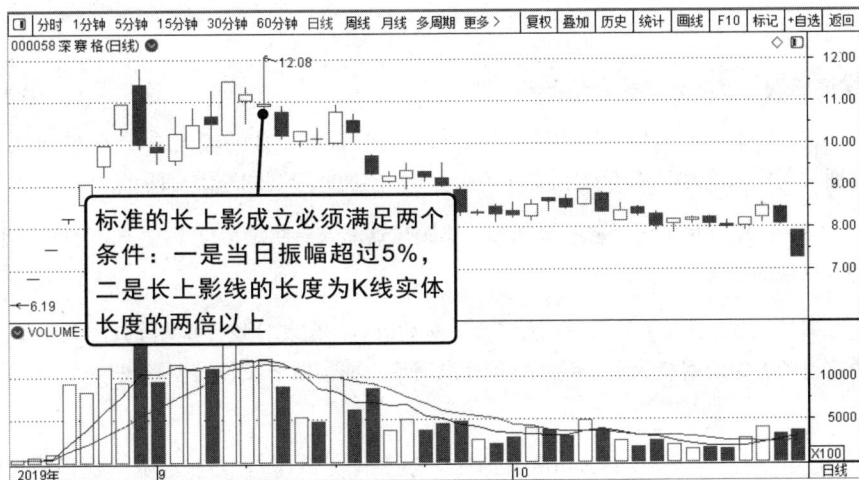

图 8-9 长上影线

长上影线是股价在当日冲高受阻的一个表现，它并不能绝对的说明后市一定会下跌，它必须有两个前提。

◆ 一是市场本身已经有了一定的涨幅，这样才会积累下跌能量。

◆ 二是要注意具体情况具体分析，不能过于牵强。有时出现长上影线的时候市场并没有马上就此下跌，而是出现一波上涨。但总体而言是一种风险提示，在多次出现此种信号后最终会开始下跌，进入新的趋势当中。

下面我们具体来研究一下，在不同阶段出现长上影线的意义。

◆ 在上升趋势的高位放量收出长上影线，则意味着多头追高积极，但高位抛压沉重，股价向上攀越艰难，此时出现的长上影线就提前发出了行情反转的信号。

◆ 在下降趋势的低位放量收出长上影线，则意味着多头抄底盘介入，但不能有效遏制抛压，多空双方已逐渐转为势均力敌，此时投资者可以做好介入的准备，一旦出现继续放量拉升股价，则行情有望企稳回升步入上涨。

拓展知识 *高位出现放量长上影线的原因*

在大幅上涨的高价位区出现一根带长上影的 K 线，伴随较大的成交量，此形态通常为庄家逃跑时来不及销毁的"痕迹"，出现此形态的原因有两点。

第一，庄家早市先大幅拉高诱多，当跟风盘涌入后庄家再反手做空，股价出现先升后跌的走势。

第二，股价连续上升后获利盘丰厚，对后市看法出现分歧，多头阵营出现变化，短线投资者纷纷落袋为安，导致股价冲高回落，亦会留下长长的上影线。

此外，在许多阶段性的高位中，也会出现试盘型的长上影线和震仓型长上影线这两种特殊的 K 线形态，下面具体认识一下这两种长上影线的市场意义。

◆ 震仓型长上影线

这种长上影线经常发生在上涨初期，有些主力为了洗盘、震仓，往往用上影线吓出不坚定的持仓者，此时投资者不要太关注当日的 K 线，应结合其他指标进行综合判定。

◆ 试盘型的长上影线

在上涨途中，主力为了清理浮筹，为拉升做足准备，在股价运行到阶段性的高位后，会用上影线试探上方抛压。此时，投资者可以观察当日后市的成交量情况，如果成交量未放大，且股价始终在一个区域波动变化，则可以肯定为主力试盘，投资者可以在当日逢低买入。

如果次日该股放量上扬，此时可以逢低吸纳买入，然后在当日高位卖出做 T，获取收益。

如果庄家试盘后股价转入下跌，说明上方抛压沉重，此时 T+0 投资者可以跟随庄家抛股，在当日以更低的价格再买入该股，运用 T+0 补仓操作来拉低持股价格和持仓数量。

实例分析

京蓝科技（000711）阶段性高位的长上影线操作机会

图 8-10 所示为京蓝科技 2016 年 5 月至 7 月的 K 线图。

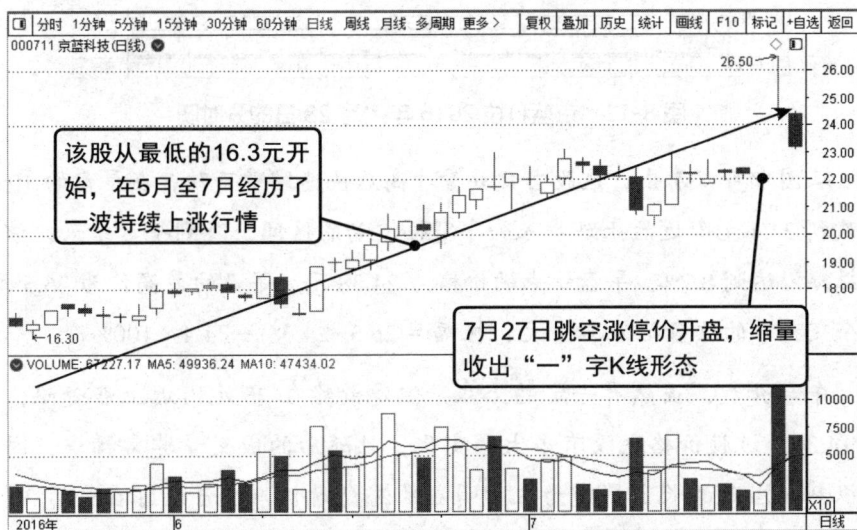

图 8-10 京蓝科技 2016 年 5 月至 7 月的 K 线图

从图中可以看出，该股在 5 月至 7 月中旬经历了一波稳健的上升行情。在 7 月 27 日，该股以 24.4 元涨停价格开盘后始终未打开，最终收出"一"字 K 线，当日成交量相比前期也是明显缩量。

次日，该股以 24.6 元的价格高开后迅速放量上涨到 26.5 元的最高价，收出带长上影线的 K 线。下面来观察当日的分时图走势。

图 8-11 所示为京蓝科技 2016 年 7 月 28 日的分时图。

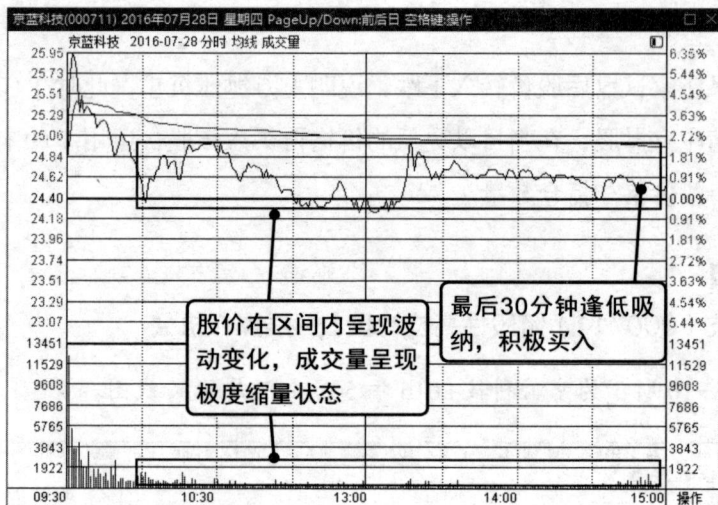

图 8-11 京蓝科技 2016 年 7 月 28 日的分时图

从图中可以看出，该股当日放量冲高后快速缩量下跌，在早盘的 10:00 下跌到 24.4 元附近后止跌步入一个窄幅波动的区间，直到早盘结束，该股的振幅以达到 8.7%，早盘结束的价格为 24.38 元，早盘的最高价为 26.5 元，上个交易日的收盘价为 24.4 元，振幅 =(26.5−24.38) ÷ 24.4×100%。

午后开盘，虽然有一定的上涨，但是最终在 25 元附近上涨受阻，直到 14:30，该股价格也没有多大的变化，且随后的成交量非常稀少，因此可以判断当日的长上影线为主力明显的洗盘动作，投资者可在最后 30 分钟逢低吸纳进行买入该股，如在 24.45 元的价格买入。

继续观察出现长上影线后的走势，即 7 月 29 日的分时图，如图 8-12 所示。

从图中可以看出，该股当日放量低开后股价迅速拉低到 23.59 元以下，说明庄家试盘后上方抛压沉重，会继续打压，此时投资者可以跟随庄家，择机选择出货。

例如，在随后的缩量上涨的行情下以 24.2 元至 24.45 元的价格卖出，如果操作得好，在 24.45 元卖出，则不亏不赚，即使在 24.2 元卖出，每股亏损 0.25 元也没有关系，在当日收盘之前进行 T+0 补仓，再以低价买入，可以拉低持股成本的。

而事实上当日收盘的最后半小时，股价始终在 23.5 元下方，即使前面每股亏损 0.25 元，这里再以低价购入，就能降低持仓成本，股价上涨后卖出，可赚取更多。

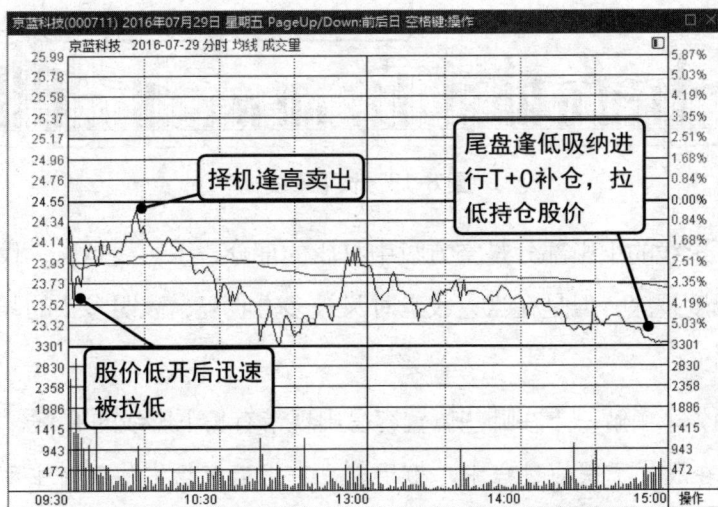

图 8-12 京蓝科技 2016 年 7 月 29 日的分时图

8.1.4 如何看待长下影线

长下影线是指在一根 K 线中，下影线的部分远远比 K 线实体长。长下影线本身就代表了多方的力量，因此容易引发股价反弹或回升，如图 8-13 所示。

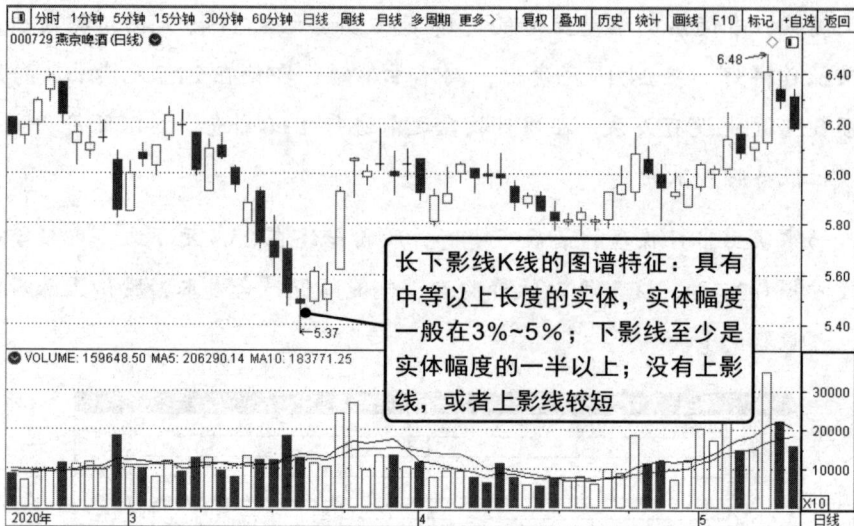

图 8-13　长下影线

　　长下影线的下影部分是空方盘中打压的部分，下影线越长，代表空方打压的幅度越深，但是在当天收盘时又被多方收复，表明多头的强烈抵抗与支撑力度。

　　下面先来了解一下在哪些位置容易出现带有长下影线的 K 线。

◆　在股价下跌的过程中，由于空方占据着市场中的绝对主动，多方无力还击，所以这个阶段很少出现带有长下影线的 K 线。

◆　在股价上涨的过程中，由于多方占据着市场中的绝对主动，空方无法将股价大幅打压，所以这个阶段中也很少出现带有长下影线的 K 线。

◆　只有在价格连续下跌，或者股价上涨到阶段性的一个高位后，带有长下影线的 K 线才会经常出现。

　　根据黄金 K 线理论，我们带长下影线的 K 线又划分为"空方试探"型长下影线 K 线和"定海神针"型长下影线 K 线。

◆ "空方试探"型长下影线 K 线

这种类型的下影线又称为下探性影线，一般处于股价的相对高位，反映出来的市场含义是指股价将循着下影线所指的方向继续下跌。

尤其是在股价运行到高位区域的横盘整理阶段出现带长下影线的 K 线，T+0 投资者应少碰为妙，如果紧接着股价放量拉升，则主力出货明显，投资者应果断出局。

◆ "定海神针"型长下影线 K 线

这种类型的下影线又称为止跌性下影线，一般处于股价的相对低位，反映出来的市场含义是指股价已经探明底部，即将见底回升。

如果在低位出现带长下影线的阳线时，显示底部或离底部不远的信号，如果在底部横盘较长时间后，出现带长下影线的阳线，通常后市能有 5% 左右的升幅。

因此，当出现止跌性下影线时，T+0 投资者可以积极做多，逢低吸纳，为 T+0 操作做好准备。

拓展知识 *根据大盘位置判断止跌性下影线的有效性*

止跌性下影线所处的位置从大盘的角度来看，如果是较大级别的调整，即股指跌幅若超过 30%，此时出现带长下影线的 K 线，则止跌信号较为可靠。

如果是中小级别的调整，即股指跌幅在 15% ~ 25% 之间，此时出现较长下影线的 K 线，也基本认为是止跌信号。

实例分析

皖通高速（600012）股价大幅下跌底部的长下影线机会

图 8-14 所示为皖通高速 2016 年 3 月至 6 月的 K 线图。

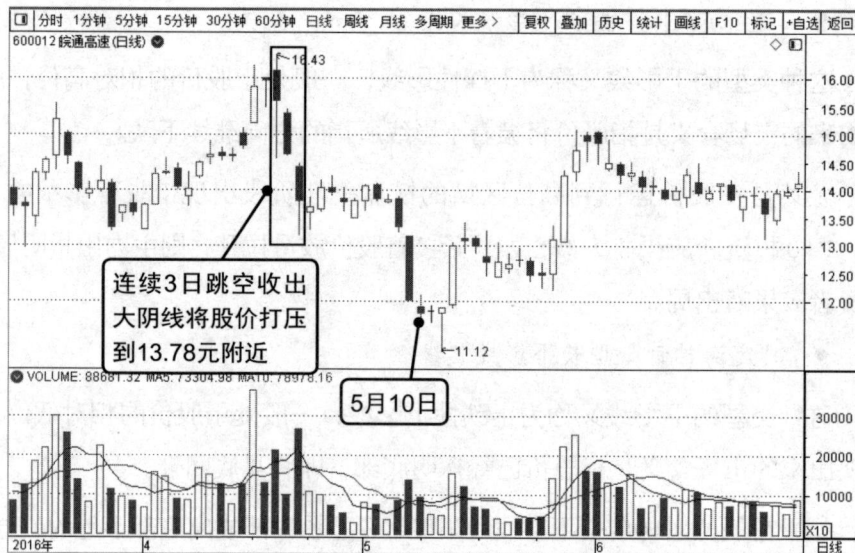

图 8-14 皖通高速 2016 年 3 月至 6 月的 K 线图

从图中可以看出，该股在 4 月中旬运行的股价达到阶段性高位，创出 16.43 元的新高，随后连续 3 日跳空低开收出大阴线，将股价迅速拉低，不到一个月的时间，股价于 5 月 10 日运行到 12 元的低价位区，跌幅接近 40%，可谓深幅下跌。

随后在 5 月 11 日和 12 日两天的走势中，价格变化趋于平稳，有止跌的迹象，观察 5 月 12 日的分时图，如图 8-15 所示。

从图中可以看出，该股当日跳空低开后在短短的几分钟内被迅速打压，创出当日的最低点 11.12 元，并收出长下影线，随后该股股价逐步拉升。

分析股价被打压时的成交量，发现并没有明显的大单持续打压股价，说明此时的市场中多方力量博弈的结果是多方占据主动地位，行情反转的机会很大，此时 T+0 投资者可以跟随主力操作，逢低吸纳买入。

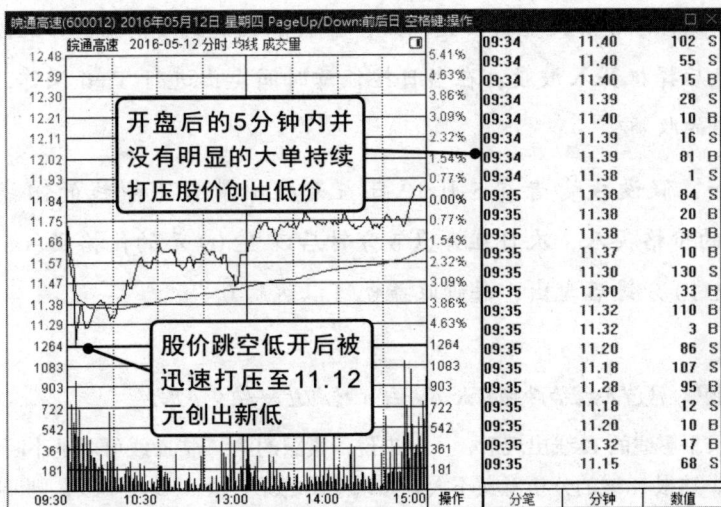

图 8-15　皖通高速 2016 年 5 月 12 日的分时图

继续观察皖通高速 2016 年 5 月 13 日的分时图，如图 8-16 所示。

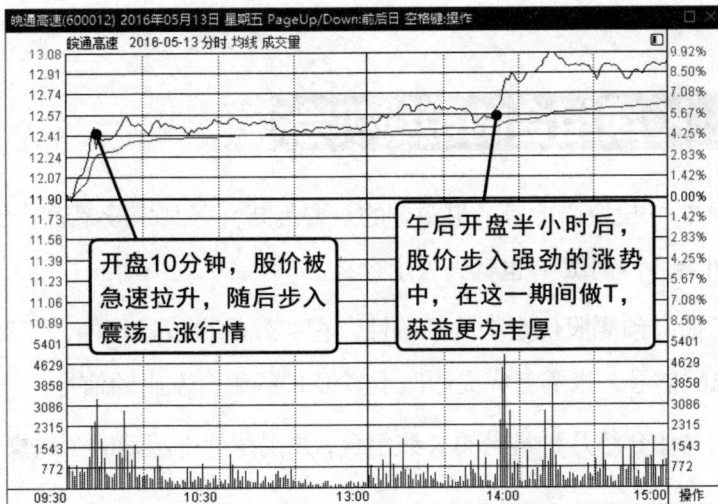

图 8-16　皖通高速 2016 年 5 月 13 日的分时图

从图中可以看出，该股当日以 11.95 元的价格高开高走，在短短 10 分钟的时间里，股价被快速拉高至 12.49 元的高位，随后股价震荡上扬，最终以 13.01 元的价格放量收出大阳线，当日涨幅达到 9.33%。如果投资者在当日开盘后择机买入该股，在当日按任意时间卖出进行 T+0 操作，都可以获得不错的收益。

例如，假设投资者在 5 月 12 日当天收出带长下影线的阳线后，以 11.74 元的价格买入，次日在开盘 5 分钟后以 12.09 元的价格买入，即使在早盘开盘 10 分钟后卖出，每股收益也可以达到 0.4 元。

> **拓展知识** *通过 K 线组合判断长下影线 K 线的止跌性及下探性*
>
> 在长下影线的 K 线出现后，一般来说，紧跟的第二根 K 线可以是小阴线或者小阳线，这根 K 线的分析意义不大。如果紧跟的第三根 K 线是阳线，则证明带长下影线的 K 线属于止跌性 K 线，如果是阴线，且阴线实体较长，则属于下探性 K 线。

8.2　K 线组合的短线机会

对于 T+0 投资者而言，最重要的是要判断介入某只股票后，是否存在做 T 的机会，否则做 T 也就失去了意义。

为了提高预测股价走势的准确性，在实战的投资过程中，相对于单根 K 线发出的信号，投资者应更倾向于多根 K 线组合发出的信号。

下面具体介绍几种常见的 K 线组合，并揭秘其中蕴藏的短线操作机会。

8.2.1　红三兵的早盘机会

红三兵又叫前进三兵，它的形态特征是连续出现 3 根阳线（在实际中，红三兵也有变形形态，即连续 3 根以上），且每根阳线的收盘价都要高于前一根阳线的收盘价，如图 8-17 所示。

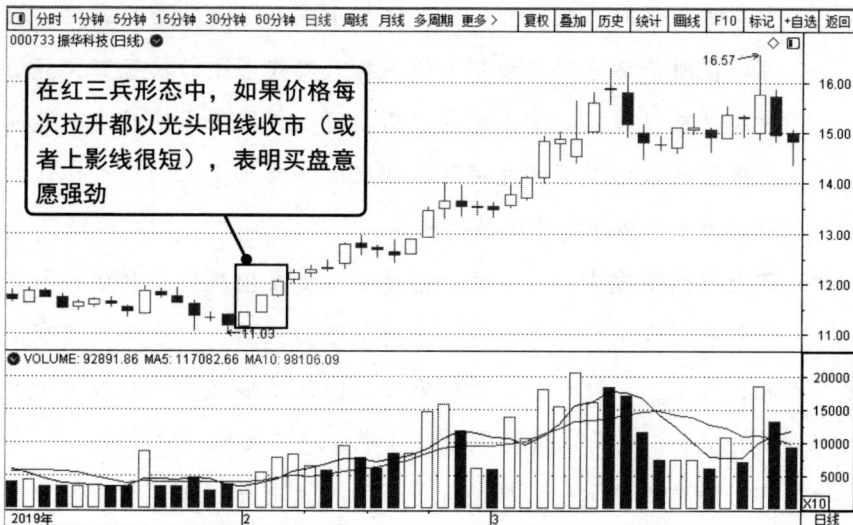

图 8-17　红三兵形态

红三兵形态的出现意味着多方开始进攻，空方开始放弃，多方不断抬升股价，而空方无法控制股价在底部，只有节节败退。

股价在不断上涨的过程中，也开始引起市场的注意，更多的散户跟进买入，逐步打破股价下跌的态势，股价也将迎来强烈的反弹，这种走势将会带动市场心理向好，如果结合成交量的增加，这种红三兵组合的 K 线形态将会带来股价的飙升。

由于红三兵是每根阳线的收盘价都高于上个交易日的收盘价，所以对于 T+0 投资者而言，最佳的买入机会是在当日的开盘时间，逢低吸纳，在当日的收盘前卖出，即使不是卖在当日的最高价，但是也可以获得收益。

但不是所有的红三兵形态都具有可操作性，下面具体来了解一下在不同的行情中，红三兵 K 线组合的市场意义不同。

◆ **在下跌行情底部**：在下跌行情的底部出现红三兵组合形态，是一个非常明显的见底回升信号，这种上涨态势是非常可靠的。股民可以在股价突破阻力线初期进入。尤其在下跌行情底部又经历了一次盘整过程，此时出现的红三兵可以将股价迅速拉高，造成一种强烈买入的气氛，这种气氛如果配合市场消息面，往往能够将股价拉升态势演变成飙升的走势。

◆ **在上涨行情途中**：在上涨行情途中，如果出现红三兵组合形态，暗示着买方实力逐渐累积，当突破阻力线后，就会产生质变，表现在股价上，就是后市股价飙升，因此该形态是T+0投资者介入的好机会。此阶段进行T+0操作也是获益最稳定的阶段。

◆ **在行情高价位区**：如果股价经历了一次上升行情运行到股价的高价位区，此时出现红三兵K线形态，则该形态不再具有上升持续形态的研判意义，此时T+0投资者要谨慎进入，以免后市被严重深套。

红三兵还有3个特殊形态，即3个白色武士、升势受阻和升势停顿。它们的形态基本与红三兵相同，但是也存在特殊形状，下面分别进行介绍。

◆ 3个白色武士形态与红三兵形态不同的是最后一根阳线的上升力度比较大，如图8-18（左）所示，出现这种形态后股价会呈继续上涨走势。

◆ 升势受阻又称为前方受阻红三线，与红三兵形态不同的是形势受阻3根阳线的实体逐渐缩小，其中最后一根阳线的上影线特别长，如图8-18（中）所示，出现这种形态后股价会呈现下跌走势。

◆ 升势停顿形态与红三兵形态不同的是3根阳线的实体也是逐渐缩小，特别是第三根阳线实体比前两根小得多，如图8-18（右）所示，出现这种形态后股价会呈下跌走势。

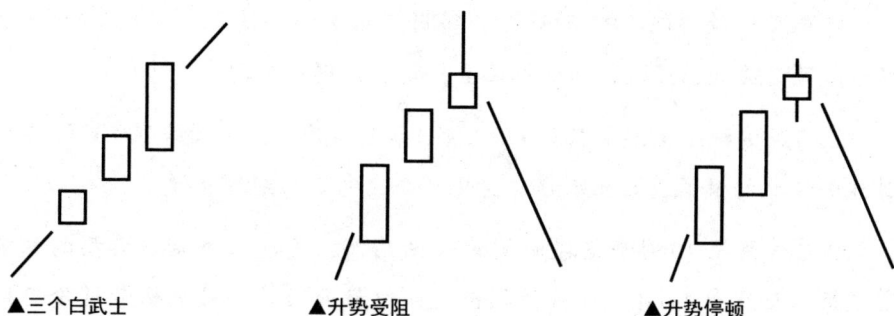

▲三个白武士　　　　　▲升势受阻　　　　　▲升势停顿

图 8-18　红三兵特殊形态

实例分析

万东医疗（600055）下跌行情底部红三兵买入机会分析

图 8-19 所示为万东医疗 2019 年 4 月至 11 月的 K 线图。

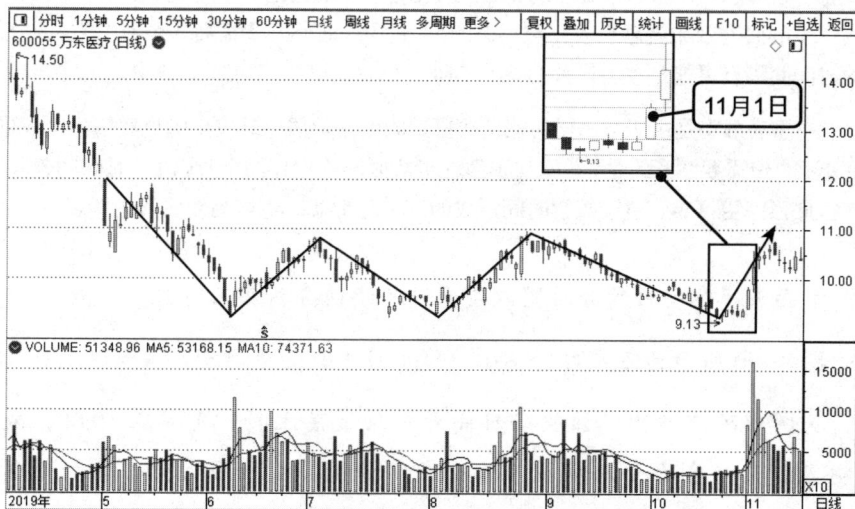

图 8-19　万东医疗 2019 年 4 月至 11 月的 K 线图

从图中可以看出，该股经历了一波深幅下跌行情，在 6 月上旬于 9.25 元附近止跌，随后经历了一波短暂的反弹，最终该股在 7 月初反弹到 11 元价位线附近时受阻后急速下跌。

但是股价最终在 9.25 元附近受到明显的支撑止跌，形成典型的 W 底形态，说明股价已经运行到低价位区，股价有望止跌回升。

随后股价继续反弹上涨到 11 元价位线后再次下跌，最终在 10 月 25 日创出 9.13 元的最低价后止跌横向变化几个交易日后继续反弹。

观察 6 月至 10 月底这段时间的 K 线形态，发现 K 线形成典型的三重底形态，而且在 11 月 1 日放量收出大阳线拉升股价突破创出最低价后横盘整理的高位，更加说明了行情见底回升，而且这种情况很容易出现红三兵组合形态，T+0 投资者可以在当天择机买入，为做 T 做好准备。

拓展知识 *什么是 W 底形态和三重底形态*

W 底又称双重底，一般在股价下跌到低位出现的频率较高，其走势大致形成 W 形，该形态是一个后市看涨的见底反转形态。W 底形态在底部构筑的时间越长，其产生的回升效果就越长。完整形态的 W 底构筑时间至少需要一个月左右，过短的时间间隔有可能是主力设置的技术陷阱。

三重底形态是由三个一样的低位或接近的低位形成，其发出的见底信号比双重底更强。但需要注意的是，三重底形态的形成时间一般在两个月以上，且时间越长，三重底形态更可靠。过于短暂时间形成的三重底形态，很容易变成其他形态。

下面来观察当日的分时图以便更进一步地分析买入时机。

图 8-20 所示为万东医疗 2019 年 11 月 1 日的分时图。

从图中可以看出，该股当日高开一路震荡上扬，尤其在 10:00，成交量明显放大，主力介入明显，随后成交量也多次出现大量，更加说明行情见底，激进的投资者在 10:00 认清行情后可以紧接着就逢低吸纳，跟庄进入。

随后股价冲高回落到均价线后受到均价线明显的支撑，股价始终在均价线上方横向整理，这就是最佳的买入时机，此时可以将成本控制在 9.71 元左右。

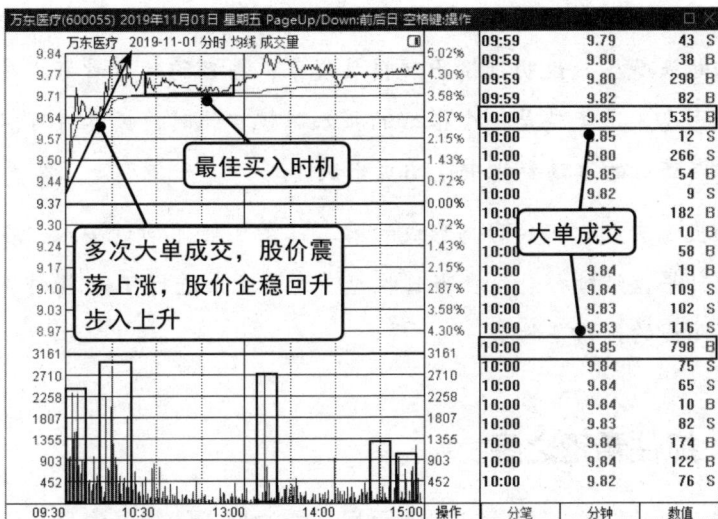

图 8-20　万东医疗 2019 年 11 月 1 日的分时图

继续观察下个交易日的走势，图 8-21 所示为万东医疗 2019 年 11 月 4 日的分时图。

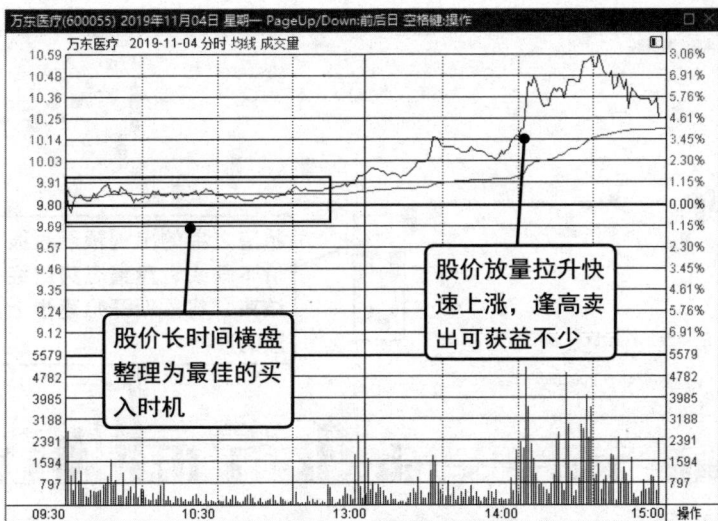

图 8-21　万东医疗 2019 年 11 月 4 日的分时图

从图中可以看出，该股当日微微高开后出现了窄幅的横盘走势，开盘后的半个小时成交相对密集，随后股价保持了较长时间的窄幅横向整理，成交量却越来越少，说明行情出现惜售现象，当日的后市看好，结合前面的三重底形态，这里就是一个很好的买入时机。此时，投资者可以逢低吸纳买入，在随后的震荡变化中逢高卖出做 T。

假如投资者在红三兵形态形成的第二日在 9.71 元附近买入，在红三兵形态第三日早盘继续补仓，在当日收盘前逢高卖出进行 T+0 操作，即可在当日获得阳线的价格差收益。

8.2.2　抓住希望之星

希望之星又叫启明星或者早晨之星，它的形态特征是先是一根大阴线下跌，随后向下跳空出现一根十字星，第三日出现一根大阳线，将前两日的下跌趋势完全弥补。第二个下跌的小实体就像一颗星星在底部闪亮，非常明显，如图 8-22 所示。

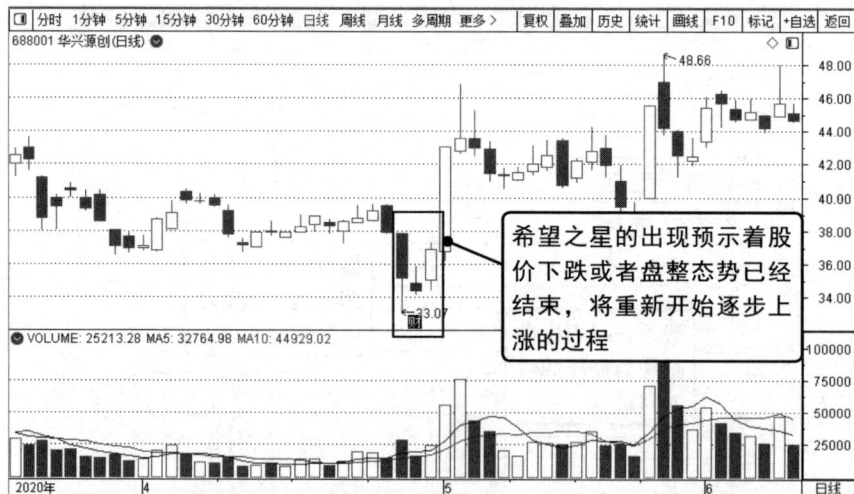

图 8-22　希望之星形态

希望之星形态是预示股价下跌即将结束、上冲临近的信号。第一根大阴线出现通常指下跌趋势依然存在，空头依然占据主要市场，但是第二日的阳十字星或阴十字星，意味着多头已经开始反扑，空头势力开始退却。

第三日的大阳线或者小阳线，只要能够上冲到第一日实体内部或者上方，就意味着多头开始掌握市场，上冲程度决定着多头的力量，上冲越厉害，多头和空头的差距越明显。

在理想的希望之星图示中，第一日和第三日通常都会与第二日出现明显的缺口，如图 8-23 所示。缺口意味着买卖双方实力差距非常明显，不会拖泥带水，后市走势一目了然。

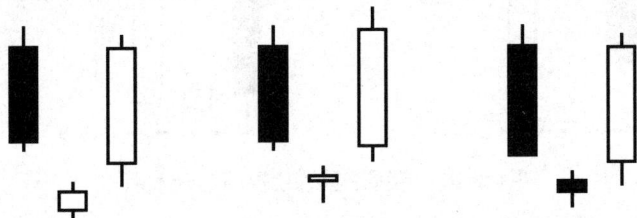

图 8-23　希望之星示意图

希望之星止跌回升效果的强弱可以从以下 5 个方面来判断。

◆ 阳线实体深入阴线实体的部分越多，希望之星转势信号越强。

◆ 第一根 K 线对应的成交量越小，第三根 K 线对应的成交量越大，希望之星信号越可靠。

◆ 第一根和第三根的实体越大、振幅越宽，其转势信号越强。

◆ 希望之星之前的跌幅越大，其看涨信号越强。

◆ 希望之星的第二根 K 线如果是十字星，其转势信号比第二根 K 线为小实体 K 线的希望之星强。

既然希望之星能够发出止跌回升的转势信号，那么该如何确认这种形态已经形成了呢？具体可以从如下两个方面进行。

◆ 希望之星出现在下降趋势末端才具有看涨的意义。在股价处于大幅下跌后出现的希望之星，看涨信号可靠性较强，下跌幅度不大，可靠性稍差一些。

◆ 希望之星的第一根或第二根 K 线创出历史新低后，第三根 K 线一定不能创出新低，且必须是放量上涨的大阳线。

根据希望之星形态的确认条件，我们可以得到希望之星的止损点与介入点，通常止损点为第一根或者第二根 K 线的最低价格位置；介入点为第三根 K 线插入第一根 K 线实体的 1/2 以上的位置，如图 8-24 所示。

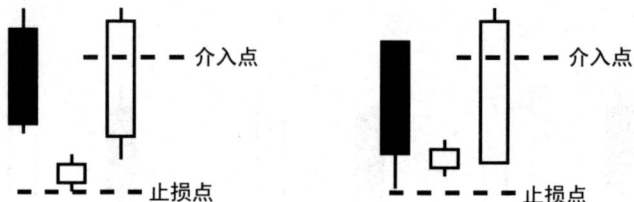

图 8-24　希望之星的止损点与介入点

对于 T+0 投资者而言，可以在最佳介入点的位置买入或者在第三根阳线收盘前参与，但是由于希望之星 K 线形态形成后并不是第二天就开始疯涨，投资者需要根据实际情况进行操作，具体的操作策略如下。

◆ 结合成交量买入第三天出现阳线时，如果有成交量配合，成交量必须超过第一天阴线的量，如果第二天十字星或十字线的量是萎缩的，那么这种希望之星的短线可操作性更强。

◆ 如果希望之星出现后，次日股价向上跳空开盘或是在较高的价位上拉出一根放量阳线，则其转势向上的信号就越强，此时投资者可以择低买入后，在当日再逢高卖出进行 T+0 操作获取收益。

◆ 如果 K 线收出希望之星后，次日出现下跌，此时投资者可以逢高卖出，再择低买入进行 T+0 补仓操作拉低持仓成本，即使损失一

点儿也没有关系，因为确认了希望之星，后市一定会上涨，暂时
损失一点儿在后市的上涨过程中也可以弥补回来。

实例分析

大富科技（300134）下跌行情末端希望之星买入机会分析

图 8-25 所示为大富科技 2018 年 7 月至 2019 年 1 月的 K 线图。

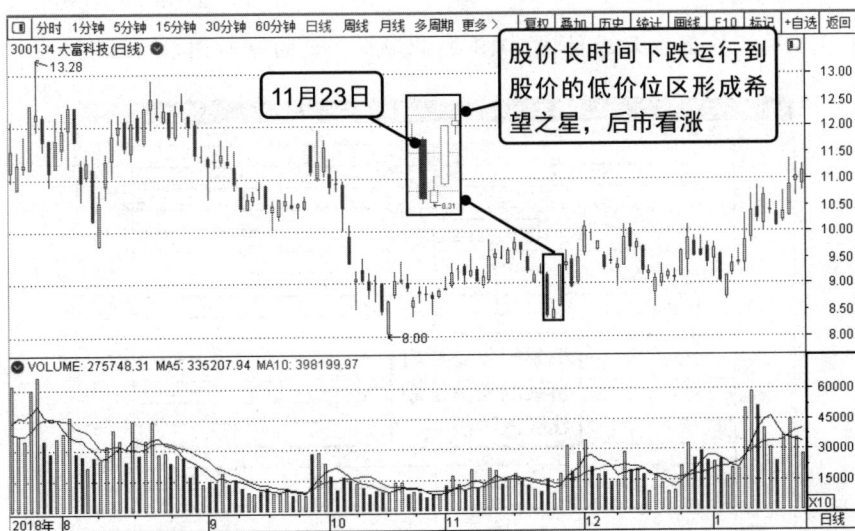

图 8-25　大富科技 2018 年 7 月至 2019 年 1 月的 K 线图

从图中可以看出，股价反弹创出 13.28 元的阶段性高价后继续向下震
荡下跌，在 10 月上旬股价创出 8 元的最低价后止跌反弹。在反弹到 10 元
价位线后股价再次快速下跌，于 11 月 23 日当日平开后一路大幅下跌，当
日以 8.71% 的跌幅收出大阴线。

下一个交易日，股价开盘后便出现震荡的波动变化，当日以 1.43% 的
涨幅收出小阳线，并创出 8.31 元的低价。由此可见，前期的 8 元最低价是
一个不错的支撑位。

再来看看此时下跌行情的跌幅。仅从 8 月的 13.28 元开始，到此时的

8 元左右的价格，跌幅已经超过 33%（事实上该股在 2018 年 8 月前已经经历了一年多的下跌行情）。

此时在 11 月 23 日和 26 日出现的这两根 K 线，很容易形成具有转势信号的希望之星 K 线形态。

下面继续观察第三日的 K 线形态和成交量变化，如果确立了希望之星形态，就是一个买在低位的介入机会。

图 8-26 所示为大富科技 2018 年 11 月 27 日的分时图。

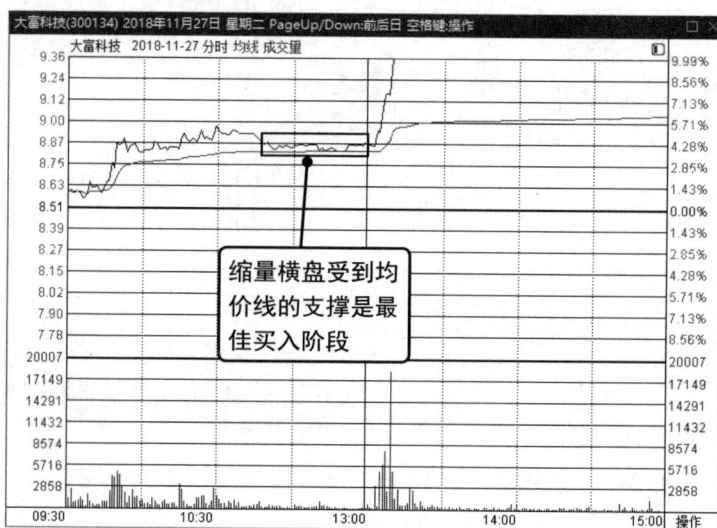

图 8-26 大富科技 2018 年 11 月 27 日的分时图

从图中可以看出，该股当日高开后短暂横盘，之后伴随成交量的逐步放大该股出现快速拉高的震荡行情。

在 10:00 左右，涨势减缓，成交量开始缩小，最终在 10:52 左右进入窄幅横盘整理阶段，此时的成交量极度萎缩，但是股价始终受到均价线的支撑，说明此时市场出现惜售现象，后市看好，希望之星形态形成有望，投资者可在此时逢低吸纳，买入该股为 T+0 操作做好准备。

午后开盘，成交量快速放大，在短短不到十分钟的时间内，股价迅速打到涨停价并封住涨停，希望之星形成，更加坚定了后市看涨的信心。

下面继续观察希望之星后的股价走势。

图 8-27 所示为大富科技 2018 年 11 月 28 日的分时图。

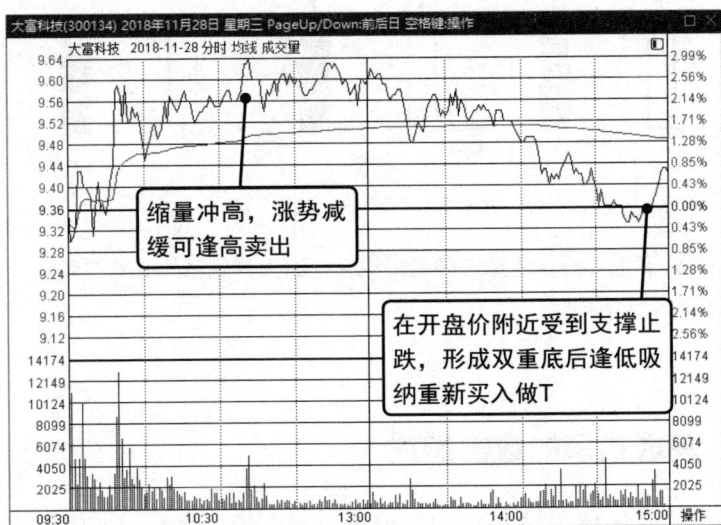

图 8-27　大富科技 2018 年 11 月 28 日的分时图

从图中可以看出，该股当日微微低开后放量震荡上涨，并快速冲高，随后出现缩量上涨的走势，但是涨速减缓，此时投资者可逢高卖出，在随后的股价回落后再买回来。

午盘后，股价开始震荡下跌，成交量变化不大，在临近尾盘时，成交量变得相对活跃，而股价在跌破到当日开盘价附近后明显受到支撑，这是主力护盘的行为，投资者在出现双重底形态后可果断逢低买入做 T。

如果投资者操作得好，当日开盘冲高在 9.6 元附近卖出，在尾盘以 9.35 元的价格买入进行 T+0 操作，每股收益也在 0.3 元左右。

拓展知识 *变形的希望之星组合*

在实际的走势中，有时候还会出现由 4 根 K 线组合而成的变形希望之星形态，中间两根 K 线为实体较小的十字线或小 K 线，只要其他条件符合前面提到的要求，也可以当作希望之星形态，如图 8-28 所示。

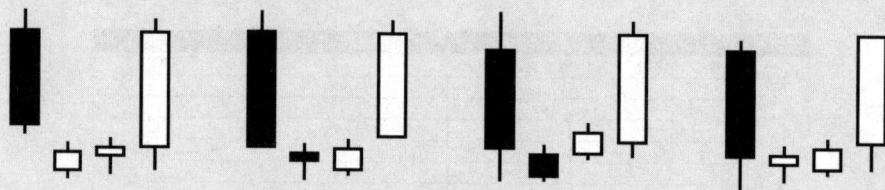

图 8-28　变形的希望之星

但是投资者也要特别注意这种变形组合，因为其见底的有效率要低于 3 根 K 线组合的希望之星形态。

8.2.3　高成功率的攻击迫线

攻击迫线是经典黑马 K 线组合形态，基本特征是：第一根 K 线为涨停的 K 线或者涨幅超过 5% 的大阳线，第二根 K 线是带长上影线的十字线或小 K 线，且成交量要放量，第三根 K 线是大阳线或者涨停阳线，如图 8-29 所示。

攻击迫线一般在大盘趋势发生改变（转好）或在个股主升浪的初期比较常见。在攻击迫线形态中，如果第一根 K 线为涨停的 K 线，则涨停开始时间越早越好，因为这说明主力做多意愿强烈。

主力资金一旦形成强势拉升，短期内是不会轻易罢手的，所以在第二个交易日会利用先上后下的方式打压股价，以此来清洗掉短线的跟风盘和市场上的浮筹，以便后期轻装上"涨"。

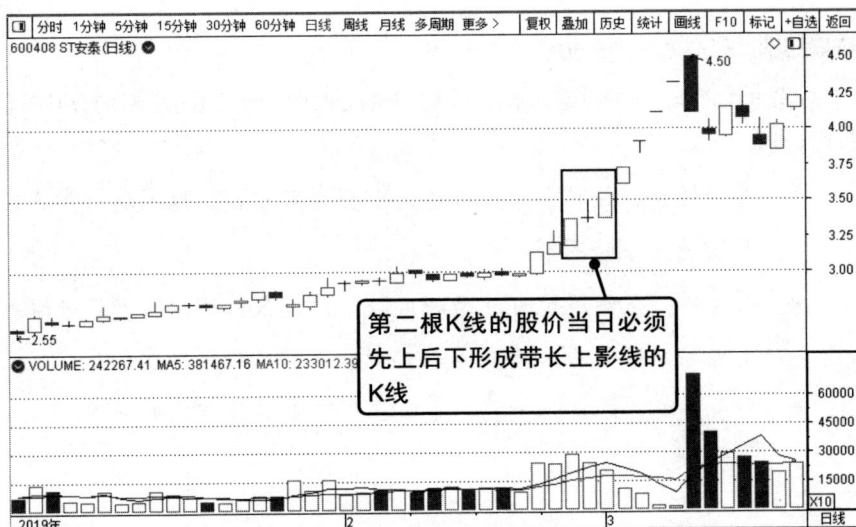

图 8-29　攻击迫线

通常这类个股一般情况下爆发力很强，往往在短期内快速拉升，极易在短期内快速获得收益，而且这种形态的第三根 K 线的大阳线往往会吃掉第二根 K 线的上影线部分，因此投资者可以在第二个交易日形态确定以后逢低介入（稳健的投资者可以在第二个交易日收盘前的 5 分钟介入），然后在第三日择机买入，在尾盘卖出进行 T+0 操作必有丰厚收益。

但是攻击迫线也存在一些风险，即在第二日长上影线形态确立后的尾盘时介入后第二天并没有出现涨停或者大阳线来吞掉第二日的长上影线，而是走出一根跌幅在 5% ~ 7% 的中阴线。

出现这种情况后，投资者不必惊慌，因为大多数情况下这根中阴线收盘的时候会拉回到上个交易日的收盘价附近，留下一根长下影线的锤头线，这两日的 K 线组合是一个中继看涨的形态，如果遇到这种情况，T+0 投资者可以进行 T+0 补仓操作，拉低持仓成本。

拓展知识 *形态失败攻击迫线*

攻击迫线的操作成功决定因素在于第三天的分时图，导致形态失败的分时图有以下3种。

◆ 股价低开，并且全天股价在上个交易日收盘价以下运行形成低开低走的分时图形态。

◆ 开盘后，虽然股价有冲高的走势，但是很快回落，当日分时图呈现冲高回落的走势。

◆ 股价虽然出现震荡上扬的走势，但是全天震荡幅度低于5%。

实例分析

亚通股份（600692）攻击迫线的买入机会分析

图8-30所示为亚通股份2016年5月至7月的K线图。

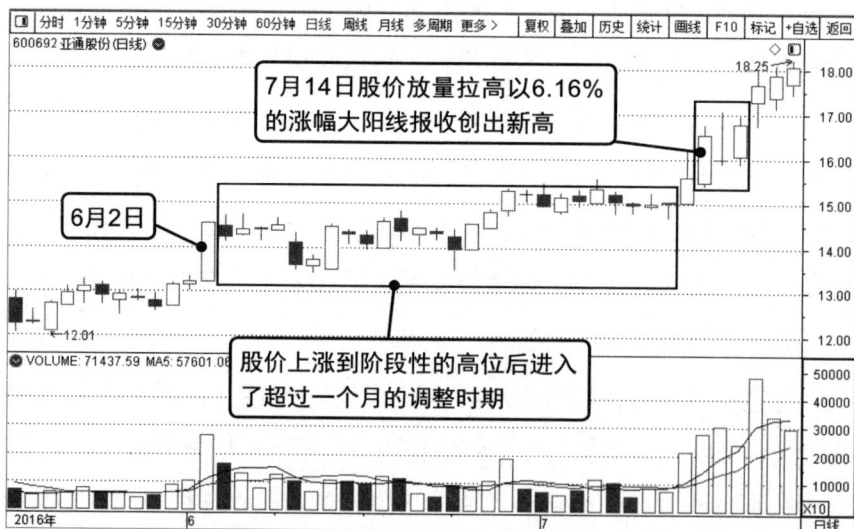

图8-30 亚通股份2016年5月至7月的K线图

从图中可以看出，股价在6月2日以涨停板大阳线报收创出阶段性的高位后，整个股价步入了一个漫长的调整阶段，整个调整时期维持了一个多月，最终在 7 月 14 日以 6.16% 的涨幅大阳线报收，将股价再次拉高到一个阶段性的高位，但是次日却收出带长上影线的小 K 线。此时容易形成攻击迫线，投资者需要认真分析收出带长上影线的小 K 线当日的走势。

图 8-31 所示为亚通股份 2016 年 7 月 15 日的分时图。

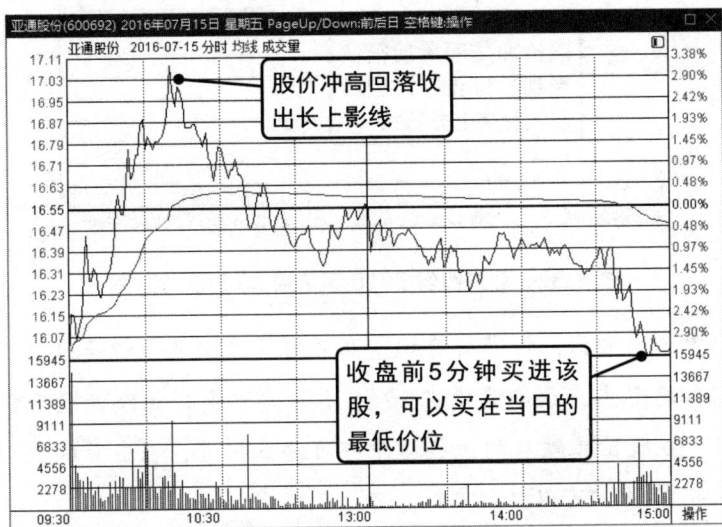

图 8-31　亚通股份 2016 年 7 月 15 日的分时图

从图中可以看出，该股当日虽然低开，但是开盘后的走势强劲，短短 40 分钟的时间，股价迅速被拉高到当日的最高价 17.09 元，随后股价也经历了一波急速下跌行情，不到一个小时的时间，股价又跌回到接近开盘的价位，收出带长上影线的小 K 线，攻击迫线组合形态雏形初现，此时投资者可在当日收盘前逢低吸纳，可以买在当日的相对低价位置。

下面来分析在 7 月 14 日出现带长上影线小 K 线后下一个交易日的分时图情况。

图 8-32 所示为亚通股份 2016 年 7 月 18 日的分时图。

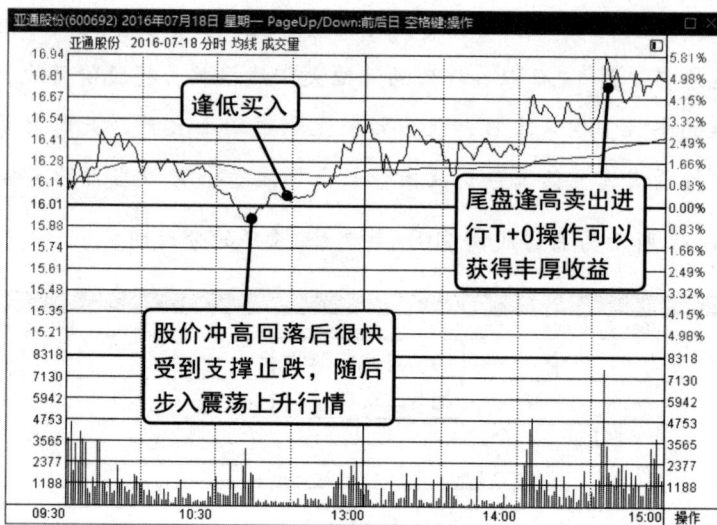

图 8-32 亚通股份 2016 年 7 月 18 日的分时图

从图中可以看出，该股当日跳空高开后快速上冲，但是很快该股出现了冲高回落的形态，最终股价在 15.88 元时受到支撑止跌，随后该股出现震荡上扬，在股价止跌后的上扬途中即可逢低买进，在当日收盘前逢高卖出进行 T+0 操作，可以获利丰厚。

在这个阶段操作该股需要注意股价见顶的风险，因为此时股价已经上涨到了此轮上涨行情的相对高位，尽管是进行超短线操作，也要见好就收。对于谨慎的投资者最好不要在股价上涨的高位区域操作攻击迫线 K 线组合形态，一旦形态失败，迎面而来的就是股价见顶回落的下跌行情。

8.3　K 线与移动平均线的短期机会

默认情况下进入炒股软件的 K 线分析界面后，在主图区域中，除了 K

线以外，还有一些平滑的曲线与 K 线有着各种关联关系，这些曲线被称为
移动平均线（有时也简称为均线）。该曲线是每日收盘价在一段时间内的
平均数，而股市中每日股价还包括开盘价、最高价和最低价这三个价格，
而这三个价格能够通过 K 线充分表现出来。所以，K 线和移动平均线结合
也是必然的判断方法。

8.3.1　K 线与移动平均线的位置

K 线图中的移动平均线是关系每日收盘价的价格走势均值，是一个反
映每日走势的指标，是最常用的分析指标之一，图 8-33 所示为默认显示
的移动平均线效果。

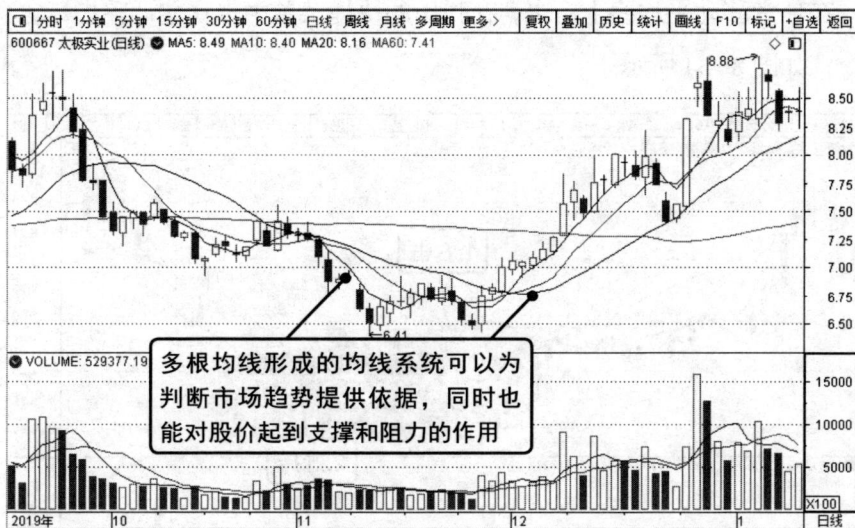

图 8-33　默认的移动平均线效果

移动平均线不仅能够表示市场上的平均交易成本，还是股价涨跌的重
要支撑位和阻力位。通过研究股价 K 线与移动平均线的位置即可获得操作
机会，具体如下。

◆ 当股价在移动平均线的上方时，如果下跌到移动平均线的位置获得支撑，就是看涨的信号。

◆ 当股价在移动平均线的下方时，如果上涨到移动平均线位置受到阻力，就是看跌的信号。

根据时间长短的不同，移动平均线可分为短期、中期和长期移动平均线。一般而言，短期移动平均线可设置为 5 日和 10 日参数，中期移动平均线可设置为 20 日、30 日和 60 日参数，长期移动平均线可以设置为 120 日、200 日和 250 日参数等。

默认情况下，在 K 线图上显示 4 条移动平均线，投资者可以根据需要对移动平均线的显示周期和数量进行修改，具体操作如下。

在任意移动平均线上右击，在弹出的快捷菜单中选择"调整指标参数"命令，如图 8-34 所示。

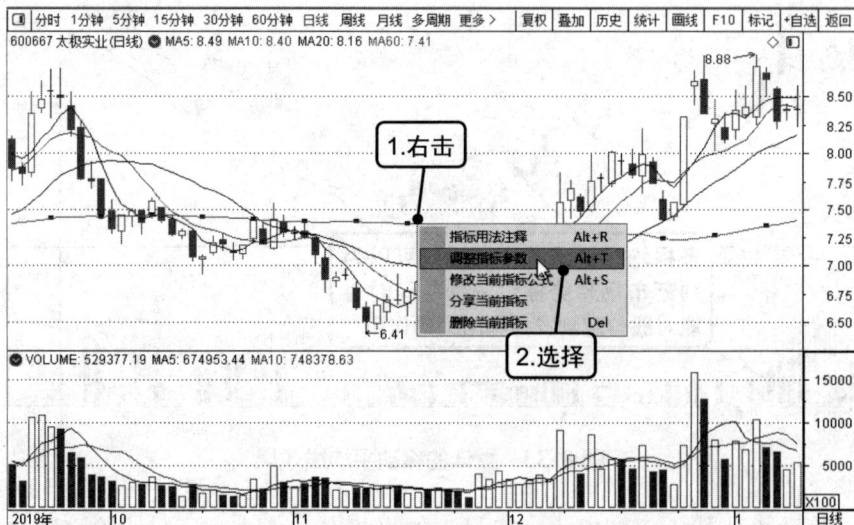

图 8-34 选择"调整指标参数"命令

在打开的对话框中即可修改移动平均线的周期，在显示前几条数值框中可以修改移动平均线显示的数量，这里将第 3 条移动平均线的周期修改为 30，完成后单击"关闭"按钮即可，如图 8-35 所示。

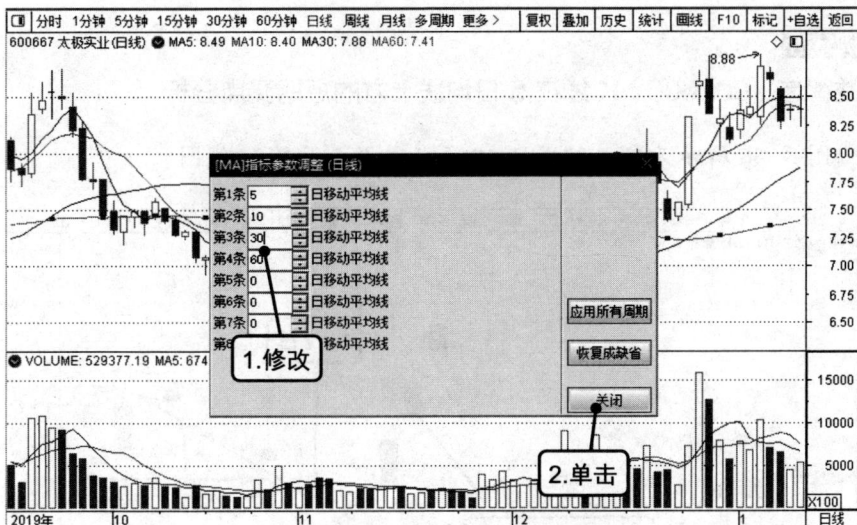

图 8-35　修改移动平均线的周期

对于 T+0 投资者而言，是执行超短线操作，因此有必要认真研究短期移动平均线与 K 线的相对位置，以此来判断买卖时机。这里以 5 日均线为例，介绍短期买卖时机怎么判断。

◆ 5 日均线由跌转平，这样的股票可以列入短期买入观察对象，当短期均线明确掉头向上，K 线在 5 日均线上，此时 5 日均线就相当于股价的支撑线，只要股价在 5 日均线上方运行，后期都看涨，这样的股票正是短期买入时机，做 T 一般都会获得收益。

◆ 5 日均线由升转平，这样的股票可以列入短期卖出观察，当短期均线明确由平转跌，K 线在 5 日均线之下，此时 5 日均线就相当于股价的压力线，只要股价在 5 日均线下方运行，后期都看跌，这样的股票正是短线卖出时机，但是如果此时的中长期均线表现向上的走势，则 T+0 投资者可以在股票下跌时进行 T+0 补仓操作，降低持仓成本，然后在后市的中长期上涨行情中再择机做 T。

实例分析

领益智造（002600）K 线在 5 日均线上方的短期买点分析

图 8-36 所示为领益智造 2019 年 4 月至 5 月的 K 线图。

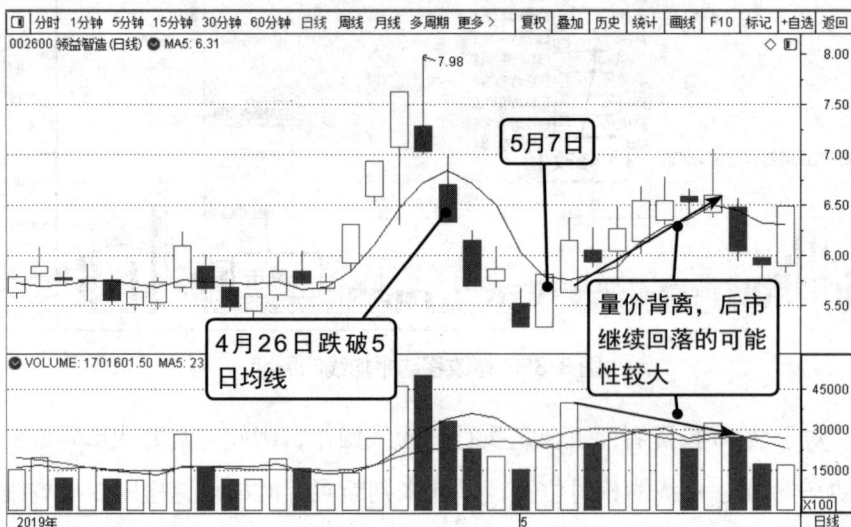

图 8-36　领益智造 2019 年 4 月至 5 月的 K 线图

从图中可以看出，该股在 4 月 25 日放量收出带长上影线的阴线并创出 7.98 元的阶段性高价，次日股价跳空低开，当日股价整体震荡下滑，最终以接近跌停板的价格收盘形成大阴线跌破 5 日均线，且 5 日均线也明显拐头向下，此时 5 日均线成为股价的压力线，随后连续 3 日 K 线报收均在 5 日均线下方。

5 月 7 日，股价收出大阳线触及 5 日均线，次日股价放量继续收出大阳线站在 5 日均线上，均线也出现明显的拐头，此时投资者可以短期关注。

但是随后虽然股价受到 5 日均线的支撑，但是 K 线都是带长上影线或下影线，并且成交量相对于 5 月 8 日而言出现了明显的缩小，形成量价背离的走势。上涨无量配合，而且多次冲高回落，说明市场抛压严重，后市可能继续出现回落，投资者最好不要盲目介入。

下面继续观察该股后市走势，图 8-37 所示为领益智造 2019 年 5 月至8 月的 K 线图。

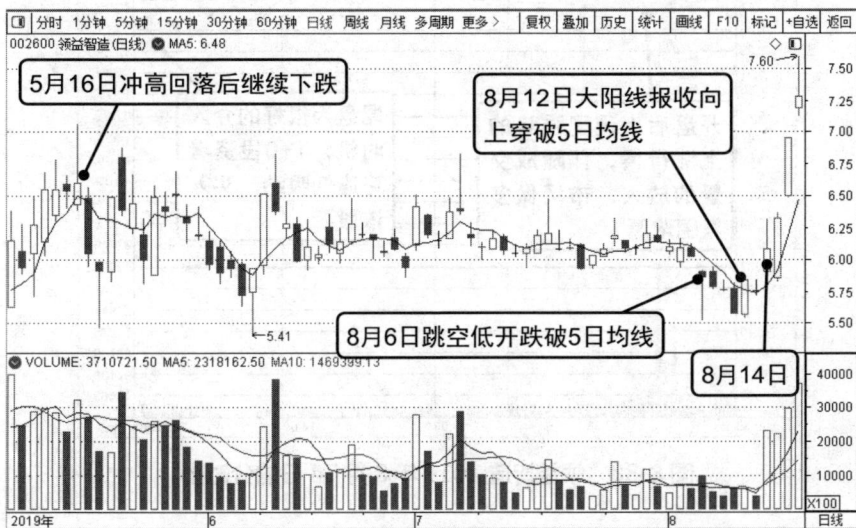

图 8-37　领益智造 2019 年 5 月至 8 月的 K 线图

从图中可以看出，由于没有量能的有效支撑，股价最终上涨于 5 月 16日，K 线收出带长上影线的阳线后再次跌破 5 日均线。随后股价始终受到5 日均线的压制横盘，从而进行了长达 3 个月左右的横盘走势。

8 月 6 日，该股出现明显的跳空低开拉低股价，5 日均线出现明显的拐头向下，随后股价继续受到 5 日均线的压制，但是此时的成交量却出现了明显的缩量。

8 月 12 日，该股以 4.85% 的涨幅收出大阳线向上穿破 5 日均线，次日该股收出十字线站上 5 日均线，5 日均线明显拐头向上，说明行情即将变盘。因此投资者可以密切关注，一旦放量拉升，就有 T+0 机会。

8 月 14 日股价放量拉升股价站在向上运行的 5 日均线上方，说明整理行情已经结束，下面具体观察当日的分时图来判断买入时机。

图 8-38 所示为领益智造 2019 年 8 月 14 日的分时图。

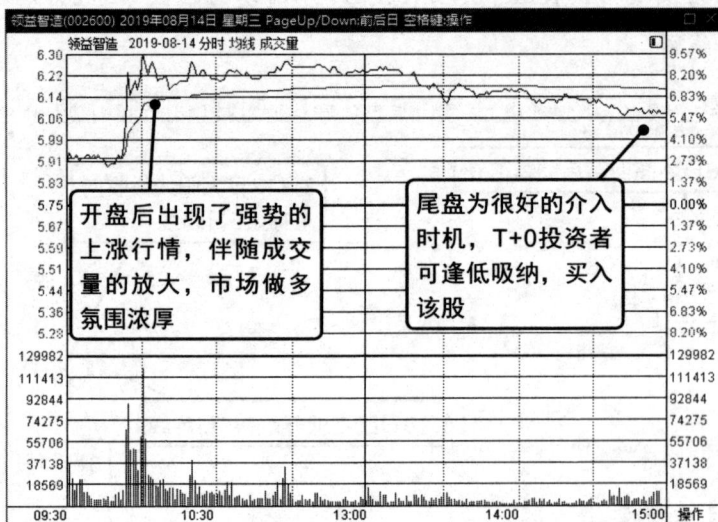

图 8-38　领益智造 2019 年 8 月 14 日的分时图

从图中可以看出，该股当日跳空高开后持续了近一个小时的窄幅横盘整理，而此时对应的成交量却在明显的缩小，随后股价快速放量拉升股价打到 9.57% 的涨幅后涨势渐缓，股价始终在 6.22 元价位线附近横向变化，成交量再次缩量直到早盘结束，走出这种稳定走势的盘面只有在主力高度控盘的情况下才会出现，说明经过前期长达 3 个月左右的时间的整理，大部分筹码已经集中到了主力手中，后市拉升也就是顺理成章的事情了。

该股当日午盘开盘后，虽然股价相对于早盘的强劲上涨势头有所回落，但是整体股价下滑幅度不大，且成交量更是缩小到极致，因此次日股价继续放量拉高股价的可能性很大，投资者可以在当日的尾盘逢低买入，为T+0 操作做好准备。

即使次日没有放量上涨，也没有关系，因为就整体而言，5日均线已经出现明显的上行走势，该股短期看涨，所以尾盘逢低买入是一个比较好的介入时机。

下面继续观察后市的走势。

图 8-39 所示为领益智造 2019 年 8 月 15 日的分时图。

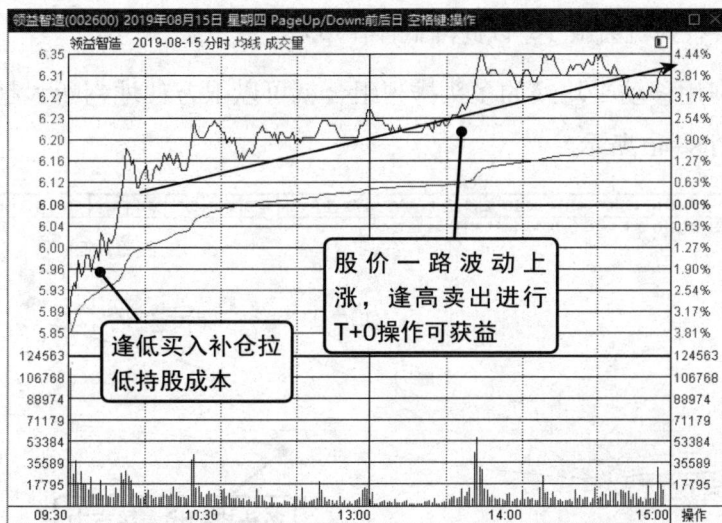

图 8-39　领益智造 2019 年 8 月 15 日的分时图

从图中可以看出，该股当日放量低开后缩量震荡拉升股价，此时也是很好的买入时机，T+0投资者可以继续逢低买入该股可拉低持股成本。

随后，该股在 9:49 左右突破上个交易日的收盘价后经历了一波良好的波动上涨行情，投资者在任何位置逢高卖出做 T，都可以获得不错的收益。如果操作得好，在当日股价多次触及 6.35 元的价位附近卖出，将获得更多的收益。

8.3.2 多头排列中要多持有

单独的看一根均线来进行 T+0 操作还是存在很大的风险，如果遇到下跌行情中的短暂反弹，仅依据 5 日均线进行 T+0 操作，很容易被套牢。

因此，我们需要确认在一个上升通道中进行 T+0 短线操作，这样即使在买入该股后股价出现短暂下跌，投资者也不用慌张，因为在这波上升通道中总会找到机会做 T，以此降低操作风险。

而利用移动平均线的多头排列组合就可以很方便地判断大趋势为上升，如图 8-40 所示。

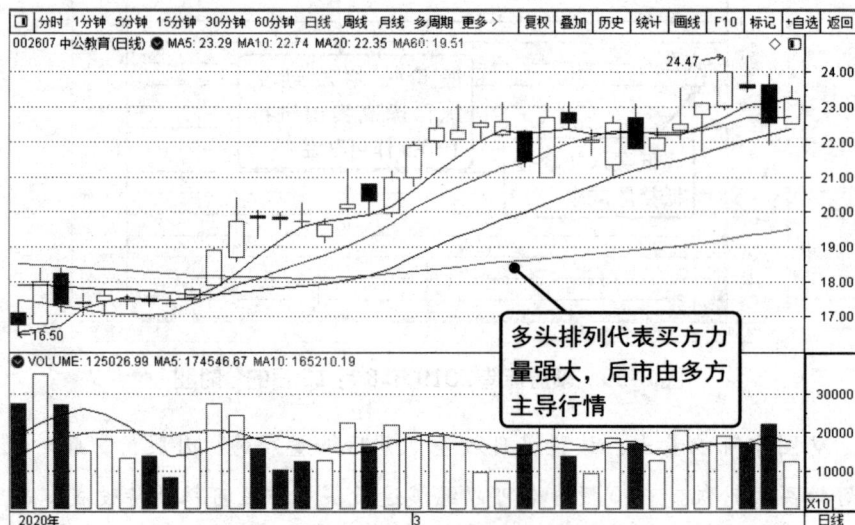

图 8-40　多头排列

要了解多头排列组合，首先需要了解移动平均线有哪些组合形式。在实际的操作中，通常需要将移动平均线进行组合使用，组合类型有 3 种，分别是短期移动平均线组合、中期移动平均线组合和长期移动平均线组合，而 T+0 投资者主要研究短期移动平均线组合，这种均线组合主要用于分析和预测个股短期的行情变化趋势，常见组合有 5 日、10 日、20 日和 5 日、10 日、30 日两种组合。

在股价运行过程中，各种组合的移动平均线会出现在某个方向上持续某种规则的运行，从而形成多头排列和空头排列形态，这两种形态是最具分析意义的排列形态，具体说明如下。

◆ **多头排列**：周期较小的移动平均线在周期大的移动平均线的上方，并且向上发散的均线排列就是多头排列。该形态说明市场短期介入的投资者的平均成本超过长期持有投资者的平均成本，市场做多氛围浓烈。

◆ **空头排列**：周期较小的移动平均线在周期大的移动平均线的下方，并且向下发散的均线排列就是空头排列，该形态说明市场短期介入的投资者的平均成本低于长期持有投资者的平均成本，市场做空氛围浓烈。

对于以上两种排列组合，T+0 投资者最好选择多头排列组合来进行做 T 操作，而空头排列组合，因为整体趋势为下跌，所以最好不要选择。

那么，对于 T+0 投资者而言，在多头排列的情况下应多持有，具体应该怎么操作呢？这里还是要结合 5 日均线与股价的相对位置来判断买入时机，具体的操作顺序如下。

第一，先判断股价短期移动平均线组合呈现多头排列形态，以此确保行情在短期内为上升趋势。

第二，当 K 线在移动平均线上方，则逢低买入为 T+0 操作做好准备。

第三，如果买入后出现股价下跌，则在当日逢高卖出，然后在尾盘逢低买入进行 T+0 补仓操作，降低持仓成本；如果买入后股价出现上涨，则在当日逢低吸纳买入该股，再在当日逢高卖出做 T 赚取当日差价。

第四，只要短期移动平均线组合始终呈现多头排列，则可以重复第二步和第三步操作，多次进行 T+0 操作，赚取此轮上涨行情中的最大利益。

由此可见，有了多头排列这个移动平均线组合作为前提，我们可以更放心地应用 K 线和移动平均线的相对位置来进行 T+0 操作。

实例分析

东诚药业（002675）多头排列中要多持有

图 8-41 所示为东诚药业 2020 年 4 月至 6 月的 K 线图。

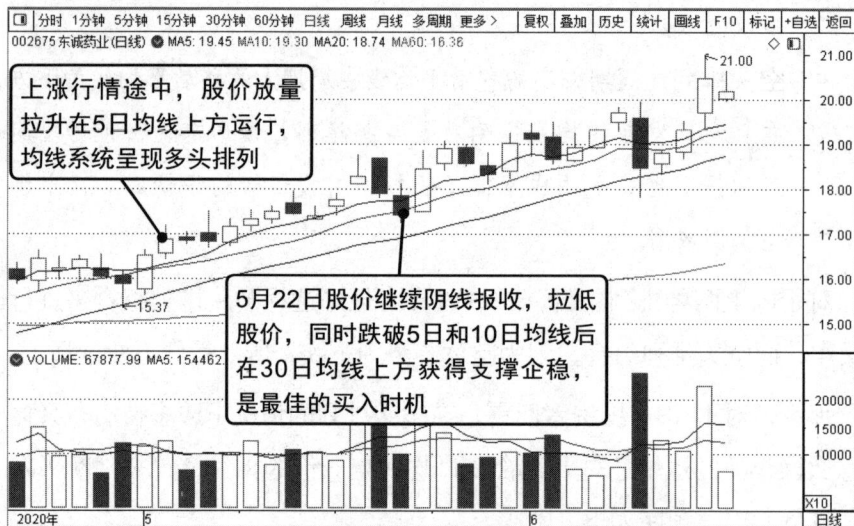

上涨行情途中，股价放量拉升在5日均线上方运行，均线系统呈现多头排列

5月22日股价继续阴线报收，拉低股价，同时跌破5日和10日均线后在30日均线上方获得支撑企稳，是最佳的买入时机

图 8-41　东诚药业 2020 年 4 月至 6 月的 K 线图

从图中可以看出，该股经历了一波良好的上涨行情，并在 5 月 7 日当日开盘后放量拉升股价冲高，当日以 2.12% 的涨幅收出小阳线站在 5 日均线上方。同时观察均线系统，5 日均线、10 日均线、30 日均线和 60 日均线依次向下排列，呈现明显的多头排列，说明在短时间内，股价将稳步上涨，此时投资者可以放心进行 T+0 操作。虽然随后该股多为小 K 线，但是多次 T+0 操作也可以获得不错的收益。

股价上涨到 5 月 20 日后，该股出现了阶段性的顶部，次日股价以
2.24% 的跌幅收出中阴线回落触及 5 日均线，这是一个 T+0 补仓的机会。
尤其在 5 月 21 日，股价微微低开后一路低走收出阴线，且股价同时跌破 5
日均线和 10 日均线，在 30 日均线上方受到支撑，此时是一个绝佳的买入
机会。

因为即使股价继续阴线报收创出新低并跌破多根均线，跌势凶猛，但
是整体行情仍然处于明显的均线多头排列形态下，后市仍然看涨，所以投
资者可以果断在当日的尾盘位置逢低买入进行 T+0 补仓操作，继续平摊持
仓成本。而该股当日最终在 30 日均线上方获得支撑，最终收盘价为 17.4 元。

下面来看东诚药业 2020 年 5 月 25 日的分时图，如图 8-42 所示。

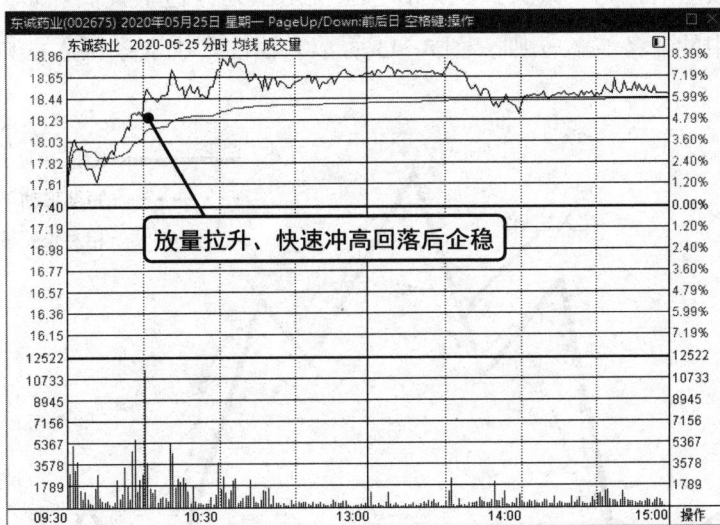

图 8-42　东诚药业 2020 年 5 月 25 日的分时图

从图中可以看出，该股当日以 17.5 元的价格微高于上个交易日的收盘
价开盘后快速经历了一波短暂的冲高回落企稳的走势，此时价格在 30 日
均线的上方，是 T+0 操作的最佳买入时机，如果操作得好，投资者可以回
落的最低点 17.63 元的价格成功揽入该股。

随后该股一路攀升，投资者可以在任何位置逢高卖出进行 T+0 操作，都可以获得不错的收益。

通过这个案例可以知道，多头排列就是投资者利用均线进行 T+0 操作的保护伞，只要确定了多头排列，投资者可以放心地在该保护伞下做 T，不放过每天的上涨。

8.3.3　葛兰威尔法则的买点判断

葛兰威尔法则是美国投资专家葛兰威尔（Gogepsbganvle，也被译为葛南维、葛兰碧等）创造的八项法则，该法则是移动平均线技术分析的精华内容，该法则分为 4 条买入法则和 4 条卖出法则，这里我们只研究葛兰威尔法则中的 4 条买入法则，图 8-43 所示为该法则中 4 条买入法则的买点示意图。

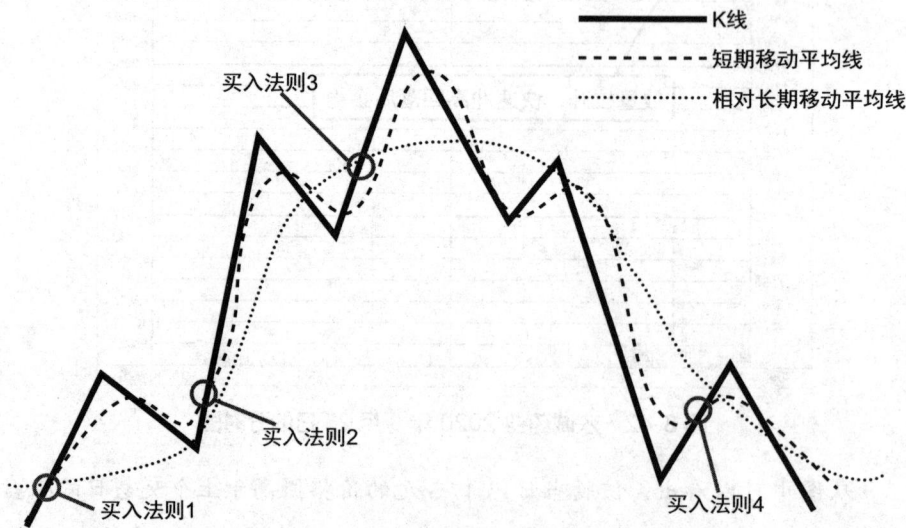

图 8-43　葛兰威尔法则 4 条买入法则的买点示意图

其实，利用移动平均线和 K 线的形态来进行 T+0 操作，最关键的就是找准买入点，利用移动平均线趋势延续的特性来追踪趋势。而葛兰威尔法则中的 4 条买入法则则更准确地描述了买点位置。

为了更好地理解葛兰威尔买入法则，我们需要了解移动平均线中的交叉，当多条均线同时存在时就会出现交叉，这些交叉点对股价运行趋势的分析和预测具有非常大的参考意义。

根据交叉方式不同，移动平均线的交叉又分为黄金交叉和死亡交叉。

从葛兰威尔法则的示意图中可以看到，其中会涉及两条移动平均线，对 T+0 投资者而言，可以将短期移动平均线和相对长期移动平均线设置为 5 日均线和 10 日均线。下面就来详细介绍 T+0 投资者如何应用葛兰威尔 4 条买入法则，具体内容如下。

◆ 买入法则 1——金叉介入

在股价下跌行情的末端，此时 10 日均线走平，如果 K 线由下向上突破 5 日均线和 10 日均线，且 5 日均线从 10 日均线下方上穿形成金叉，说明多方力量增强，后市上涨的可能性很大，是买入时机。

如果此时配合 30 日均线，且这 3 条均线呈现多头排列，则显示出了多方力量的强盛，后市上涨已成定局，此时投资者可以逢低吸纳买入该股，为 T+0 操作做足准备。

【买入法则 1 的口诀记忆：长走平，短走升，黄金交叉，价突破，买】

◆ 买入法则 2——回调不破

在上涨行情初期或途中，5 日均线向下运行，但随后 5 日均线在向上运行的 10 均线下方拐头向上运行，此时 K 线由下向上突破 5 日均线，说明股价下跌为技术性的回档，后市继续看好，视为买入机会，投资者可以逢低吸纳，跟进做多。

【买入法则 2 的口诀记忆：短走平，长走升，回调不破，价突破，买】

◆ 买入法则 3——破位上拉

在上涨行情初期或途中，5 日均线向下运行，并且由上向下下穿持续运行向上的 10 均线形成死亡交叉，但是很快从 10 均线下方上穿 10 均线视为买入信号，此时的上拉力度较强。

但需要注意的是，如果在上涨末期遇均线破位后，股价经过一段时间的整理后才被拉升向上突破长期均线，此时的拉升力度相对较弱，T+0 投资者要谨慎介入，避免高位买入后被套。

【买入法则 3 的口诀记忆：短走跌，长走升，小跌破，价突破，买】

◆ 买入法则 4——偏离反弹

在下跌行情中，K 线与移动平均线都在向下运行，如果 K 线狠狠下挫，远离了移动平均线，表明反弹指日可待，只要 K 线由下向上突破 5 日均线，此时就是抢反弹的绝佳买入时机，但是切记要快进快出，因为毕竟此时整体趋势为下跌，逆势而为容易被套牢，因此谨慎的投资者最好还是不要选择这个位置进行 T+0 操作。

【买入法则 4 的口诀记忆：偏离大，抢反弹，末跌高，被突破，手脚快，守停损，赚即出】

第 **9** 章

技术指标在T+0交易中的应用

技术指标是大多数投资者分析股市行情的依据，通过这些指标的走向或特殊形态，可以大概判断出股价后市的走势，为买卖股票的决策提供参考。在T+0交易中，有很多技术指标仍然是实用的。

9.1 MACD 指标的应用

在前面的章节中我们已经提到过 MACD 指标，知道了它是由两条曲线和一些柱线图构成的，能够对股价的发展行情进行一个简单地预判。这里我们将这一指标进行更细致的应用。

9.1.1 MACD 指标的金叉买入

MACD 指标的金叉与均线金叉类似，是指 DIF 曲线从下往上突破 DEA 曲线形成的交叉，属于一种买入信号，但根据金叉出现的位置与 0 轴关系的不同，它们代表的买入信号强弱也有所不同，如图 9-1 所示。

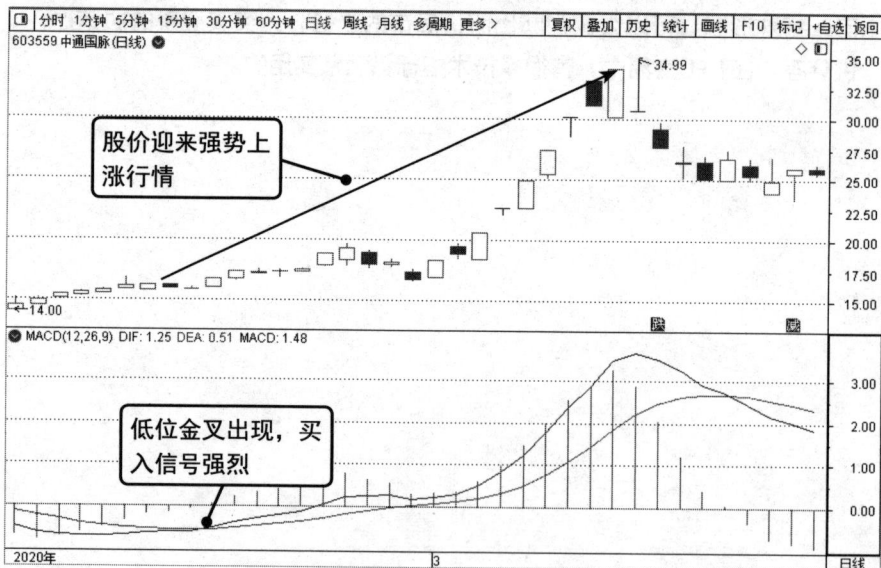

图 9-1　MACD 指标的金叉买入

我们在分析 MACD 指标的金叉时，最需要关注的就是金叉出现的位置，通常我们会说高位金叉、低位金叉等。这里的高位和低位，通常是指 0 轴的上方和 0 轴的下方，当然距离 0 轴越远其所说的高低就越准确。

MACD 的金叉出现在 0 轴下方时，金叉的位置越远离 0 轴，其买入信号越可靠。因为 DIF 线和 DEA 线运行在 0 轴下方，本身就表示市场处于空头行情中，如果偏离 0 轴越远，说明股价下跌越深，此时出现金叉往往就是行情转好的兆头。

当然，如果金叉后两曲线并没有快速向上，则可能会出现低位二次金叉，即在第一次金叉后，短时间内再次出现一个金叉，那么当第二金叉形成时，发出的买入信号就更加可信，这时就别再犹豫了，该出手时就出手吧！

如果金叉出现在 0 轴上方，说明短期内股价也会有一段上涨行情，但相对于零轴下方的金叉而言，其上涨空间有限，对于想做 T+0 交易的人来说，这种金叉也是比较可靠的。

金叉在零轴上方越远，形成的买入信号越不可靠，因为股价可能已经出现短期的高点，此时的金叉成为陷阱的可能性更大。

在 T+0 交易中，我们可以使用 1 分钟或 5 分钟周期的 K 线图，这样就可以很好地利用 MACD 指标来对其进行分析和判断。

实例分析

强力新材（300429）低位金叉的买入信号

图 9-2 所示为强力新材 2020 年 4 月 28 日的分时图。

从图中可以看出，强力新材当日开盘出现短暂的横盘后快速跳水，在不到半个小时的时间里，股价下跌到 7.61% 的跌幅价位，成交量达到当日的最高，创出当日的最低价。

随后股价又快速被拉升，形成明显的 V 形底反转。之后股价在 10:40 左右突破上个交易日的收盘价后，在该价位上窄幅横向波动，直到收盘。对于 T+0 投资者而言，如何把握这个 V 形反转呢？

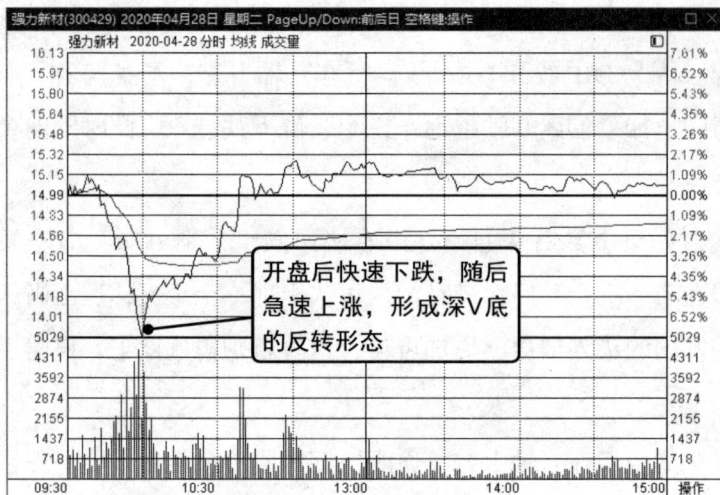

开盘后快速下跌，随后急速上涨，形成深V底的反转形态

图 9-2　强力新材 2020 年 4 月 28 日的分时图

我们来看看该股当日 1 分钟周期的 K 线图。图 9-3 所示为强力新材 2020 年 4 月 28 日的 1 分钟 K 线图。

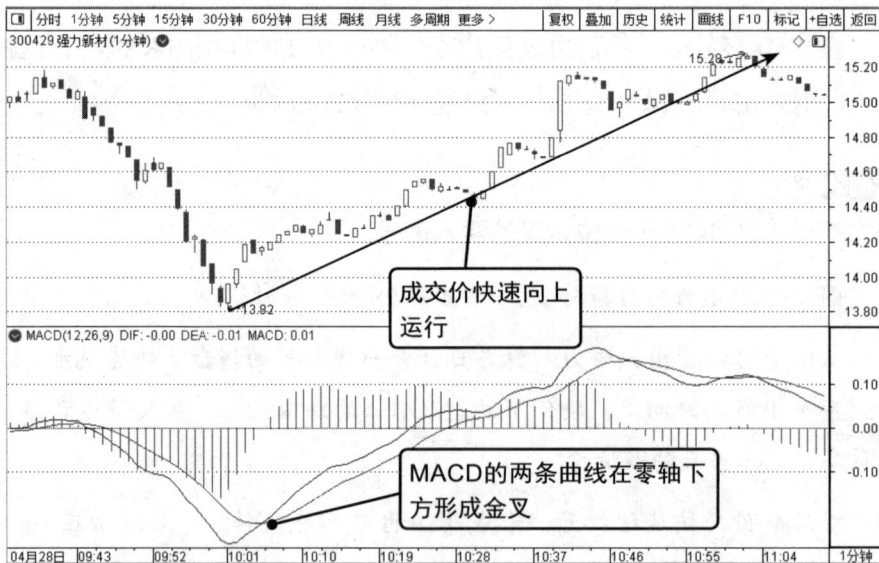

成交价快速向上运行

MACD 的两条曲线在零轴下方形成金叉

图 9-3　强力新材 2020 年 4 月 28 日的 1 分钟 K 线图

从图中可以看出，开盘后 MACD 指标的 DIF 线和 DEA 线这两条曲线快速跌破 0 轴并运行在零轴下方，在 10:00 左右，成交价运行到最低点，随后开始反转向上。

在 10:05 左右，MACD 的 DIF 线和 DEA 线在零轴下方形成金叉，且保持良好的向上运行趋势，短短十几分钟的拉升，这两条曲线便向上突破 0 轴，运行到了 0 轴上方，上涨行情确认。如果是做 T+0 交易，那么在 MACD 指标在 0 轴下方形成金叉的时候，就是最好的买入时机。

9.1.2　MACD 指标的死叉卖出

MACD 的金叉给我们的是买入信号，指标既然有金叉就会有死叉的存在，而 MACD 指标的死叉则给我们带来的是卖出信号，如图 9-4 所示，这样即使我们只使用 MACD 指标，也可以完成完整的 T+0 的买入和卖出操作。

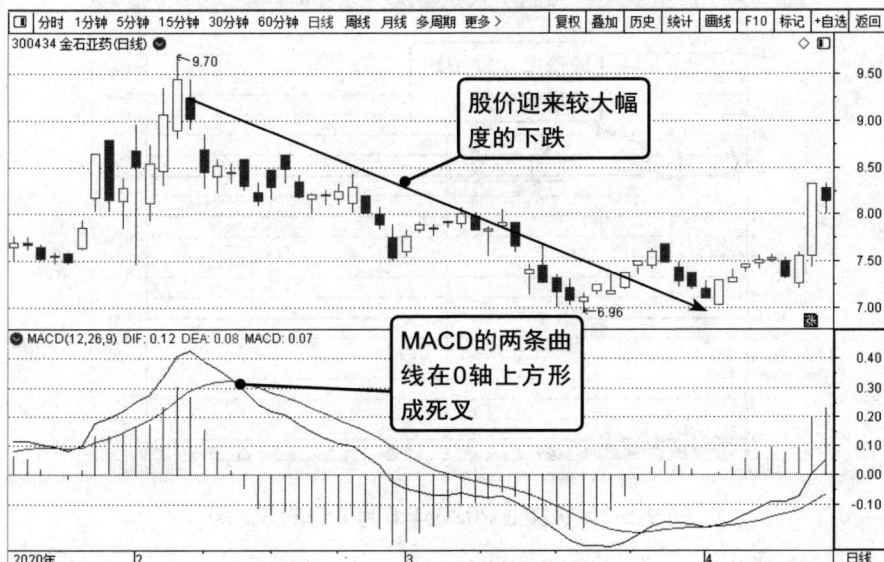

图 9-4　MACD 指标的死叉卖出

MACD 死叉与金叉是两个完全相反的情况，金叉发出的是买入信号，死叉发出的却是卖出信号，当死叉出现在零轴上方较远位置时，说明股价已经运行到一个较高的位置，此时的死叉卖出信号是比较可靠的。

如果死叉出现后两曲线并没有快速向下，则可能会出现低位二次死叉，即在第一次死叉后，短时间内再次出现一个死叉，那么当第二死叉形成时，发出的卖出信号就更加可信了。

如果死叉出现在 0 轴下方，说明短期内股价还会更进一步下跌，但由于价格已经运行到低位，下跌幅度不会很大。如果是做 T+0 交易，此时的死叉也可以视作卖出信号。

实例分析

太极实业（600667）高位死叉卖出

图 9-5 所示为太极实业 2020 年 6 月 8 日的分时图。

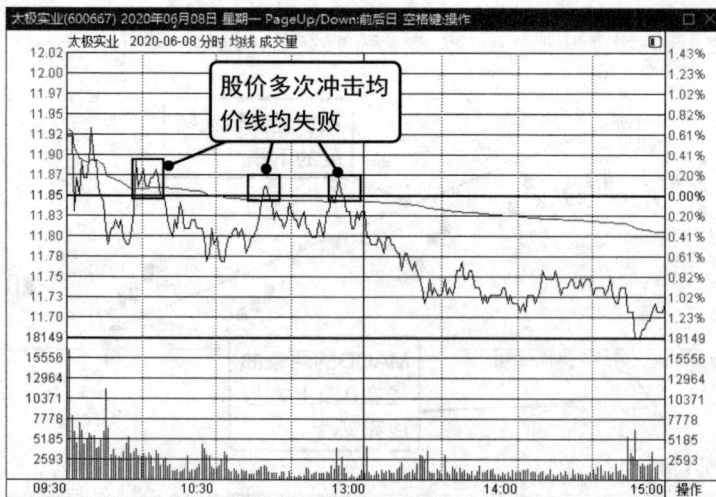

图 9-5　太极实业 2020 年 6 月 8 日的分时图

从图中可以看出，太极实业高开后短暂回落到上个交易日的收盘价位置后止跌反弹，出现震荡拉升，在冲击开盘价遇阻后股价快速回落到均价线下方并远离均价线，跌势明显。虽然早盘也出现多次冲击均价线的走势，但都是短暂突破后便快速回落到均价线下方。

午后开盘后，股价便快速向下运行，出现大幅下跌走势，此后成交价再也没有站到均价线上方，下跌行情形成。

如果我们利用 MACD 指标的死叉是否可以发现这个卖出时机呢？

我们来看看该股当日的 1 分钟周期的 K 线图。图 9-6 所示为太极实业 2020 年 6 月 8 日的 1 分钟 K 线图。

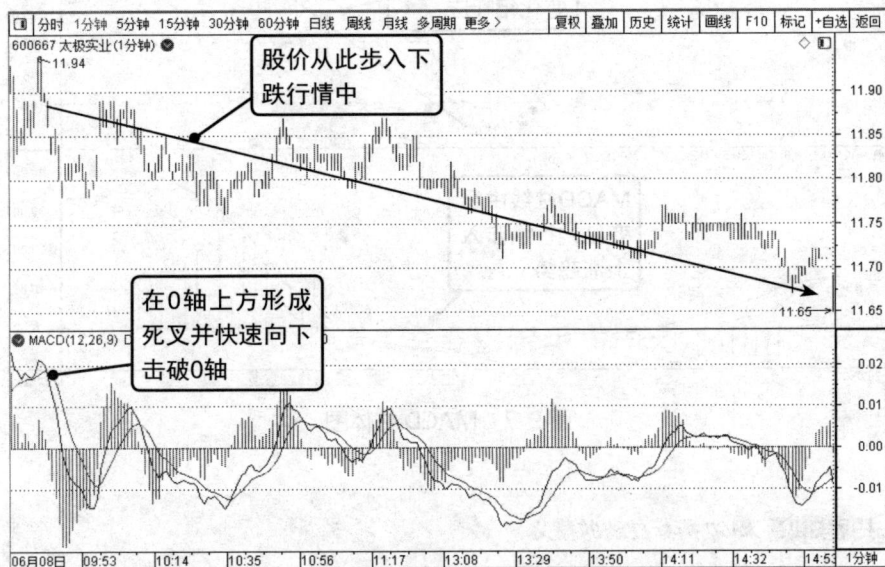

图 9-6 太极实业 2020 年 6 月 8 日的 1 分钟 K 线图

从图中可以看出，6 月 8 日开盘后，MACD 的两条曲线都运行在 0 轴上方，但是在 9:43 左右，DIF 线自上而下穿破 DEA 线形成 0 轴上方的死叉，并且迅速向下击穿 0 轴，发出可靠的卖出信号。如果把握时机卖出，即可规避后市的下跌，可见利用 MACD 指标的死叉同样能指导 T+0 的卖出操作。

9.1.3 MACD 柱体的短线应用

MACD 指标中除了两条曲线以外，还有一些红绿相间的柱状线，通过这些柱线的长短和颜色的转换变化，也可以进行短线买卖操作指导，如图 9-7 所示。

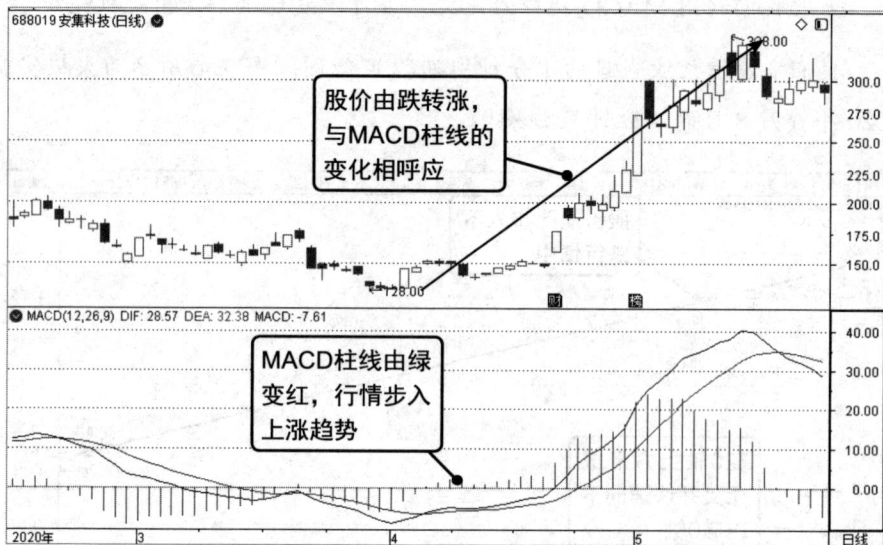

图 9-7　MACD 柱体图

MACD 指标中的柱线通常表示为 BAR，它是 DIF 线与 DEA 线的差值，通常用红色表示差值为正，绿色表示差值为负，柱线的长短代表差值的大小。

MACD 的柱线有两种颜色，当其位于 0 轴上方时显示为红色，表示此时 DIF 的值大于 DEA 值。相反，当其位于 0 轴下方时则显示为绿色，表示此时 DIF 的值小于 DEA 值。

当柱线呈红色时，表示市场正处于多头行情中，如果柱线呈现逐步变长的趋势时，表示股价正在不断上涨，反之当柱线在不断缩短时，则表示股价正在走向下跌。

当柱线呈绿色时，表示市场正处于空头行情中，如果柱线呈现逐步变长的趋势时，表示股价正在加速下跌。反之当柱线在不断缩短时，则表示股价正在反弹回升。

根据 MACD 指标中柱线的形成原理可以知道，当柱线由红转绿或由绿转红时，一般都是 DIF 曲线与 DEA 曲线交叉时。

我们可以推算出，当柱线由红转绿时，DIF 与 DEA 会形成死叉，此时可视为 T+0 交易的一个卖出信号。

当柱线由绿转红时，DIF 与 DEA 会形成金叉，此时可视为 T+0 交易的一个买入信号。柱线最佳买卖点与 MACD 的金叉与死叉判断类似。

实例分析

京东方 A（000725）根据柱线进行的买卖操作

图 9-8 所示为京东方 A 在 2020 年 6 月 8 日至 10 日的 5 分钟 K 线图。

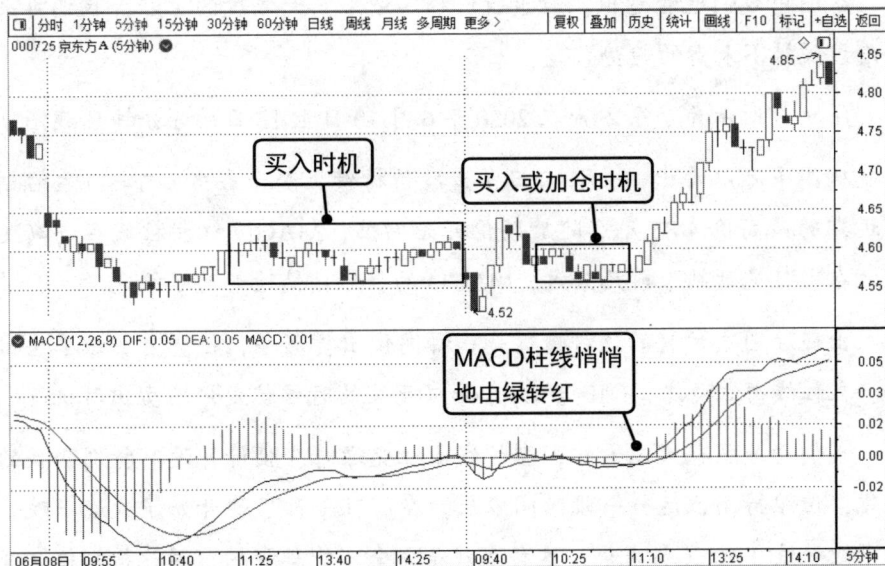

图 9-8　京东方 A 在 2020 年 6 月 8 日至 10 日的 5 分钟 K 线图

从图中可以看出，6月9日股价小幅回落后于10:00左右止跌，随后进入了横向整理阶段，MACD柱线在0轴下方也不断减小并向0轴靠近，在11:00左右转为红色。

随着股价的继续横盘整理，MACD柱线在0轴两侧不断交替，但是长短并没有明显的变化，这是一种非常典型的量能积累状态，投资者可在6月9日尾盘逢低买入。

6月10日开盘后，股价虽有小幅度的冲高，但是在运行到前期横向波动的高位附近后继续受阻回落，之后在4.58元价位线两侧窄幅横向整理，MACD柱线继续不断缩小，尤其在10:30以后，股价横向整理变化期间，MACD柱线一直呈现绿色（运行在0轴下方），但在临近早盘结束的时候，MACD柱线逐渐向0轴靠拢并小幅度地站到了0轴上方。

这种悄然的颜色转变，通常都是变盘前的征兆，柱线由绿转红，则是股价上涨的征兆，再加上DIF线上穿DEA线形成金叉，所以此时可作为T+0的建仓或加仓点。

从图中我们也能看出，后市股价确实迎来了大幅度的上涨。我们再来看看该股接下来看的趋势。

图9-9所示为京东方A在2020年6月10日至15日的5分钟K线图。

从图中可以看出，6月10日午盘股价持续上涨，在当日14:30左右创出近期的最高价4.85元。随后股价开始回落，MACD红色柱线在逐渐变短，在当日尾盘结束前几分钟。MACD的柱线悄悄地变为了绿色。

出现在图中位置的这种情况是一种高位出货形态，投资者应该尽快出手。在柱线由红变绿，DIF与DEA形成死叉的时候就是好的卖出时机。

我们通过图也可以看出，当柱线由红变绿时，股价并没有特别明显的变化，但维持高位运行一段时间以后，在次日午盘后就开始了快速下跌。对于做短线T+0交易来说，这种下跌是完全不能忽视的，因此把握机会减仓是非常必要的。

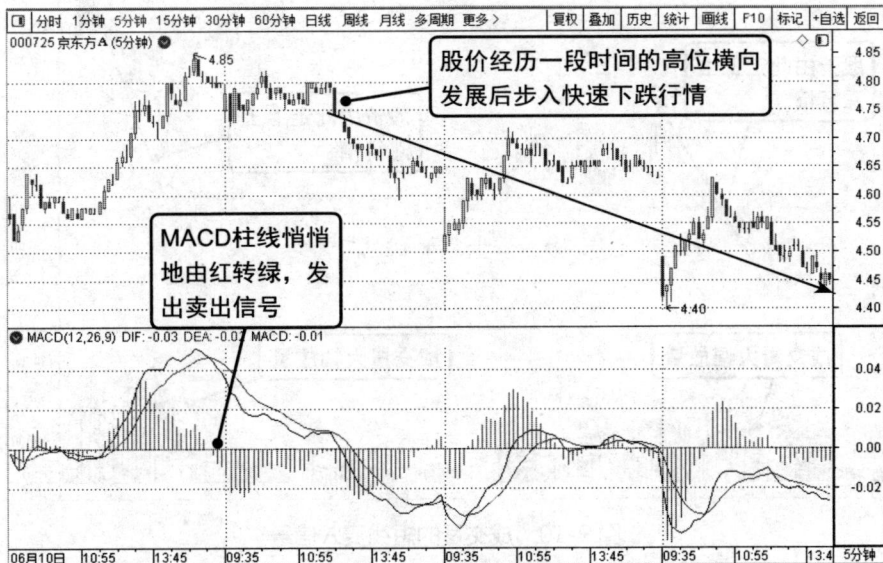

图 9-9　京东方 A 在 2020 年 6 月 10 日至 15 日的 5 分钟 K 线图

9.2　利用成交量进行 T+0 操作

成交量是股票技术分析中不可或缺的一个技术指标，在本书前面的章节中我们曾多次提到过成交量与股票价格的关系，这里我们将进一步利用成交量分析其对 T+0 交易的影响。

9.2.1　成交量的短线买入信号

成交量的形态有很多，但代表股价上涨动力强劲的只有放量形态，而成交量的集中放大就是最好的 T+0 买入信号，如图 9-10 所示。

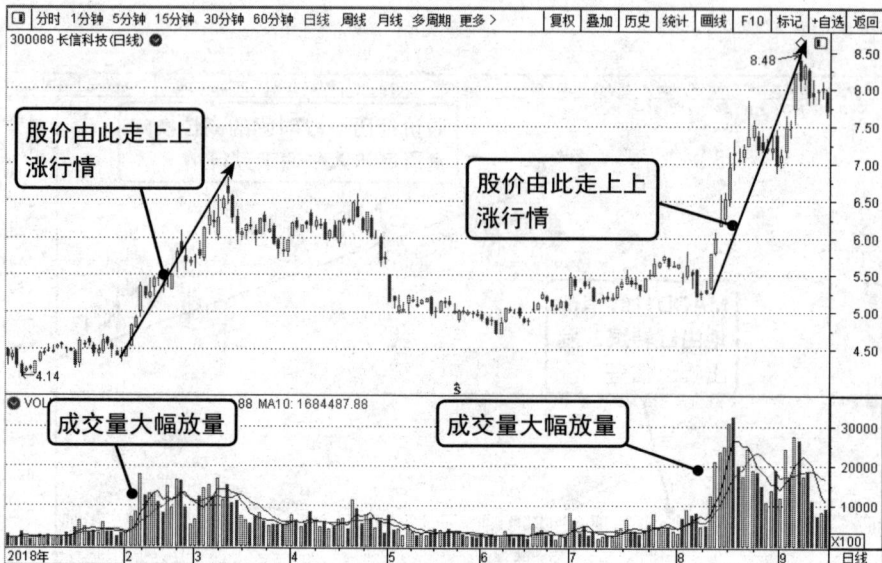

图 9-10　成交量的短线买入信号

　　成交量指标不仅出现在 K 线图中，在分时图中成交量同样也有直观显示，它们都是以柱线的形式呈现出来的，柱线的长短代表成交量的大小，柱线越长，成交量越大。

　　当柱线由短变长时，就是成交量在放大，如果连续一段时间内的柱线明显要高于其他时候的柱线，那么这就是一个成交量集中放大的区域，也就是我们这里所要研究的买入信号。

　　成交量的放量有多种形式，有些强势上涨的个股可能会突然放量拉升，有散户跟进，形成天量，然后集中放量的形态，也有可能是脉冲式的放量。

　　不管是哪种放量方式，只要有大量资金介入，价格就会持续上涨。在放量时的价格通常都是多空双方充分争夺的位置，股价突破这个位置后，如果出现回调，那么这个位置就是很好的支撑点，也是做 T+0 交易的投资者最理想的买入点。

实例分析

南大光电（300346）成交量突然放大的看涨

图 9-11 所示为南大光电 2019 年 9 月至 12 月的 K 线图。

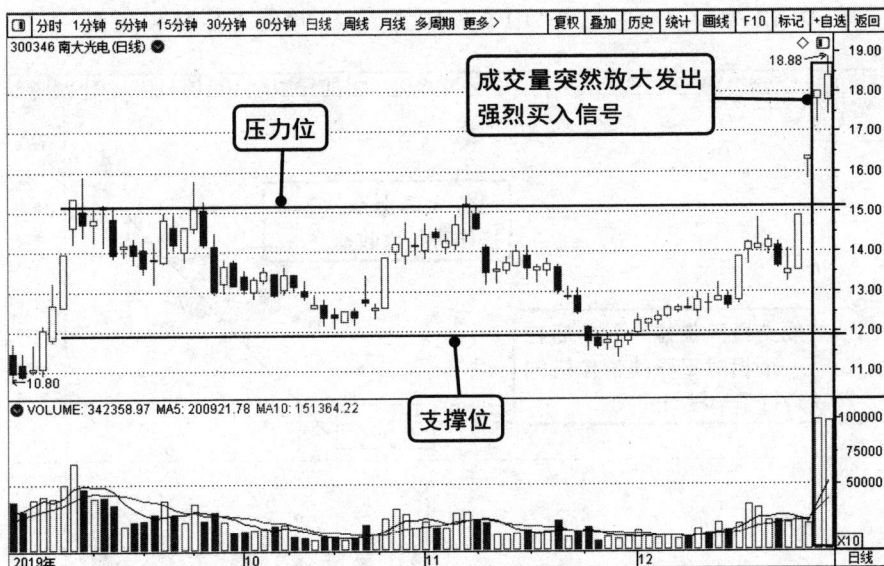

图 9-11　南大光电 2019 年 9 月至 12 月的 K 线图

从图中可以看出，南大光电在 2019 年 9 月上旬上涨到 15 元附近时运行到阶段性的高价，随后该股步入一个横向整理走势中，上方始终受到 15 元价位线的压制，下方始终受到 12 元价位线的支撑。

随着横向整理的不断持续，成交量的变化并没有非常突出的变化。但在 12 月底突然出现放量上涨的态势，成交量甚至出现天量状态，并且后续几日的成交量也明显比以往要大很多。

仔细分析这一量能放大的过程可以发现，成交量最大的时候，股价大概处在 18 元附近，虽然此后股价继续上涨，但根据量能的变化情况，我们可以预测 18 元将是后续回调过程中的一个重要支撑位。

如果是做 T+0 交易，则可以选择在成交量明显放大的时候建仓或加仓，以期待后续的持续上涨。

我们再来看该股在本次突然放量上攻后的走势。

图 9-12 所示为南大光电 2019 年 10 月至 2020 年 3 月的 K 线图。

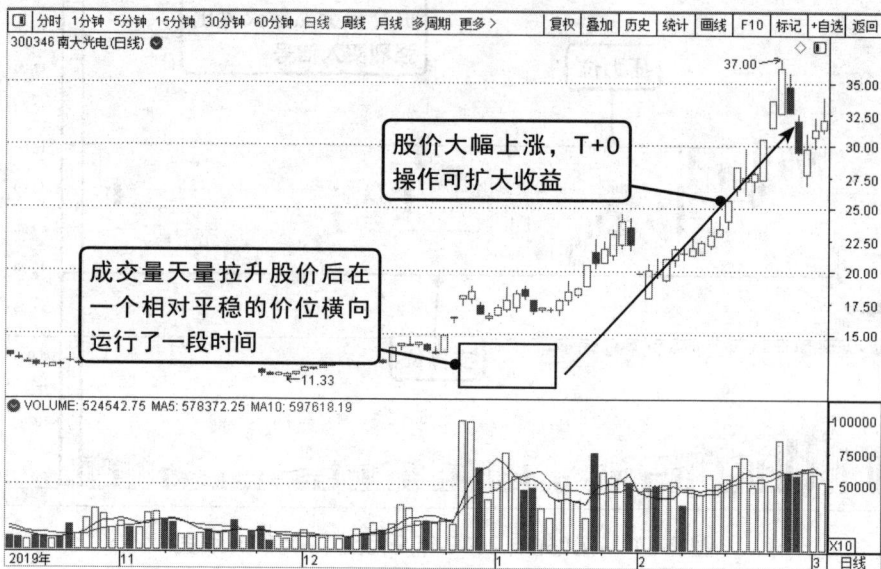

图 9-12　南大光电 2019 年 10 月至 2020 年 3 月的 K 线图

从图中可以看出，在成交量出现天量放大以后，将股价维持在一个相对平稳的价格横向运行了几天，之后股价步入了强势上涨的走势中。

在接下来的两个多月中，股价从 17.5 元附近最高上涨到 37 元，整个区间的总体上涨幅度高达 111%。

如果投资者能在成交量放量上攻的时候建仓，那么之后再利用 T+0 的操作手法进行多次的短线交易，获利的程度更会让人惊喜。

9.2.2 成交量的短线卖出信号

成交量既然有放大，就会有萎缩的时候，成交量的逐步萎缩就是给我们发出的短线卖出信号，如图 9-13 所示。

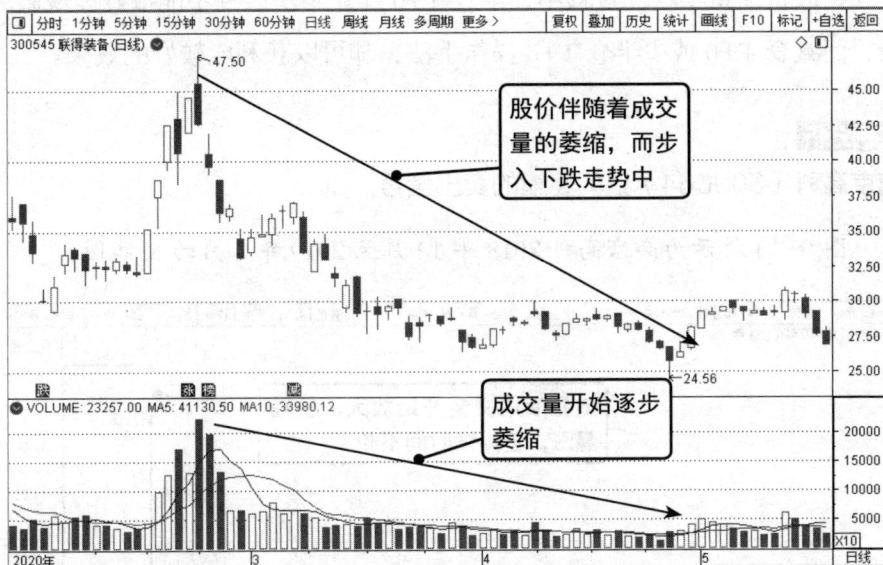

图 9-13 成交量的短线卖出信号

成交量的萎缩随着时间的推移，代表成交量的柱线表现出越来越短的一种状态。从成交量萎缩的程度来看，成交量萎缩的幅度越大、持续的时间越短，股价短线遇到的阻力就越大，股价快速回落的风险也就越大。

如果股价在快速上涨并创出天量成交后，短短几日内就出现明显的萎缩，甚至出现地量成交，这就是股价遇阻快速回落的重要特征，看到这种信号无论是做中长线还是短线操作，甚至做 T+0 操作，都应该及时减仓或离场，以避免更多的损失。

通常情况下，股价上涨需要大量的成交量支持，但股价下跌却不需要量能的配合。

相反，缩量下跌是空头行情中的重要特征。随着成交量的萎缩，股价下跌幅度会逐渐扩大，在成交量显明放量之前，即使是做 T+0 操作，合适的操作机会也是非常少的。

在股价缩量下跌的过程中，半仓 T+0 操作手法已经不能很好地规避风险，而减仓 T+0 或少半仓 T+0 操作手法，却可以获利比较好的效果。

实例分析
南京高科（600064）量能萎缩的卖出信号

图 9-14 所示为南京高科 2018 年 12 月至 2019 年 3 月的 K 线图。

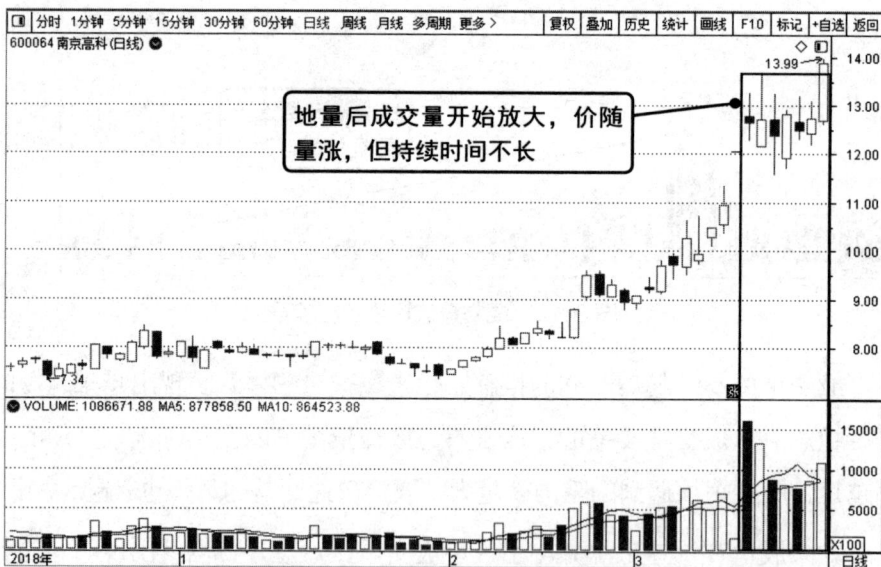

图 9-14　南京高科 2018 年 12 月至 2019 年 3 月的 K 线图

从图中可以看出，南京高科在 2019 年 2 月之前经历了一波平稳的波动走势，在 2 月下旬，成交量开始温和变大拉动股价上涨，整体成交量水平保持相对的稳定。

3 月 13 日出现了地量成交，当日收出一根一字线，但次日股价早盘仍然是强势走势，当日以涨停板继续跳空高开放出天量，虽然随后股价有所回落，但是跌幅不大，股价在下跌到一定幅度后呈水平震荡变化，成交量缩量，直到收盘，后市可能会继续上涨。

但在随后的几个交易日内，成交量逐步萎缩，并重新缩小到地量前几日的水平附近，且股价并没有再继续走出明显的涨势，这是很明显的高位出货状态。

对于做 T+0 交易的投资而言，当出现这种量能变化时，就应该及时减仓规避风险。

我们再来看该股后期的走势。

图 9-15 所示为南京高科 2019 年 3 月至 8 月的 K 线图。

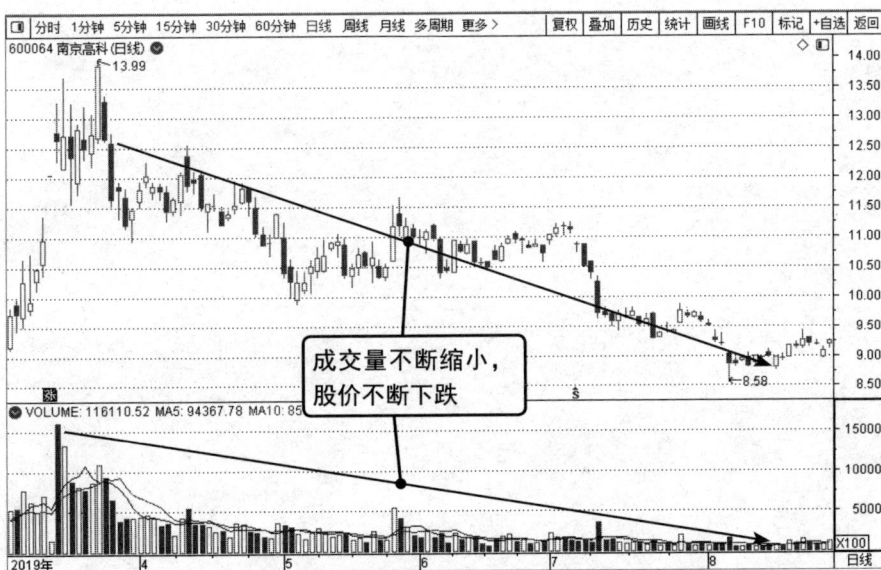

图 9-15　南京高科 2019 年 3 月至 8 月的 K 线图

从图中可以看出，在成交量出现放量后快速萎缩，股价在高位震荡运行了几个交易日，随后开始了逐步下跌的走势。

在这个逐步下跌的过程中，股价的波动幅度还是比较大的，对于稳健型的投资者，可以在成交量开始出现放量后萎缩时，就大力减仓，甚至是空仓出局。

当然，对于激进型的技术派投资者，也可以采取半仓 T+0 的操作手法，在股价下跌的过程中，找准确波动的高点和低点，高抛低吸，赢得更多的获利机会。但是一定是对技术非常熟练的投资者，才可以在逆势中进行 T+0 操作，一般投资者还是不建议逆势操作。